本书是河南省高等教育教学改革研究与实践项目"新时代河南高校'大思政课'建设研究与实践"（项目编号：2021SJGLX954），河南省哲学社会科学规划高校思想政治理论课研究专项项目"河南省高校思政课教师的能力素质提升研究"（项目编号：2022ZSZ047），河南省软科学研究计划项目"中国式现代化视阈下河南乡村振兴进程中的生态伦理重建研究"（项目编号：242400410081），河南省本科高校研究性教学改革研究与实践项目"研究性教学中教师素质能力结构及培养路径研究"（项目编号：2022SYJXLX018），河南省高校人文社会科学研究一般项目"中国式现代化中的优秀传统文化价值意蕴研究"（项目编号：2024–ZDJH–468），河南省教育系统廉政专题研究项目"大学生廉洁文化教育案例库建设研究"（项目编号：2024LZBY–23）成果

中华优秀传统文化的现代化发展研究

王红艳　张　璐　冯　晖　著

九 州 出 版 社

JIUZHOUPRESS

图书在版编目（CIP）数据

中华优秀传统文化的现代化发展研究／王红艳，张璐，冯晖著 . -- 北京：九州出版社，2024.9. -- ISBN 978-7-5225-2701-7

Ⅰ. K203

中国国家版本馆 CIP 数据核字第 2024M27R48 号

中华优秀传统文化的现代化发展研究

作　　者　王红艳　张　璐　冯　晖 著

责任编辑　李创娇

出版发行　九州出版社

地　　址　北京市西城区阜外大街甲 35 号（100037）

发行电话　（010）68992190/3/5/6

网　　址　www.jiuzhoupress.com

印　　刷　唐山才智印刷有限公司

开　　本　710 毫米×1000 毫米　16 开

印　　张　13.25

字　　数　150 千字

版　　次　2025 年 1 月第 1 版

印　　次　2025 年 1 月第 1 次印刷

书　　号　ISBN 978-7-5225-2701-7

定　　价　68.00 元

前 言

PREFACE

在中华民族伟大复兴的征程中，文化复兴是其不可或缺的精神支柱。本书《中华优秀传统文化的现代化发展研究》旨在深入探讨中华优秀传统文化的深厚底蕴，分析其在现代社会中的转化与发展，以及如何将传统文化的智慧与现代社会的需求相结合，为实现中华民族的伟大复兴贡献力量。

本书首先对中国传统文化的定义、特征和价值进行了全面的梳理，明确了传统文化在历史长河中的独特地位和作用。随后，系统地展示了中国传统文化在科技、饮食、民俗、艺术等领域的丰厚成果，彰显了中华文化的博大精深和源远流长。

在探讨中华优秀传统文化的现代转化过程中，本书分析了传统文化与现代社会的结合点，提出了传统文化创新性发展的必要性和紧迫性。通过对理论融合、教育应用、社会主义建设与治理等方面的深入分析，本书旨在挖掘传统文化在现代社会中的重大价值与意义。

此外，本书还特别关注了中华优秀传统文化在新时代的传播与创新，总结了创新中华优秀传统文化的现代表达形式，构建了中国文化话语体系，为传统文化的传承与发展提供了新的思路和方法。

本书共分为六章，每章都从不同的角度深入剖析了中华优秀传统文化的现代化发展问题，不仅为学术研究提供了丰富的资料和见解，也为实践工作者提供了宝贵的参考和启示。我们期望通过本书的出版，能够激发更多人对中国传统文化的关注和热爱，共同推动中华优秀传统文化的创造性转化和创新性发展。

目 ● 录
CONTENTS

第一章

中国传统文化概述

第一节　中国传统文化的定义与特征

一、中国传统文化的界定

（一）评价原则

什么是"优秀"？对中华优秀传统文化价值评估的原理，亦有不少学者进行了讨论。当前，我国社会主义新时代社会主义核心价值观主要有七条：实践论"科学一进步""马克思主义指导""结构分析"，扬弃说，"理性洗礼""优良文化特性""统治阶级""文化价值"。

由此可见，我国高校教师绩效评估的理论基础是一个非常复杂而又具有一定研究价值的问题。在评价"优秀"的标准上，本书提出了"优秀"应该遵循以下几个原则：

第一，稳妥。优秀传统文化是在广大人民群众中经过一段时间的积累而形成的一种智慧，它可以长时间地、稳定地发挥功能。"它蕴藏着一个民族最深刻的精神诉求，是一个民族特有的精神标志，是一个民族生生不息、不断发展壮大的丰富养分。"

第二，普及性。优秀传统文化一定要立足于民众，符合民众的利益与需求，为民众所认同，为民众所广泛接受。

第三，科学。优秀传统文化是经过长时间的实践证明并被证明是正确的、不可改变的真理。

第四，持久力。优秀传统文化已融入人民的血脉，长期激励着人民的民族骄傲与自豪，成为人民心中挥之不去的一种情感。

（二）现代价值

当代价值强调了对现实生活的关注。中华优秀传统文化的"优秀"不仅体现在它的理论上，而且体现在它的实践上。这就是说，"优秀"要凸显出对当前现实的引导作用，而不是发泄古人的忧虑。通过对优秀传统文化的创新发展、创新转化，使其适应了现实的要求，为中国特色社会主义的建设提供了有力的支持，对社会主义的发展起到了推动作用。在此基础上，我们将中华优秀传统文化界定为：集中华传统文化之精华，蕴藏着中华民族最深刻的精神追求，是中华民族特有的精神标志，是中华民族生生不息、不断发展壮大的丰富养分，是广大人民群众的共同利益与共同需要，具有长远的积极意义，是中国特色社会主义扎根的文化沃土，是推进社会主义现代化的重要文化。

二、中国传统文化的内涵

对中国传统文化进行解读，首先要从"文化"出发，从"中国文化"出发。在此基础上，深入理解中国传统文化的内涵，尤其是对中国传统文化的精确分类，将会给本书的研究带来很大的帮助。

（一）文化与中国文化的内涵

第一，对文化的涵义进行探讨。对文化的解释常常众说纷纭，"仁者见仁，智者见智"。关于文化的问题，有许多不同的学科，也有不同的流派。美国文化学家克罗伯、克拉克洪于 1952 年出版的《文化：概念和定义的批评考察》一书，认为世界上有超过 160 个"文化"的定义。人们根据自己的不同研究领域，根据自己的学科的方法和标准，对文化做出了不同的解释。自古至今，关于文化的诠释可谓众说纷纭，而关于"文化"这一概念的辩论也一直持续到今天。《说文解字》中有一句话，叫作"文"，"文"是一种符号，它可以用来比

喻各种符号，比如文化，比如文物，比如礼仪，比如绘画，比如装饰，比如人的修养，比如美，比如善，比如德。"化"的意思是改变、创造、创造，"万物化生"的意思是改造、教化、培养。《易经》曰："观天象，知时之变；以人之道，知天地之道。"在西方，"文化"一词起源于拉丁语"culture"，原意为"耕耘""种植"，后发展为培育、教育。英国人类学家爱德华·泰勒（Edward Taylor）于1871年在其著作《原始文化》中将文化定义为："知识，信仰，艺术，道德，法律，习俗，以及其他一切从社团中获得的能力和习俗的结合体，统称为文化。"梁启超《什么是文化》一书，从广义上讲，"文化，是人心灵所能开发的宝贵财富。""共业"的含义很广，"知识（语言、哲学、科学、教育），规范（道德、法律、信仰），艺术（文学、美术、音乐、舞蹈、戏剧），器用（生产工具、日用器皿、制作它们的工艺），社会（制度、组织、风俗习惯），等等。"最狭义的"文化"是指文艺、出版业和其他行业。张岱年认为，在狭义上，文化是指人类社会这一历史生命中有关物质创作活动和成果的那一部分，而把注意力集中在精神创作活动和成果上，因此也叫"小文化"。

　　文化最大的特色就是"民族性"和"国家性"；此外，文化本身并不是一种静止的概念，它是一种动态的、历史的发展过程，所以，它也有线性的特点，就是随着人类的足迹，人类的历史、人类的生产，一步一步地向前发展，并在发展的过程中，不断地进行着从表到里的吐故纳新的演化。

　　第二，中国的文化意蕴是什么？中国文化的表达方式是这样的。第一，"中国文化"和"外国文化"是相对的概念，"中国文化是一种历史的、发展的概念。中国文化底蕴深厚。"其次，"所谓中国文化，就是中国大地上由中国人民所创造出来的一种文化。中华民族是从华夏族演变而来的五十六个民族。所以，中国的文化并不只是汉族的文化，它还包含了其他各民族的文化。从文化的观点来说，中国文化包括五四运动以后的传统文化、现代文化和新文化三个方面。"张岱年说，"中国文化的创作主体是中国人。中国，就是现在中国的汉族和55个少数民族，都是从华夏族发展出来的。"中国文化以其独特的语言、丰富的文化经典、造福于天下的科学技术、丰富多彩的文艺、哲学和宗教的哲理和深邃的道德，这些都是其最根本的内涵。文化是一个不断变化的过程，它有昨日，有今日，有未来。1840年鸦片战争之前的中国文化，也就是人们常说的"中国的传统文化"，它所包含的思想方法、价值观和行为规范，一方面带有很强的历史传承性；另一方面又带有很强的继承性。同时，它又以其鲜明的现实性、变化性，对当代中国人民产生了深远的影响，并为我们创造了一种新的文化，提供了一种历史的依据、一种现实的依据。

（二）中国传统文化的内涵

对中国传统文化的内涵，众说纷纭。

第一，中国传统文化是由中华文明演变而形成的一种民族文化，它体现了各民族的特点，是中华民族历史上各种思想、文化、观念的总称，它是生活在中国地区的中华民族及其祖先所创造的，并由中华民族世代传承和发展的，具有鲜明的民族特色、悠久的历史、博大精深的内涵。

第二，中国传统文化是指中国社会在其产生、发展、演变中所表现出来的特有的文化特征，是在其漫长的发展历程中，由其所表现出来的一种固定形式的文化。它有自己独特的精神内涵，有自己的主流思想，承载着中华民族的价值观，对中华民族的生活方式产生了一定的影响，对中华民族的自我认同形成了一种凝聚力。

第三，中国传统文化是在漫长的历史进程中，逐渐形成并发展起来的，并在中国文化中保持着一种稳定的形式，包括思想观念、思维方式、价值取向、道德情操、生活方式、礼仪制度、风俗习惯、宗教信仰、文学艺术、教育科技等许多方面。

第四，中国传统文化泛指鸦片战争之前我们国家的古老文化。鸦片战争成为历史的一个转折点。这是我们国家文化现代化的开始。

第五，所谓中国传统文化，就是在中国人进入近代之前，经过漫长的历史发展，已经成为一种传统的文化。这些观念、价值、知识系统，是一种普遍的精神，心理状态、思维方式、价值取向，这些都是中国历史上形成的一个固定的框架。另一些学者则以时代为依据，将中国的传统文化分为"夏""商""周"时期，并将其归入五四时期的新文化运动之前；一些学者认为，从夏商周以来，到鸦片战争之前，中国的传统文化，是指从这个时期开始的文

化；另一些学者则认为，中国进入封建时代之后所形成的文明才是中国的主要文化，而在这些文化中，占主导地位的儒学更是对中国的传统文化产生了深远的影响。

我们可以得出，在这些观点中有许多相同之处，那就是中国传统文化中，空间与时间是一体的。第一，中国的传统文化也必然带有明显的地域性、民族性，它是由中国人这一特殊的地域范畴所构成，并且打上了中国人的印记；第二，它与中国历史有着密切的联系，是在漫长的历史进程中不断积累、沉淀的一种文化产物；第三，这里面的东西很多。然而，不管怎么说，中国的传统文化，其本质却是相同的，那就是，中国的传统文化，是我国所独有的、打着本民族印记的文化，也是全民族精神与价值观的一种最显著的体现。中国的传统文化历史悠久，五大文明中的其他文明在历史上均有断代，而中国的传统文化却是绵绵不绝。

据此，本书提出了对中国传统文化的界定，即 1840 年鸦片战争之前的中国文化，也就是人们常说的中国传统文化。但是，有一件事是必须弄清楚的，那就是中国的传统文化包含了非常多的东西，它包含了中国 56 个民族所创造的独特的语言、博大精深的文化经典、造福天下的科学技术、丰富多彩的文学艺术、富有智慧的哲学和宗教、完整而深刻的道德等，它不仅包含了有形的物质文化，而且还包含了无形的精神文化。然而，本书研究的中国传统文化，是一种狭义的、不具形体的、以中国思想为核心的、以古典哲学为核心的小文化。毛泽东在其《新民主主义论》中曾指出：特定的文化，是特定的政治、经济在思想上的反映。这就是本书所讨论的"文化观"。

但是，这并不是一个单纯的概念，因此，它是一个虚无缥缈的讨论。因为文化的存在是不能脱离物质的，它需要一个物质载体，也不能将人与自然的关系割裂开来，不能将自然进行改造、艺术加工、审美加工，文化也不能脱离人与人的关系和人与社会的关系，也就是不能脱离人与人的经济关系和政治关系。

三、中国传统文化的特征

中国传统文化是在漫长的历史长河中形成与演化的。中华文化的发源地，可以追溯到原始的洪荒时期，其间经过了夏、商、周的奴隶社会，以及封建社会各个朝代的更替，在这个过程中，人文科学、地理科学、地域科学等都在发生着巨大的变化，不同民族之间的碰撞，不同的文化之间的冲突，不同的民族之间的相互适应、相互融合，从而形成了中国文化的独特之处，也正是因为如此，中国文化的发展，才有了今天的发展。因此，从中华文明产生之日起，中国传统文化便已有了延续性。

中华文化的来源很多，根据考古学家们的研究，中国文化可以分为黄河、巴蜀、湘楚、东夷（后来被齐鲁所取代）、岭南等。但在众多的文化来源中，黄河文化却是最具代表性的。纵观中国的历史，中国文化以孔子为首，而孔子就是黄河文化的代表。孔子曾经说过："甚矣吾衰也，久矣吾不复梦见周公。"很明显，孔子以"周公传人"的身份，宣传周公所创立的"礼义观""周公"就是黄河文化的象征，从而使孔子所代表的儒学成为中国传统文化的象征。中国的文化源流虽多，但黄河文化却是其核心。黄河，孕育着人们的理想与希望，它是中国人民的"母亲河"。先民们最早在黄河的中上游，就是他们生存、获取生活物资、进行交流的场所，后来，黄河文化逐步向周围传播，就形成中国特有的传统文化。

第一，《诗经·小雅·鹤鸣》自 2000 年前就有"他山之石，可以攻玉"这一著名的成语，博采众长，百家争鸣，融会贯通，使中华文明焕发出了不朽的生机。

首先，中华文明有多种来源，但是黄河文化是中华文化的支柱。根据人类生产的发展历程，人类的生产发展大致经过了采集狩猎—游牧—畜牧业与农业并存—农业—工业—后工业—几个时期，而中国却几乎没有经过游牧时期，而是从采集狩猎开始就开始了农业，并且迅速地进入农业时期。根据考古学者的研究，我们国家有明确的农业生产以获得生活必需品的历史，可以追溯到一万年前，湖南出土的人工种植的稻谷就是在一万年前。我们的祖先把这些稻

谷收集起来，这足以证明那个时候的生产已经出现了过剩，这让一些人能够从事生产以外的活动，从而出现了社会上的分工，这让我们的祖先中的一些人有了在工作之余，还能进行一些文化活动。文化是一种极其吸引人的行为，丰厚的物产和诱人的文化魅力，使得黄河文化在众多的文化集团中居于核心地位，并吸引着其他文化，由此，先人们才能将黄河文化逐步传播到北方中国，进而传播到两湖，乃至岭南。由此可以看出，黄河文化始终是中华文明的支柱。中国传统文化的包容性，就是从这一点上来的，虽然有很多种来源，但黄河文化却是其中的一种，这就决定了黄河文化既能吸收，也能影响。若以文化理性有意识地加以反思，则可看出中国传统文化之悠久、博大精深，其根本原因就是因为它容许与自己迥异的文化，容许与自己喜好、信念迥异的人们共处一室，而这种包容，自中国传统文化产生之日起即有之。在吸收异质文化方面，中国更重视一个"化"，在异质文化与中国文明相趋之时，总能以其自身的特点，将之融入中国文化之中。

其次，要形成一种包容的文化，必须有一种强烈的自信，否则就不可能有一颗宽广的心胸，来接纳与自己文化迥异的人，并让他们融入自己的文化之中。然而，这种自信不同于现在社会上盛行的那种奇怪的自信，中国传统的自信来自宽容，所以是一种对自己的坚持，而不是一种狭隘的扩张，也不是一种强迫的攀比而那些通过暴力、侵略等方式进行的外来文化、奴化教育等，则是很难被民众所接受的。像北方的落后部族，在中原，在现代，在沙俄，在日本，在中国的一些地方，都受到了人民的各种抵制。这种宽容又有别于容忍，容忍是一种带着优越感和条件的俯视，而宽容则是另一种形式。中华文化所具有的包容性和自信心，对中国人的治国之道、处世之道，都起着至关重要的作用。从历史的角度来看，中国的传统文化具有高度的开放性和包容性，它如同一个文化的大熔炉，一次又一次地将外来的文化因素融入自己的文化之中，所以中国的传统文化在比较中不断地进步，在融合中不断地发展，不仅是一种擅长创新的文化，也是一种擅长吸纳、融合、贡献的文化，正是这种包容、开放的精神，才使中国在世界文明的舞台上，独树一帜。在西方文化史学者眼中，与东方其他国家相比，也的确是如此，中国可以提供更多的原始史料。

第二，是一种永久的传承。在几千年的时间里古埃及、古巴比伦、古印度，这三个古老的世界文明，他们所创造出来的文明，都曾经有过非常辉煌的历史。可惜古埃及、古巴比伦、古印度，他们所创造出来的文明并没有能够在危机与挑战中继续下去，而是在三千年到五千年之间各自消亡了。而中华文明则是在漫长的历史长河中，一直延续到了今天，虽然有些文化被摧毁了，但每一次都会被后人重拾，重新焕发出勃勃生机。所以，中国的传统文化在全世界范围内是最古老、最稳定、最辉煌、最丰厚的。黑格尔曾经说过，中国的确是世界上最古老的民族；这就是为什么这个国家是最古老的，也是最新的。中国传统文化具有继承性和发展性，这决定了中华文明在五种不同的文明中，是唯一一种没有被打破而持续存在的文明。这就是为什么中国能够成为世界上最古老、最年轻的国家的原因，也是为什么我们的民族能够团结一致。从人类的历史来看，希腊文明被罗马人的侵略所毁灭，罗马文明被其他野蛮人的侵略所毁灭，基督教文明在一段漫长的历史中，以一种艰难的斗争为基础，在欧洲文明的复兴中，希腊文明的崛起，一方面是因为生产的需要；另一方面也是因为它与中世纪的宗教文化发生了冲突。在这个过程中，很多文化传统都会被打断，有些时候还会将前人的文化成果完全抛弃。但是中国传统文化，却是从垂直的角度，为人类文明做出了最大的贡献，也是最独特的。

第三，波及全球的文化辐射。中国传统文化不只是吸收，而且在吸收的过程中，还不断地向世界推广，把自己的文化精华辐射出去。先秦时期"玉石之路"、西汉时期"丝绸之路"、明初时期郑和远航等事件，都使中国文化得到了更多人的了解，也使其他文明受益良多，中国传统文化对人类文明的进步起到了巨大的推动作用。日本是和中国一衣带水的邻国，同中国之间的文化交流有着悠久的历史。日本受到汉文化的影响，首先表现在书写上，在3—5世纪，中国汉字传入日本，日本也因此以汉字为基础，发展出自己的民族语言。日本在这一时期曾多次派人赴中国深造，这些人回去后，不但给日本带来了许多有关唐代文化的经典，还对唐代法律做了仔细的研读，并积极参加了国内的变法活动。日本也把佛教引进了中国，唐代的鉴真大师，也把佛教带入了日本，而中国的佛教和雕刻，也被传入了日本，这也让很多日本的使节都来中国学习中

国文化。尤其是中国四大发明传入西方以后，更是对西方资本主义社会产生了重大影响。马克思曾经说过，火药、罗盘、印刷术——这是预兆资产阶级社会到来的三项伟大发明。火药把阶层炸得粉碎，罗盘打开了世界市场并建立了殖民地，而印刷术却变成新教工具，并且一般地说变成科学复兴的手段，变成创造精神发展的必要前提的最强大的推动力。今天，来自世界各地的人都对中国的传统文化产生了浓厚的兴趣，中国的传统文化已成了全世界人民的一笔宝贵财富。同时，中国的传统文化也深刻地影响着世界上所有的民族和国家。中国的传统文化正逐渐走向国际化，很多人都觉得，西方文明正面临着来自中国的挑战，尤其是随着我国经济的飞速发展，尤其是中国跻身世界第二大经济体，中国文明尤其是中国文明引起了国际关注，孔子更是被联合国教科文组织列为"十大智者"。

第二节　中国传统文化基本精神内核

中华优秀传统文化是中国人在数千年的生产实践基础上，从春秋战国到明清，经历了先秦儒学、两汉经学、魏晋玄学、隋唐佛学、宋明理学、明清实学、乾嘉朴学。中国人在千百年的生产实践基础上，不断地创新和积累，至今仍然有很大的时代价值。它包含了丰富的哲学思想、人文精神、文明思想、道德观念等，是一个民族最深刻的精神追求的积累，是一个民族鲜明的、独一无二的精神标志。

第一，中华优秀文化的核心精神问题，一直以来都是一个众说纷纭的问题，历代学者都曾对其进行过不少的讨论与研究。梁漱溟说：中国文化的基本精神就是自我调和，保持中庸。学者们从不同的视角出发，提出了自己对中华传统文化精神核心的看法，这种看法既符合他们的时代背景，又符合他们个人的知识结构，具有一定的合理性，从而为他们对中华优秀传统文化的精神核心进行了深入的归纳和总结，提供了一种思想素材。

第二，习近平总书记提出了新的时代要求，为中华优秀传统文化提供了新思路。哲学是一个动态的体系，它是一个不断创新、不断发展的体系，他以他深厚的中华传统文化底蕴和独到的感悟，对中华优秀传统文化的精髓进行了提炼。习近平总书记如数家珍般地梳理着中国丰富的文化遗产，并反复提炼出蕴含在中华优秀传统文化中的精神基因。他说，2000 多年以前，中国出现了老子、孔儒、墨子等人，他们对人与自然、社会的关系进行了广泛的探讨，并在此基础上，提出了民本、孝悌忠信、礼义廉耻、仁者爱人、知行合一、自强不息、治国以德、天下"革故鼎新"的精神气质，"道法自然"的生存理念，"仁德"的生活理念，"亲和力"的生活态度，"仁爱邻舍"的理念，"民以食为天"的精神内涵，"亲民"的精神风貌，"亲善邻邦"的思想，已经深入中国人的精神生活中。中华优秀传统文化的核心精神，是其独有的文化基因，是其与其他民族相区别的鲜明的精神标志。习近平总书记站在时代价值的角度，对中华优秀传统文化的精神内涵进行了高度概括，即"讲仁爱，重民本，守诚信，崇正义，尚和谐，求大同"。这六个层面既是对中华优秀传统文化精神内涵的高度概括，又是相互联系构成一个有机体，有严密的内部逻辑关系。"仁"是"以人为本"的价值取向，"诚"是"德"的道德标准，"公"是"义"的行为准则，"和"是"道"的生存法则，"大同"是"道"的社会理想。习近平总书记这一新的总结，将人们对中华优秀传统文化精神内涵的认识提升到一个新的高度，并指出了新时代"两创"中华优秀传统文化的切入点。

综上所述，中华优秀传统文化具有非常丰富的精神内涵，因此在此基础上，对本书所要探讨的中华优秀传统文化的精神内涵进行了清晰的界定。在此基础上，拟通过对国内外相关文献的综合分析，以及习近平总书记对中华优秀传统文化的重要论述，一是深入发掘中华优秀传统文化的丰富资源，全方位、立体地展示中华文明发展史所蕴含的辉煌哲理与民族特色，并对中华优秀传统文化的精神内核进行科学总结。二是突出时代性，关注新的时代背景，发掘出中华优秀传统文化的核心元素，这些元素即使穿越了一千多年，仍具有重要的时代价值。本书将从新时代背景出发，阐释中华优秀传统文化的核心精神与习近平新时代中国特色社会主义思想之间的密切联系。三是突出创新，立足于新时期的实践，用新时代的话语对中华传统文化的精华进行提炼和发扬。在此基

础上，运用具有民族特色、中华风格的新时代话语诠释、转化、发扬中华优秀传统文化的核心精神，形成新时代的标志理念，为中华优秀传统文化转化与发展做出原创性的贡献，并为个人修养、治国、处世与人交往等方面的修养提供宝贵的思想资源。

第三节　中国传统文化的价值

一、中国传统文化的人文价值

中国传统文化最显著的特征之一就是它的人文性。中国文化的真正生成和发展，是基于个人的道德自觉和自我的道德自律，一开始就关注人的能动性、主体性和自主性的发展。在周初，"敬德保民"是一种以传统人本主义价值观为标志的社会价值形成和发展的过程。周公在制作礼乐时，明显地反映出"敬德保民"的传统道德价值观念，它是中国文化中最早的一种人文精神。中国传统文化经历了数千年的演变，它的人文价值主要表现在"以人为本"的基本精神和基本目标上。

（一）以人为本是中国传统文化的根本精神

从整个中国的发展历程来看，以人为本的思想始终贯穿着中国传统文化的发展历程，而以人为本又是中国文化最重要和最鲜明的特点之一。中国文明自诞生之日起，便没有一位超自然的、外在的"神"主宰着人们的真实生活。在历史的长河中，个人道德得到了极大的提高，而道德的自律与自觉则是中国古代家庭与社会秩序维持的重要内部驱动因素。相对于西方社会而言，中国自西周以来便已建立起以人为本的文化精神。直到十七八世纪的启蒙时代，新兴的进步势力才以颠覆天主教的社会生活与思想束缚为目标，大力提倡以人为本，强烈反对神学，呼吁人要成为自己，不要成为上帝的奴隶。把人们的关注点从天主教的布道上转移到了真实的生活上，由此增强了民众的自信心，开启了一次极为宏大的思想解放，开启了民众的智慧。启蒙运动的思想源头，一方面是来自古希腊和罗马的文化；另一方面是来自 16 世纪之后，由欧洲的神学传教士们借鉴中国的"以人为本"的文化精神。在这一时期，一些激进的思想家用中国的人文主义思想，狠狠地抨击了欧洲从中世纪开始就流行起来的"神本"文化，他们高举着"理性""独立""自由"的大旗，并把中国看作"理想"。欧洲的"人文精神"在一定程度上是从中国人这里继承而来，并受到中国传统文化的深刻影响。"以史为鉴"和"以天为则"是中国传统文化的两大优良传统，是"以人为本"思想的集中体现。

1. 以史为鉴

在世界范围内，重视中国古代的历史经验积累，而中国的史书最为系统和完整。每一个王朝，当其政权更迭趋于平稳时，便会进行礼乐和编修。前人在"以史为鉴"的指导下，总结出了"以人为本"的人文主义，这也是我国历史和文化能够延续到今天的重大举措。商朝覆灭后，周王朝在《诗经·文王之什·文王》中就已经意识到了"天命靡常"，周人在《尚书·蔡仲之命》中总结出了这样一句话："天子不分亲疏，唯以德服人。"周人还以这一思想为依据，提出了"敬德"和"疾敬德"的政治思想（《尚书·召诰》），即君王既要重视德性，又要迅速努力提高自己的德性，并主张君王的德性与善恶，是君王的德性与善恶之分。它是中国传统文化中最早的一种人文主义的表现形式，也是一种政治性的表现形式。"以人为本"的人文思想，其核心是：一个人或一个人的发展，不会被任何外在力量或天命所左右，而是取决于他自己的德性，这是一个"德"的基础。

在中国的传统文化中，人们并不认为自己是事物的奴仆，也不认为自己受上帝的支配。《荀子》就说过："君子役物，小人役于物。"言下之意，就是真正的心胸宽广的君子，可以凭借自己扎实的道德修养，不为外界的物质欲望所动，而小人却会在外界的物质欲望的驱动下，不停地破坏自己的基本原则，破坏自己的立场。所以，要想做一个真正的人，就必须发挥自己的主观能动性、独立性和主动性，不能受到外在的利益的制约和控制，从而失去做人的底线。真正地、努力地去做一个严格的道德自律、遵循人道、有博爱之心的人，才能将人类从物欲的藩篱中解放出来。到了现代，在科技飞速发展的情况下，

有些人自以为是地认为，只要有了科技，他们就可以任意地征服自然、改造自然，乃至统治世界，这一观点被极端地异化为"人类中心主义"。他们相信，人类能够通过自己的力量，统治世界上的一切。

作为"自然之神"的人，为满足人类日益膨胀的物质需求，对自然进行改造、征服、过度开发与掠夺，把人变成了物质的奴隶。正是中国传统文化中"以人为本"的精神，强调的是人的自我管理，是一种持续的自我反省和向内的自我管理，这就要求人们不但要管好自己的身体器官，还要在道德心理上达到自律和自觉的程度。这是因为，他们认为只有当人们能够控制自己的心灵时，他们才能够控制自己的物质欲望。

2. 以天为则

中国历代圣人，都十分注重和积极提倡"学天"，以"天"为楷模，以"人"为本，以"德"为本。他们认为，圣者之所以能与天地契合，是因为他们有崇高的道德品质。从另一个角度来说，人要谦卑地向天地万物学习，遵循自然的法则，而不能成为超越一切的统治者。这就像"道法自然"的道家所说的"自然"，在这个意义上就是一种事物本来的、应当存在的情况。"道法自然"是指人在一切实践活动中，要尊重事物的原始发展规律，尊重其本来面貌。在古代，天地是无私的，它可以容纳一切，"天无私覆，地无私载，日月无私照"。人要先从自然中汲取这些优良的品质，并强调人要尊重自然，顺应自然，虚心地学习自然，与自然融为一体。而不是自以为是，妄图做一切的主人。传统的"以人为本"的人文主义和"道法自然"的"天人合一"的理念紧密地融合在一起，确保中国传统文化乃至整个中国文化的人文主义没有被"以人为本"的倾向所取代。

（二）人文化成是中国传统文化的根本目的

"人文"一词出自《周易》：刚柔交错，天文也。文明以止，人文也。观乎天文，以察时变；观乎人文，以化成天下。这里的人文与天文相对。

中国传统的"人文化成"有两个含义：一是以人为本，维护人的主体性，保持人的能动性和自主性；二是"文化"，"文化"一词与"武化"相对，"武化"指的是用暴力强行改变人的生活习惯，"文化"指的是用"礼"和"乐"来引导人来行事。礼乐教化的目的是教育引导人民自觉自律，其基本目的是使人民意识到自己是什么身份，这样身份的人应该遵守什么规矩，知道应该做什么、怎么做。

在中国传统文化中，古代人十分注重自我修养。《大学》是中国传统的经书，它的第一句话就是："大学之道，在明明德，在亲民，在止于至善。"《大学》以此为"三纲"，其后还有"格物""致知""诚意""正心""修身""齐家""治国""平天下"。在"八条目"中，自我修养是最重要的，这也是为什么古人会强调"自天子以至于庶人，壹是皆以修身为本"的原因。自我修身养性就是对个人自我道德行为的持续提高，这不仅仅是一种理论上的理解，还包括在具体的实践中对自己的道德修养和道德行为的提高。我们的祖先相信，"天无私覆，地无私载"，人们"辅万物之自然而不敢为"，通过学习自然、天地万物，从人与自然的关系中，归纳出了各种关于人与自然、人与社会，以及如何更好地做人的道德准则。其中最明显的表现就是君臣、父子、长幼、朋友的人伦关系，这种人伦关系强调长辈对幼者的关心、官员对部下的关心、皇帝对臣民的关心。这就是我们中国人的传统礼节，它反映了我们国家的精神。在中国传统的生活观念中，生命是一代代延续的，父母、子女、兄弟姐妹之间，都有一种血缘关系，都有自己的责任和义务，因此，我们应该自觉地遵循道德规范。由小而大，由小而众，由大而众而有乡，由乡而有国，由此而有"仁民爱物"之独特的文化传统。试想，假如我们的传统文化瓦解，每个人都成为个人。那中国的文化和中华民族的生存，将会受到怎样的影响？

中国传统文化中的思维方式，是从"人"的角度来看问题，思考问题，以"人"为中心的人文精神。其基本特征是，看问题都要与"人"相关联，都要考虑"人"和"人"之间的关系。其核心在于人的教化，即人文化。首先，传统教育的首要目标，就是要通人性，明事理，即要知道如何为人处世。其次，要改变性情，使自己的性格更加完美。传统的教化读物《弟子规》，其教导是我们在日常生活中应遵守的行为准则。它对每一个社会个体在日常生活中所遵循的行为准则进行教育和指导，在学习的过程中，身体力行，日积月累，人的气质就会改变，性格就会不断完善。古代人读书的初衷，在于"为己

之学"，在于不断提高自身的品行，从而达到自我完善的目的。《荀子》："古之学者为己，今之学者为人。君子之学也，以美其身；小人之学也，以为禽犊。"这就是所谓的"君子之学"，就是"以德服人"。最后，教育的第三个目标，就是扩大知识和掌握技能。这三个目标的实现有先后次序：首先要懂得人情世故；其次才能改变自己的性格，完善自己的人格；最后才能在实践中扩大自己的学识。

二、中国传统文化的大众性价值

中国传统文化"以人为本"的大众情怀，"经世致用"的文化精神，其庞大的受众群体和深厚的民族基因赋予了它扎实的大众属性。而正是这一属性，才造就了其坚韧的生命力，并确立了其普及性的价值观，才能代代相传，流传至今。

（一）蕴含大众情怀，极具民本精神

中国传统文化萌芽之初，即以人民为中心的治国思想，实行了阶级统治。大禹在三皇五帝时代就曾提出过"民惟邦本"的思想。"重民""保民"的思想在西周已经有了初步的雏形；《尚书》中还提到了"民为邦本，本固邦宁"，这还是在古商周时期。那个时候，人们信奉的是天神，也就是宗法，也就是所谓"民以食为天"。春秋战国时期，由于连绵不绝的战乱，统治者们认识到了人民的力量，认识到人民对政权和社会安定的重要作用，因此，"民本"思想得到了普遍的认可，并逐渐在统治阶级和社会中形成了一种影响深远的思想。春秋战国各大学派均十分强调"民本"的思想。《道德经·第六十六章》中有这样一句话："是以圣人欲上民，必以言下之。欲先民，必以身后之。"孔子提出了"仁者爱人""老吾老及人之老""幼吾幼及人之幼"，孟子明确地提出了"民为贵，社稷次之，君为轻"，荀子则强调了"君者，舟也；庶人者，水也。水则载舟，水则覆舟"。《荀子·王制》：《礼记·大学》是由秦汉儒士撰写的，其中有明德、亲民、至善、格物、致知、诚意、正心、修身、齐家、治国、平天下等八项，"大学之道"和"治国平天下"密切相关，并在官学中广泛流传，可见统治者对这种治国思想的认可。一个人作为一个杰出的社会人，不仅要注意自己的道德

修养，要有持家的道德修养，还要有"治世"的雄心壮志。由"重民"到"治世""以世为本"的民本情感，得到了当时社会各界的认同。在漫长的历史积累和传承过程中，中国人对世界的敬畏，始终贯穿着中国人的历史和文化发展，并融入中国人的文化心理结构中，成为中国人延续和发展的内在动力。

（二）多样的表现形式受众多

从产生到不断发展，由于其独特的自然生态和地理环境，既有农牧业的优势，也有游牧的优势，同时也有完整的、系统的、以血缘为纽带的封建父权制和严格的封建专制，这使得中国的传统文化在不断发展中，呈现出了一种非常具有内在力量的文化特征。

儒释道三家是中国传统文化中最重要的一部分，各有特色。从秦汉至今，对于当时社会中所存在的不同意识形态、不同教派的问题，统治者们早已认识到这是一件关系到社会安定的大事。在汉武帝提出"罢黜百家，独尊儒术"的时候，儒家已经是一个多家共同拥有的意识形态，并在此基础上进行了多次的革新。汉朝后期，佛教传入中国，佛教试图用中国文化来诠释佛法。而汉朝的统治者则认为佛教是一种很常见的法门。因此，当佛教传入中华的时候，朝廷并没有对其进行任何的限制，最终以道法为基础，以魏晋玄学为基础，在中华大地上生根发芽。皇帝的宫廷在宗教的兴衰中起着举足轻重的作用。从秦汉开始，朝廷就很少采取压制宗教思想发展的政策，因此宗教对社会的控制能力很强。政府可以通过各种政策和制度，来调整儒、释、道三家之间的关系。再者，中国的传统文化有着许多的文化传承体系，包括了大量的历史经典、诗歌、谚语、书法、民风等，这些都构成了中国文化的多样性和包容性。

因此，中国传统文化由于其强大的文化向心力，其文化特征的开放性和包容性，以及丰富多彩的文化形式的多样性，使得其始终有着巨大的影响力。

（三）"经世致用"基本精神关切民众生活

在中国古代，个体的德性与社会的价值相统一，二者相互促进。中国传统道德是在西周春秋时期形成的，是在孔孟初期的儒学中得到了初步的确立和发展。到了春秋晚期，人们更多地把"忠信""仁智勇"作为道德的价值取向。春秋末年。孔子以继承夏、商周三代文明为自己最大的文化与历史任务，以

《诗经》《尚书》《礼经》《易经》《乐经》《春秋》这"六经"为核心，以私学为载体，以"仁""礼""忠""孝""仁"为核心，以"仁"为第一美德。而儒学所承袭的"仁义礼智"思想，强调父慈子孝，强调家庭亲情等，则是对平民百姓生活的关怀。中国传统的文化架构，是建立在家族、宗族文化之上，从内部到外部的一种文化形态。国家是一个被放大了的家族，君主被称作"君父"，而地方官员则被人们称作"父母官"，这样的文化架构，使得每个人都注重追求个人的理想人格，并肩负起"经世致用"的历史使命，将个人、家族、国家和民族融为一体。《礼记·大学》在《道德经》中提出了"八条目"这一个人修身养性的方法，并指出，每个人都处在一张关系网的中心，并具有一定的主观性。个人个性的完善是其内在的价值。修身养性，对内是对"格物、致知、正心、诚意"的追求，对外是对"齐家、治国、平天下"的追求，从而推己及人，才能对家国天下做出长期的、有意义的贡献。并且，这种伦理道德观念和文化精神，以戏曲、小说、诗歌、绘画等多种艺术形式，贯穿于人们的日常生活之中，并渗透到民间风俗、人际交往以及民间禁忌文化之中，成为整个社会言行、公共生活、思想意识的指导准则，与普通民众的现实生活相融合。"经世致用"的根本精神，使得传统文化的渗透力更强、覆盖面更广，对中国人民进行了广泛的教育与形塑。李泽厚认为，在中国数千年的历史与文化发展过程中，要"对待人生、生活的积极进取精神，服从理性的清醒态度，重实用轻思辨，重人事轻鬼神，善于协调群体，在人事日用中保持情欲的满足与平衡，避开反理性的炽热迷狂和愚氓崇拜"，中国传统文化在整个民族的社会心理方面具有稳定、普遍、持久、深刻的影响。

三、中国传统文化的当代价值

中华优秀传统文化所蕴含的丰富的哲学思想，人文思想，道德理念，教育理念，对现代社会的道德建设和国家的治理都有很大的帮助，其中蕴含着许多对我们今天所面对的问题的启发。

（一）为人们提供精神慰藉

从中国的历史乃至整个世界的历史来看，一个国家、一个民族只有对自己的身份、从何而来、往何方有了清晰的认识，才能认识到自己，敢于面对自己曾经的不足，珍惜自己国家、民族的思想、文化，才能使一个国家、一个民族的民族获得真正的解放。只有这样，才能让一个国家、一个民族看到未来，达到真正的繁荣。如果没有一个共同的价值取向，没有一个心灵的归宿，人们就会陷入心灵游荡的困境，要么被异族吸收、要么被埋葬，最终成为一堆废墟。民族文化就像人类的家，是土生土长的人们所共同维护的，它给人们安宁，给人们温暖，给人们安慰。一个民族如果丧失了自己的传统、文化、观念，也就丧失了自己的前途。

中国传统文化的根本特点是博大精深、多元一体，坚韧不移、厚德载物，崇仁贵和、尚德利群，协和万邦、世界大同，这是中华民族的精神追求，是中华民族的丰厚营养，是中华民族的文化力量，是中华民族的血液，是中华民族的精神家园，其核心内涵是中国人独有的，是我们每个人在任何地方都能感受到的，是我们中华人民独有的，离开了中国文化，离开了中国传统文化，我们将难以理解什么是中国人。因此，优秀的传统文化是中华民族的血液，是中华民族的根本和灵魂，失去了这种根本和灵魂，我们就成了无根之木、无源之水，也就失去了发展的基础。中国传统文化十分注重这种精神的守望，这种守望是人人都能达到的一种精神境界、一种道德理想。我国的精神文明建设，必须继承和发展这一能够反映时代精神的优秀传统，立足于本国，面向世界。中国文化的血液里蕴含着的那种高远、细腻的精神内涵，那种从理性的意识出发，达到生命的至高境界的精神追求，为我们的精神家园的建构提供了丰厚的营养。

（二）有助于推动国家软实力建设

文化软实力，在一国的综合实力中占有举足轻重的地位。21世纪是一个经济全球化，信息全球化，文化多元化的时代。我们国家要想在世界上实现和平发展，不仅要有强大的经济力量、政治力量、军事力量，而且要在日益激烈的综合国力的竞争中，具备强大的文化力量。

一个国家的富强，一个民族的繁荣，并不只是单纯的经济数据上的优势，更重要的是，这个国家和民族的基本文化素质，能否与现代文明的需求相匹

配，能否拥有独一无二的文化优势。在我国，对优秀传统文化的传承与发展具有十分重要的意义。在当代中国，中国共产党肩负着实现中华民族的伟大复兴的历史任务，而这一次的复兴，并不只是指社会主义。

（三）引领社会风尚，拯救价值迷失

在当今经济全球化、文化多元化的大环境中，功利主义、过度的竞争意识造成了某些人对民族之义、国家之义、社会集体的整体利益的漠视。加上现代社会在浮躁的心态和功利的思维下，缺乏足够的耐性且无法静下心来修养自己的道德，这就造成了人们的价值迷失，给他们的价值选择带来了困惑与痛苦。在当前，一些干部的腐败和"黄、赌、毒"的现象在社会上滋生，对社会公共生活造成了严重的影响，而且这种影响还在不断地扩大。一般老百姓从经济发展中得到了一些好处，也积累了一些财富。

对大部分家庭而言，衣食无忧、生活品位的提高才是最重要的。在这一点上，传统的"节俭消费"理念对消费主义和享乐主义的盛行起到了一定的抑制作用。传统的"真善美"的理想追求在激发市民人格方面具有其特有的优越性。中国传统文化对人们的价值导向作用十分深刻，它对人们的人生价值、信仰信念和道德品质等方面都有着深刻的影响。同时，儒家的"重义轻利"价值观在其中也起到了独特的作用。在传统的价值观中，人们要牢记"立德""立功""立言"这三个标准，并不是要人们汲汲于微不足道的个人私利，而是要有一种关系到生死和永恒的大我的精神。面对当今社会的弊端，我国传统文化中所蕴含的合理价值值得我们认真学习。

第二章

中华优秀传统文化的丰厚成果

第一节　科技文化成果

一、传统医学成果

中国传统医学是中华优秀传统文化中的重要组成部分，它的发展历程源远流长。在中国古代，人们对疾病的认识和治疗大多基于经验和民间传统，草药、针灸等方法被广泛采用。在周朝时期，就已经形成了药物、针灸、拔罐、刮痧等治疗方式。随着时间的推移，中国的传统医学不断丰富和发展。汉朝时期，医学家张仲景编著了《伤寒杂病论》，成为中国传统医学的重要文献之一。唐代时期，孙思邈创立的《金匮要略》成为中医学的入门读物。明清时期，李时中编写的《医学四字真言》、李时珍编写的《本草纲目》更是中国传统医学的重要代表作。

传统医学在不断发展的过程中，不仅对中国自身的医学进步做出了贡献，还对世界的医学研究产生了影响。中医药作为中国文化的重要组成部分，已经成为当今世界上的一个重要医学体系。很多传统的中草药和针灸等治疗方式在国外也得到了广泛应用和认可。

总的来说，中国传统医学在历史上取得了很多成就，其发展历程充满着

传奇色彩。传统医学的深厚底蕴和独特魅力不仅体现在医学领域，也反映了中国传统文化中科技文化成果的丰富和独特。

（一）针灸

在中华优秀传统文化中的科技文化成果中，传统医学扮演着重要角色。其中，针灸作为传统医学的重要组成部分，凝聚了中华文明对人体生命的理解和治疗技术的积累。

针灸源远流长，历史悠久，是中国传统医学的瑰宝之一。其起源可追溯至古代先民在长期实践中对人体结构和生命规律的深刻认识。经络学说认为人体内存在着一套复杂的经络系统，贯穿全身，形成了纵横交错的网络。经络不仅是气血运行的通道，也是调节人体功能的重要途径。针灸以经络学说为基础，通过在特定的穴位施加压力或插入针刺，调和经脉的气血，消除气滞、血瘀等病因，从而起到调节阴阳、平衡五行的作用，达到治病强身的目的。在古代，针灸被广泛应用于疾病治疗、疼痛缓解以及健康保健等方面，形成了独特而完善的理论体系和治疗方法。

针灸的理论体系深受道家、儒家和佛家思想的影响，体现了中国古代对于人体生命的整体观念和治疗方法的综合思考。在针灸理论中，强调人体与自然环境之间的密切关系，提倡顺应自然、和谐平衡的生活方式。同时，针灸还注重个体化治疗，根据个人体质、病情及时调整治疗方案，体现了个体化医疗的理念。

随着现代医学技术的不断发展，针灸作为传统医学的重要组成部分，也得到了越来越多的关注和认可。现代医学研究表明，针灸具有调节神经内分泌系统、提高免疫力、缓解疼痛等多方面的生理效应，被广泛运用于临床医疗和康复治疗中。同时，针灸在心理健康、亚健康状态调理等方面也显示出了独特的优势和价值。针灸作为中国传统医学的重要组成部分，不仅承载着丰富的历史文化底蕴，更蕴含着丰富的科技文化成果。在传承创新的道路上，针灸将继续为人类健康事业做出重要贡献。

（二）中药

中药是中国优秀传统医学文化中的瑰宝，被誉为"中华医药宝库"。中草药作为一种独特的治疗方法，在治疗许多疾病时都表现出极佳的疗效。这一传统医学文化的特点在于从整体出发，重视身体内部的平衡和调养，而不仅仅是针对某一疾病或症状进行治疗。

中药的制备有着严谨的工艺和配比方法，需要在传承中不断探索和积累。选择中药材需要考虑其药性、功效以及适用范围。传统医学注重中草药的天然属性和药材的纯净性，因此在选择中药材时需要严格遵循古籍记载和临床实践，确保药材的品质和安全性。而中药材的炮制则是将原材料进行加工处理，以提高药效和降低毒性。炮制方法包括炒、炙、煅、煮等，每种方法都有其独特的目的和效果。通过适当的炮制，可以改变药材的性味特性，增强其药效，同时降低不良反应的风险。在传统医学中，中药材的选择和炮制是保证治疗效果的重要环节，也是传统医学文化中的重要技艺之一。在现代科技的驱动下，中草药的研究与开发也在不断地进行。一些科学家在各方面的探索中，逐渐发现了中草药的更广阔用途。例如，在癌症治疗以及各类慢性病方面，中药的应用也取得了不少的成功。在药物的研究与开发方面，中草药也成为研究新药的重要来源之一。

中草药作为中国优秀传统医学文化的重要组成部分，对于人们日常保健与疾病治疗方面都有着极为重要的意义。通过现代科技的应用和医学技术的不断发展，未来中草药的发展前景必定光明。

二、传统农业成果

（一）中国古代农耕技术

中国古代农耕技术历史悠久，承载着丰富的科技文化成果。在中华优秀传统文化中，农业一直被视为国家的根本，而古代农耕技术则是支撑农业发展的重要支柱。古代中国农耕技术的发展经历了漫长的历史积累和不断的创新。

农耕技术在古代中国的发展中起到了至关重要的作用。早在新石器时代，中国古人就开始了农业的探索和实践，通过培育作物、改良农具等方式提高了农业生产效率。随着社会的发展，古代中国农耕技术也不断地创新和完善。在农业生产中，人们逐渐掌握了种植技术、灌溉技术、施肥技术等一系列关键

技术，从而实现了农业的规模化生产。例如，耕作工具发展中出现的犁、耙、锄、镰等，其中最有代表性的是唐代曲辕犁，在翻耕土地和改良土质方面有很高的实用价值。在农业灌溉方面的技术，有水车、汲水机、沟间渠、漕运系统等，这些工具和水利工程中凝聚了中国古代人民的智慧，是中国古代农耕文明的重要成果，对于中国传统农业的发展和现代农业的推进都起到了重要作用。

（二）种植技术与土地利用

在中国传统文化中，农业一直占据着重要地位。中国古代农民通过长期的实践总结出了许多科技文化成果，他们善于观察自然环境变化，根据气候季节的变化选择适宜的作物进行种植，以充分利用土地资源。在土地利用方面，古代农民注重合理利用土地，通过轮作、间作等方法，使得土地得以充分休整，减少了土壤退化等问题，使农作物得以增产。古代中国农民在土地管理方面也有独特的成果，他们重视土地的保护与治理，通过修建水利工程、修筑梯田等方式，改善土地的利用条件，提高了土地的产出效率。

古代中国农民在种植技术与土地利用方面的成果，不仅为当时的农业生产提供了重要支持，也为后世的农业发展提供了宝贵经验。这些传统文化成果在今天依然具有重要的借鉴意义。

三、传统工艺制造成果

（一）造纸术

造纸术是中国古代最为重要的一项工艺制造技术之一，也是中华优秀传统文化中的科技文化成果之一。造纸术被视为中国传统工艺制造的杰出成果之一。造纸术的发明和演化过程是中国科技文化的一个重要组成部分。早在公元前105年，汉朝宦官蔡伦就发明了造纸术。在蔡伦之前，中国使用的书写材料是竹简、帛纸等，这些都有其局限性和缺点。造纸术的出现极大地改变了这种情况。

在早期，人们制作纸张是通过采集苇叶、树皮等天然材料，然后进行漂洗、晒干、捣烂等多个环节制作而成。这种方法非常耗时耗力，而且制成的纸张质量也难以保证。随着时间的推移和科技的发展，人们逐渐发现了更为高效和便捷的制纸方法。其中，汉朝张骞出使西域后带回的蒙山纸技术颇受赞誉，成为后来纸张制作的主要方法。在这种技术下，制造者将桑叶等材料进行碾压，再以水为溶剂，将碾压后的材料制成浆状物；随后将浆液倒在石板或竹片上，用手或刮刀使其均匀分布，然后晾晒即可制成纸张。这种技术方法不仅高效，而且能够制造出质地坚韧、厚实且不易破损的纸张。到了宋代，人们进一步掌握了造纸的制作技术，所使用的原材料也有了所谓的"三绝"，即梭麻纸、皮革纸和丝绸纸，纸张的质量也更加均匀、细腻。

值得一提的是，中国的造纸术还与印刷术、书法等技艺相互交融，极大地促进了中国文化的繁荣与发展。例如，在唐代，唐玄宗曾经颁布《开元天宝遗事》的命令，镌刻于木板上，然后再印刷出来。这种木刻印刷与造纸术的相互配合，加快了印刷书籍的效率，同时降低了阅读成本，使得知识得以广泛传播。

（二）印刷术

中国古代发明的印刷术是人类历史上的重要发明之一。

印刷术起源于中国，最早的形式是隋朝的雕版印刷。隋朝时期，人们开始将文字和图案刻在木板上，再用墨涂抹，然后将印版覆于纸上，用力压印，完成印刷。这种雕版印刷技术的优势在于可以大规模生产相同的印刷品，提高了印刷效率。

随着时间的推移，宋仁宗时期的毕昇对雕版印刷进行了改进和完善，他发明了活字印刷技术。活字印刷是将每个字形单独制成铅字，然后组合成文章，用墨印刷在纸上。这种技术的优点在于可以根据需要随意组合字形，方便快捷，提高了印刷效率。

中国的印刷术在蒙古人的入侵下传至欧洲，对欧洲的印刷术发展产生了重要影响。毕昇也被后人称为印刷术的始祖。

中国的印刷术的发明和发展为知识的广泛传播、交流创造了条件。印刷术先后传到朝鲜、日本、埃及和欧洲等地，对世界各地的文化传播产生了深远的影响。特别是在欧洲，印刷术的传入为宗教改革、科学革命和文艺复兴等历史事件提供了重要的技术支持，推动了欧洲社会的进步和现代化。

印刷术不仅是中国古代四大发明之一，也是人类文明发展史上的一个重要里程碑。它的发明和传播对于人类社会的知识传播、文化交流和文明进步产生了深远的影响。在中国，印刷术的发明和发展也极大地促进了文化的繁荣和教育的普及。印刷术的应用使得书籍和文献的大规模复制成为可能，这对于知识的保存和传播起到了至关重要的作用。同时，印刷术的普及也推动了文学、艺术和科学的发展，为中华民族的文明进步做出了巨大贡献。

（三）青铜器制作

青铜器是中国古代科技文化的重要成果之一。其制作工艺经历了漫长的历史沉淀，成为独具特色的艺术形式。青铜器是中国古代工艺制造中最为杰出的代表之一，它是中华优秀传统文化中的科技文化成果之一。青铜器是由铜、锡、铅等金属元素经过高温熔炼、铸造、打磨、雕刻等工序完成的，其历史悠久、文化底蕴深厚。青铜器的历史可追溯到公元前 2000 年前后的商代，经过多个朝代的发展和创新，青铜器在周代达到了顶峰。青铜器在当时具有很高的实用价值和象征意义，是中国古代大量出土文物中重要的组成部分。中国传统青铜器制作技术是古代中国工匠智慧的结晶，它见证了我国从新石器时代晚期至封建社会各个历史时期的文化发展和技术进步。

在中国古代，青铜器的制作不仅是一种技术活动，更是一种文化行为。青铜器不仅是古代工艺制造技术的杰出代表，同时也是中国传统文化中的瑰宝。青铜器的形制、纹饰和用途都反映了当时的社会制度、宗教信仰和审美趣味。例如，商周时期的青铜器多用于祭祀和礼仪活动，其形制厚重、纹饰繁复；而汉代的铜镜则更加注重实用性和艺术性，形制多样，纹饰简洁。从青铜器中，我们可以了解到古代中华文明的发展历程和文化内涵。每一件青铜器都有着自己的历史和文化背景，其中的图案、纹饰、文字等元素，也反映着当时社会、文化、宗教等方面的信息。例如，商代青铜器通常采用动物形象来表现神话传说，而周代则强调礼仪文化和宗教信仰，青铜器上的纹饰也逐渐转向了人物、器物、几何图形等元素。

值得一提的是，中国古代青铜器的制作技术在历史上曾一度失传。直到 20 世纪初，随着考古学的发展和历史研究的深入，古代青铜器的制作技术才被逐渐还原和重新掌握。如今，这一传统技艺不仅得到了保护和传承，还在现代工艺中得到了创新和发展。在现代，青铜器成为文化交流的重要载体，展现了中国传统文化的魅力。同时，在当代工艺制造中，青铜制品也得到了充分的发展和应用。通过现代工艺技术，青铜器的生产效率和品质得到了较大提升，同时也开发出了许多新款式。青铜器的传统文化价值和科技价值也得到了更加广泛的认可和传承。

（四）丝绸制作

中国传统丝绸制作技术是中华民族的一项伟大发明，历史悠久，可追溯到五千多年前。它不仅是一项重要的手工艺，也是中国文化的象征之一。中国自古以来便是丝绸之路的发源地，丝绸制作技艺雄踞于世界之巅。作为中国传统工艺制造的代表之一，丝绸在历史上扮演着重要的角色。丝绸原料饲养、缫丝、织造、染色等一系列工艺，都在传统技术的基础上传承保留下来。丝绸的质地独特，柔软光滑，因此曾被用作御用材料，制作宫廷服饰，表现了皇族的尊贵地位。在一些传统节日也能见到丝绸的身影，例如春节时常会挂贴祝福用的丝绸门神，这种传统的民俗风情也体现了丝绸的文化意义。丝绸的影响不仅局限于中国古代文化，也向世界传播，为世界文化做出了贡献。在丝绸之路的交流中，中国丝绸的织造技术、染色技艺等传统工艺得以传播到外国，这不仅拓宽了中外文化交流的渠道，也使外国人了解到了中国文化的独特魅力。同时，中国古代文人墨客也将丝绸作为文学的重要题材，为丝绸的影响力和文化地位增添了一笔。

中国是最早驯化野生蚕并养蚕的国家，古时候，嫘祖被尊为养蚕的始祖，她的形象象征着丝绸的起源和蚕桑文化的发展。养蚕人通过选种、饲养、防病等方法，确保蚕的生长和吐丝质量。蚕吐丝后，要通过剥茧、煮茧、漂洗、绞丝等工序，将茧丝提取出来。提取出的生丝需要通过纺纱工艺加工成线。古时候，人们使用手工纺纱，后来发展出了水力纺纱和风力纺纱等技术。纺好的丝线要通过织机织成布。中国传统的丝绸织机有手工织机和半自动化织机，如花楼机等。织造出来的花纹包括平纹、斜纹、缎纹等多种，展示了不同的丝绸织造技术。最后再经过印染、剪裁、缝制等工序，就可以将丝绸面料制作成各种

服饰、装饰品或其他产品。

中国丝绸的制作技术在历史上经历了无数次改进和创新，尤其是在汉代丝绸之路开通后，丝绸生产技术得到了更广泛的传播和交流，推动了技术和规模的飞跃发展。新疆尼雅出土的汉代织锦就是当时丝绸技术的杰出代表，其图案复杂，色彩鲜艳，织造技术高超。

随着科技的进步，现代的丝绸制作技术也得到了极大的改进。通过使用机械设备，可以使丝绸制作更加高效。除此之外，还有许多新型的丝绸制作技术应用于现代的生产制造中。比如，采用了纳米技术的丝绸制作技术，使得丝绸的物理性质得到了极大的提升；使用了3D打印技术的丝绸制作技术，可以制作出各种各样的丝绸纤维产品。这些新型的技术不仅推进了丝绸制作技术的革新，也为传统丝绸制作的保护和传承提供了更好的手段。

不论是传统的丝绸制作技艺，还是与现代的科技相结合丝绸制作技术，都展现了中华优秀传统文化中的科技文化成果。这些成果不仅展现了中国古代文化的博大精深，也为现代丝绸制造业的发展注入了新的活力。

四、古代数学发展成果

中国古代数学的主要成就源远流长，是中华优秀传统文化中的重要组成部分之一。古代中国数学家在数学领域做出了众多杰出的贡献，其成就不仅在当时引领了世界数学发展的潮流，也为后世留下了宝贵的文化遗产。我国数学的发展历程是一段精彩丰富的历史，也是传统文化中不可或缺的一部分。从商朝的甲骨文中最早的数字记录，到周朝的《周髀算经》中关于勾股定理的记载，中国古代数学的基础逐渐奠定。尤其在汉代，随着《九章算术》的编撰，中国数学迎来了第一个高峰，该书不仅系统地总结了当时的算术、方程、测量和天文计算方法，还在世界数学史上占据了重要地位。

进入唐宋时期，中国数学进一步发展，李淳风的《益古算经》和沈括的《梦溪笔谈》等著作对推动中国数学理论的完善起到了关键作用。特别是宋元之际，祖冲之提出的圆周率计算方法，以及他对《周髀算经》的注释和完善，显示了中国数学在精度和理论上的大幅提升。

元代的数学成就尤为显著，其中以秦九韶的《数书九章》和杨辉的《详解九章算术》为代表，不仅推动了多项式方程的解法进展，还引入了"杨辉三角"（在西方称为帕斯卡三角形）。这一时期的数学工具和计算方法，在一定程度上预示了现代代数学的诞生。

古代中国数学家在实用数学方面也做出了重要贡献。他们应用数学知识解决了很多实际问题，如土地测量、水利工程、商业计算等。《周髀算经》就是一部古代数学应用的经典著作，其中包含了丰富的实际问题和解题方法，对古代社会的经济发展起到了重要作用。

这些成就不仅体现了中国古代文化对科技的贡献，也说明了古代数学在全球科技文化中的重要位置。通过对古代数学的研究，我们不仅能更好地理解古代中国社会和经济的发展，还可以从中汲取对当今科技发展有益的启示和借鉴。

五、古代天文学发展成果

天文学一直以来都是中华优秀传统文化中的重要组成部分，也是中国古代科技文化的重要成果之一。其历史可以追溯到殷商时期，当时的天文学主要是为了卜筮和祭祀使用，而在周朝时期，天文学开始发展出科学研究的性质，中国古代天文学的历史经历了从占卜、祭祀到科学研究的转变，其中最具代表性的成就是古代中国天文学家发明了很多关于观测和测量的工具和方法，如"浑天仪""千里镜""仪象三书"等。

在中国古代天文学的发展历程中，著名的天文观测项目有很多，其中最重要的是五星运行轨迹的研究。中国古代天文学家通过长期的观察和记录，发现了五星的运行规律，并通过对这些规律的研究，继而推导出岁差和黄赤交角以及日、月、五星等的运行周期等重要天文参数。此外，中国古代天文学还研究了恒星的位置和移动、日食和月食等现象，这些成果不仅为中国天文学的发展做出了巨大贡献，同时对世界天文学的发展也有着重要的影响。

在我国古代的天文学发展成果中，天文仪器的制造是其中的重要部分，其中应用得最多的便是数学中的几何知识。通过几何学的知识，制造出的天文仪器可以精确地测量天体之间的距离、角度等信息。在古代，如秦汉时期的日晷、漏壶、水时钟等器具，以及唐代的仪象台都是通过巧妙的几何构造来实现测量的。而在明清时期，数学知识更是被广泛地应用到了天文器具的制造和测量中。例如明朝时期的李洪洞便设计出了很多精确的天文仪器，又如太微星表和星座地图等，这些仪器不仅可以更准确地进行天文测量，也为后来的研究提供了很多帮助。

除了在制造天文器具的过程中，数学知识也被广泛地应用到了天体测量和计算中。通过精确计算和天文观测，可以更好地了解天体之间的关系，为后来的天文研究提供更加精确的数据和基础。例如，在宋代，郭守敬便通过测量黄道和赤道之间的角度，计算出了恒星位置与赤道的夹角，这项成果被称为"离地三尺"的测量，成为当时天文学研究中的重要成果之一。

总的来说，中国古代天文学的历史丰富多彩，积淀深厚。通过对中国古代天文学的研究，我们可以了解到古代中国人的观天思想和科学精神，也能够为当今的科技文化和传统文化的交融提供新的思考角度。

第二节　饮食文化成果

中国传统文化是在相应时期的政治、地理、经济等环境的综合作用下，逐渐积累形成，被大部分人认可而传承的民族文化。中国传统文化可以分成物质文化、行为制度文化和精神文化。物质文化即满足人类生存与发展的物质形态物品以及它所呈现出的文化；行为制度文化即促进人类社会发展的经验及创造性活动和规范体系；精神文化即多元文化融通和谐包容的思想文化体系。中国传统节日饮食文化与中国传统文化有着内在的互相联系。中国传统节日饮食文化以物质文化为载体，在行为制度文化、精神文化上有所呈现。在物质文化上具体表现为每个传统节日都有固定象征性的美食，如除夕的饺子、清明节的青团、乞巧节的七巧果等。在行为制度文化上，具体表现为餐桌礼仪、人际交往及节日祭祀、娱乐活动等，如北方小年为腊月二十三，人们制作炒米糖和芝麻糖等祭祀灶王爷，以期望灶神上天为百姓说好话；餐桌礼仪要求座次有序等。在精神文化上，主要表现为通过饮食来寄托美好的愿望、纪念先人等。因此受中国传统文化的熏陶，中国传统节日饮食文化具有鲜明的特征。

一、饮食文化中"以人为本"的思想观念

在中国传统文化中，以人为本的思想占有举足轻重的地位。这种思想源远流长，早在西周时期就已形成并深受人们推崇。《黄帝内经》中曾明言："天覆地载，万物悉备，莫贵于人。"这一句简洁而深刻的话语，凸显了人类在社会发展进程中的核心地位和不可替代的价值。人本思想不仅强调了个体在社会整体中的重要性，更凸显了人与自然、社会之间密切而和谐的关系。

在中国传统节日饮食文化中，以人的物质需求和精神需求为出发点，形成了一系列丰富多彩的饮食民俗活动，充分展现了人们对美好生活的向往和追求。首先，节日饮食的满足源于人们对口腹之欲的需求。在古代，生活条件艰苦，普通百姓往往只有在逢年过节时才能品尝到丰盛的佳肴。因此，节日对于人们而言，不仅是欢庆的时刻，更是期盼能够在这一特殊日子里尽情享受美食的时刻。其次，历代节日均有其代表性食品，如除夕夜的饺子、元宵节的元宵、端午节的粽子及中秋节的月饼等，它们不仅是口腹之欲的满足，更承载了人们对节日文化的情感寄托和记忆追忆。民间更传诵着许多赞美节日美食的谚语，例如"舒服不过躺着，好吃不过饺子"。清代袁枚在《随园食单》中也对月饼的美味赞不绝口，称之为"食之不觉甜而香松柔腻，迥异寻常"，凸显了节日美食在人们心目中的特殊地位。

传统节日饮食作为文化传承的载体，承载了人们对美好生活的向往和祈愿，具有重要的社会意义。以中国传统节日为例，除夕之夜家家户户围坐在一起，共同品尝饺子，象征着辞旧迎新、团圆和幸福美满的期盼。元宵节品尝元宵，寓意着团圆和幸福。而中秋节则是赏月、吃月饼的日子，象征着家人团聚、团结和和谐。南方在农历二月二食用撑腰糕，北方则有食用龙须面的习俗，这些都是对五谷丰登、风调雨顺的祈愿，彰显了人与自然和谐相处的愿景。重阳节时饮用菊花酒、端午节时品尝雄黄酒，则是希望远离疾病、灾祸，

保佑身体健康。这些饮食习俗不仅满足了人们口腹之欲的物质需求，更体现了对美好生活和社会和谐的向往，是中国传统文化的重要组成部分。

传统节日饮食文化不仅仅停留在满足口腹之欲的层面，更融入了丰富的精神文化内涵。它们代表着对美好生活的向往和祈愿，是对和谐社会的追求的体现。这种传统饮食文化也促进了社会的行为文化和制度文化的形成与发展，如节日的礼仪、人际交往等习俗，进而推动了人类社会文明的不断进步与发展。

中国传统节日饮食文化既是对人类生活需求的回应，也是对人本思想的践行和体现。通过节日饮食的丰富多彩，人们不仅满足了口腹之欲，更加强了社会凝聚力和文化认同感，进一步彰显了中国传统文化中以人为本的核心理念。

二、饮食文化中"崇仁尚礼"的思想观念

中国传统文化以儒家文化为核心，强调"礼"的重要性。《礼记·曲礼》中写道："太上贵德，其次务施报。礼尚往来，往而不来非礼也，来而不往亦非礼也。"这句话强调了礼仪的互动性和互惠互利的原则。中国传统节日文化和节日饮食文化作为一种重要的文化形式，正是体现了这种"礼"的思想和价值观。

中国传统节日饮食文化中，孝亲敬老的家庭伦理道德意识被渗透得很深。以春节为例，这是中国最重要的传统节日之一。在春节期间，家庭成员通常回故乡参加家乡聚会，无论距离多远都会尽力赶回家与家人团聚。在这个特殊的时刻，子女们会向长辈们敬酒，表达对辛苦养育自己成长的亲人的感激之情。这种行为不仅仅是对长辈们的尊敬，更是对家庭关系的维护和巩固。长辈们看到子孙满堂，也感到喜悦和满足，这种家庭和睦的景象彰显了孝道在中国传统文化中的重要地位。

除了孝亲敬老，中国传统节日饮食文化还体现了人们对朋友和亲戚的关心和关爱。在一些特定的节日，比如中秋节和元宵节，人们会赠送月饼和元宵给亲友。这种亲情与友情的表达不仅仅是一种礼物的交换，更是一种情感的传递。通过这样的行为，人们彼此分享着节日的喜悦，同时也加深了彼此之间的

感情和联系。

此外，中国传统节日饮食文化还承载了丰富的神话与寓意。例如，中国人在春节期间会食用饺子，这是因为饺子的形状与古代中国的货币"元宝"相似，被认为能够带来财富与好运。类似的，在元宵节，人们会吃汤圆，象征着团圆与完整。这些食物的选择和食用方式都蕴含着对美好未来和幸福生活的祝愿。

中国人过节时，重视礼仪规范，其中座次是重要的一项。座次的规定体现了长辈和地位高的人的尊贵地位。按照传统习俗，"尚左尊东"是中国人安排座次时的重要原则。这意味着在用餐和聚会时，尊贵的人应该坐在主位的左侧，而主位应该面向大门。这种座位的安排能够凸显主人的地位和尊贵，以及对客人的尊重。在餐桌上，中国人特别重视和尊敬长辈的地位。因此，饭菜的顺序和吃饭的规矩非常重要。长辈需要先动筷子，晚辈才能开始用餐，这一举动表达了晚辈对长辈的尊重和敬意。

中国传统节日饮食文化作为中国传统文化中的重要组成部分，通过丰富的食物选择和食用方式，传达了对家人、朋友和亲戚的关心与关爱，强调了孝亲敬老的家庭伦理道德意识，并承载了丰富的神话与寓意。这一文化形式不仅仅是人们生活中的一种习俗，更是中国人对于人际关系、家庭价值观和美好生活的追求。

此外，在饮食时，中国人还有其他的餐桌礼仪。坐姿要保持端正，不可随意托肘或者把手支在脸颊上。这一规定既体现了对餐桌礼仪的严格要求，也是尊重他人的体现。这些规范不仅使用餐变得有序，还提高了就餐体验和人际关系的和谐。

中国人过节时注重礼仪的细节，包括座次安排、饭菜顺序以及餐桌礼仪等方面。这些规范不仅体现了对长辈的尊重和重视，还加强了人际关系的和谐与互动。通过遵循这些传统礼仪，人们彼此之间的尊重和关心得以体现，也使得节日更有意义和深厚的文化内涵。

三、饮食文化中"天人合一"的思想观念

在中国传统文化中，人们奉行天人合一的理念，即尊重自然法则，与自

然和谐共处。传统节日文化扎根于农耕社会，因此人们对自然的依赖与尊崇贯穿其中。在这种文化背景下，多数节日与祭祀、祈福密不可分，旨在抒发对自然的敬畏之情以及对人与自然和谐共生的向往。例如，春节作为中国最重要的节日之一，不仅象征着新的开始和希望，更承载了对丰收和五谷丰登的期盼，反映了人们对自然规律的顺应和敬畏。在祭祀仪式中，人们通过供奉祭品、祈福祷告等仪式，表达了对自然恩赐的感恩之情，同时希望得到自然的保佑和庇护。这种与自然相融合的传统文化观念，不仅在节日庆典中体现，更贯穿于日常生活的方方面面。例如，传统医学注重人体与自然环境的平衡，强调人体的健康与自然界的和谐密不可分。因此，天人合一的理念不仅是中国传统文化的核心之一，也是人们生活方式和价值观的重要组成部分。

中国传统节日饮食文化的鲜活表现体现在其与天时的紧密契合上。随着季节更替，人们智慧地选择当季食材，以满足身体需求与气候变化。举例而言，重阳节时，利用时令菊花酿造菊花酒，不仅是一种饮食享受，更体现了人们对自然节气的敏感与尊重。而冬至时食用饺子，则是古人智慧的结晶，通过食用饺子来抵御严寒，既顺应了气候，也弘扬了传统食俗。大年初一所食用的五辛盘，则以其辛香原材料如大蒜、韭菜等，不仅为味蕾带来刺激，更寓意着祛除伏热，以迎接新一年的到来。

中国传统节日饮食文化的地域特色也是其丰富多彩的重要组成部分。不同地域的气候条件与物产差异使得当地的饮食习惯各具特色。西北地区的居民偏好牛羊肉，这与其干燥的气候和草原资源丰富有关；而沿海地区的居民则钟爱海鲜，这与其邻海的地理位置和丰富的海产品资源密不可分。高原地区居民则喜好酥油茶和糌粑，这一选择不仅因地制宜，更蕴含着对高原特殊环境的适应与尊重。

口味方面，中国南北地区呈现出截然不同的特色。南方人偏好甜味，而北方人则更倾向于咸味。这种口味偏好的差异既与地理环境和气候条件有关，也受到历史文化和民族习俗的影响。这种口味的差异既体现了地域文化的多样性，也反映了中国传统饮食文化中"天人合一"的自然观念和对人与自然和谐相处的追求。

四、饮食文化中"阴阳平衡"的思想观念

在中国传统的思想观念中，世界万物皆以阴阳相对而存在，其中阴中含阳，阳中蕴阴。五行之间相互生成与克制，生克法则贯穿于宇宙间的万象之中，这样的思想观念也体现在中国传统的饮食文化之中。在古代医学经典《黄帝内经素问·阴阳应象大论篇》中，明确指出："阳胜则阴病，阴胜则阳病。阳胜则热，阴胜则寒。重寒则热，重热则寒。"这一法则在节日饮食文化中体现为"医食同源"和"五味调和"两个重要方面。

首先，医食同源体现了古代中国医学将食疗与药疗相结合的理念。古人认为"医食同源"，即医学源于饮食，饮食可谓医药之本。节日美食往往是根据时令所制备的，例如端午时节气候炎热，蚊虫猖獗，人们食用粽子以补中益气，但若食用过量则可能引发消化不良；又如饮用雄黄酒能消毒防虫，但若过度饮用则可能中毒。因此，中国传统节日饮食文化强调医食同源，同时也警示饮食需有所节制。

其次，五味调和体现了饮食文化中对于营养平衡和口感的追求。所谓五味即酸、甜、苦、辣、咸，它们不仅满足口腹之欲，更重要的是能够调和阴阳，平衡人体五脏功能。以年夜饭的"饺子"为例，不同地区、不同民族制作的饺子馅料多样，反映了人们对于饮食平衡的追求。肉类、面粉与蔬菜的组合实现了酸碱平衡；富含脂肪和蛋白质的肉类与富含膳食纤维和矿物质的蔬菜的搭配则实现了营养平衡；而荤素搭配则形成了健康的膳食配伍。因此，饮食文化的核心在于食用有节、阴阳平衡、五味调和，以顺应自然规律，维护身心健康。

五、饮食文化中"和而不同"的思想观念

中国传统文化中的核心理念之一是"和而不同"。这一理念在中华民族由56个民族组成的背景下得到了充分的展现。尽管追求着大同世界的理想，中华民族却深知个体与群体之间的差异存在不可避免，因而形成了一种求同存异的价值观，即在追求共同点的同时尊重并容纳差异性。这种理念贯穿于中国传

统节日饮食文化之中，从而使得各地的饮食习俗呈现出多样而丰富的特点。

在中国的传统节日饮食文化中，不同地域、不同民族间的饮食习俗差异明显。例如，北方人在吃年夜饭时偏爱吃饺子，而南方人则更倾向于食用汤圆、年糕等食物。此外，少数民族如回族在春节期间也有其独特的饮食传统，比如初一吃面条、炖肉，初二则吃饺子等。这些不同的饮食习俗既反映了地域文化的多样性，又展现了中华民族对于个体差异的尊重和包容。

中国节日美食在世界范围内也享有盛誉，并得到了广泛传播。以饺子为例，自宋代起就开始传入蒙古地区，随后逐渐传播到世界各地。如今，饺子已经成为许多国家春节期间的传统美食，例如朝鲜、越南、俄罗斯、印度、墨西哥、意大利、匈牙利、日本、哈萨克斯坦等国家都有着各具特色的饺子制作和品尝方式。这种现象不仅展现了中国传统节日饮食文化的丰富性和魅力，也凸显了中华民族文化的包容性和开放性。

因此，中国传统节日饮食文化既具有内聚力又具备广泛的包容性。它充分体现了中华民族传统文化中的求同存异、和而不同的核心价值观，为世界各国民族间的文化交流与融合提供了有益的借鉴和启示。

第三节　民俗文化成果

民俗指的是民间风俗，其起源于人类社会群体生活的需要。民俗是国家或民族中广大民众所创造、享用和传承的生活文化，经过长时间的演变、发展和磨合，成为人民群众最亲近的一种生活方式。它与人民群众休戚相关、水乳交融。民俗存在于日常生活、传统节日、劳动生产和社会组织中。与此同时，民俗也贯穿着个人生命的不同阶段，从生命的起点到终点，都有相应的民俗相伴。

在中国传统农业社会的影响下，生活中的许多习俗构成了人们精神意识领域的民俗。这表明民风民俗不仅仅体现在人们的物质生活中，也在人们的精神生活中扮演重要角色。民俗作为人们社会文化生活的重要组成部分，它不断地为人们提供着信仰、价值观念和行为规范等方面的指引和框架。同时，它也通过丰富多样的仪式、习俗和传统节日等形式，凝聚和弘扬着民族和地域的独特特色。

民风民俗的形成与发展是一个历史过程，它不仅受到地理环境、气候条件等自然因素的影响，还受到历史、社会、经济等多种因素的综合作用。因此，通过深入研究和了解民俗文化，不仅可以揭示人类社会发展的历史脉络，还能够反映出不同地域、民族和社会群体的文化特征和精神追求，有助于传承和弘扬优秀的民俗文化，加强人们对根文化的认同感和自豪感，促进社会和谐与文化进步的发展。因此，研究民俗的意义和价值不容忽视。

一、古诗词中的民俗文化体现

古诗词作为中华民族传统文化的重要组成部分，以其独特的词、韵、谱三者的有机结合，承载着丰富的文化内涵。《诗经》中的风、雅、颂三种音乐形式，向人们展现了古代诗歌的多样性和深厚内涵。诸如《关雎》《沧浪歌》《忆江南》等存有乐谱的古诗词，通过歌唱这些作品，人们不仅能够感受到其中蕴含的真挚情感，而且能够领略到其所具备的灵性光彩，仿佛跨越千年历史的河流，在灵魂深处激起涟漪，超越了言语所能表达的局限。从《诗经》到汉乐府，再到唐诗和宋词，中国传统文化的魅力在其中得以充分展现。这些古代诗歌作品所传承的历史印记，时刻提醒着人们如何与天地相融、如何在人与人、人与天地之间找到恰到好处的平衡，体现了中华文化中"天人合一"的理念。

民风民俗在中国古代诗词中占据重要地位，诗人们以各种方式记录了守岁、踏青、折柳、登高、放纸鸢等传统习俗。例如，唐代诗人李世民在《守岁》一诗中以"寒辞去冬雪，暖带入春风"来表达迎接新年的气氛。白居易在《钱塘湖春行》中描绘了春天的景象，描述了孤山寺北、贾亭西的美景，以及早春的莺鸣和新燕的欢快。而高鼎的《村居》则生动地描绘了春天杨柳拂堤的场景，以及儿童们放纸鸢的快乐情景。

折柳送别这一汉代的地方性习俗，经过隋唐以来诗人们的赋予，逐渐成了诗词中的寄托离别情感的象征。在诗人眼中，折柳不仅仅是一种行为，更是一种情感的寄托、一种对远行亲友的祝福和思念。李白在《春夜洛城闻笛》中以"谁家玉笛暗飞声，散入春风满洛城。此夜曲中闻折柳，何人不起故园情。"表达了对故乡和亲友的思念之情，将折柳与离愁、乡愁融为一体，增添了诗作的离情别绪。

二、民曲民谣中的民俗文化体现

采诗察俗是中华民族传统社会的一项重要活动，具有深厚的历史和文化底蕴。传统上，人们常说"观民俗，知厚薄"，这意味着通过研究民间习俗和风情来了解社会的繁荣与衰微。正如马克思所言："民歌是唯一的历史传说和编年史"，这表明民歌具有独特的历史价值和记载功能。

除了民歌，民曲民谣也是民俗存在的一种表现形式。作为中华传统文化的一部分，中国民歌以其古雅的词风和抒发真情的情感表达方式，成为古韵辞风的另一种演绎形式。与此同时，中国民歌也以其真实写照了百姓的生活，成为一种老百姓喜闻乐见的音乐形式。它的历史源远流长，且不断传承发展至今。

一个具有典型代表性的例子是号子。号子最早发源并应用于劳动之中，它是一种为大众体力劳动提供情绪调节、统一用力和呼吸节奏的民歌形式。号子的节奏鲜明，音调豪迈，律动感强烈，与劳动紧密相关。通过号子的演唱，劳动者能够调整自己的情绪状态，统一协调劳动力量，从而提升工作效率。号子的出现和广泛应用，不仅展示了中国劳动者的团结与勇敢精神，也反映了劳动与音乐之间紧密的联系。

在中国的少数民族中，唱歌求爱是一种独特的求爱习俗，其中，"六月六花儿会"作为西北地区表达爱情的一种方式尤为引人注目。这一习俗中，青年男女相聚于"浪山"，以唱花儿的形式寻觅自己的人生伴侣。在这个过程中，女性被称为"花儿"，而男性则被称为"少年"。这种称呼也渐渐地演变成了对心爱之人的一种特殊称呼。在壮族地区，类似的习俗被称为"三月三歌墟"，而刘三姐则被视为人们心目中的歌仙，成为这一传统的象征。此外，藏族的雪顿节、采花节，以及傣族的泼水节等，也都是通过歌唱来传达情感、确定感情的重要活动。

正如梁启超所言："歌谣是不会作诗的人将自己一瞬间的情感，用极简短、极自然的音节表现出来，并无意要将它流传。因为这种天籁与人类的好美性最相契合，所以好的歌谣，能人人传唱。"这表明民曲民谣蕴含着民众丰富的生活经历和深厚的民族情感。在任何有人的地方，都能听到民曲民谣的传唱，这是土地与民众、人与情感的深厚结合。

三、四时节气中的民俗文化体现

庄子在《知北游》中深刻阐述了自然的默契之美，指出天地、四时、万物皆有其规律，然而这种美丽和秩序并不需要言说或仪式加以彰显。黄土地的人民，顺应着自然的脉动，沿着太阳的轨迹行走。他们不仅仅是在追逐着季节的变迁，更是沿袭着祖先对天文现象的深刻观察和对农事的精准把握。他们以简明清晰、富有诗意的语言，将这些观察与体验总结了二十四节气，这一精妙的系统凝聚着对自然法则的理解和敬畏。

不同的文化视角赋予了这些现象不同的意义。对于西方人而言，他们仅仅将时间分为春夏秋冬四季。而中国人则通过长期观测天象，将一年划分为二十四个节气，从惊蛰到大雪，每个节气都呈现出独特的景象和寓意，如同一幅幅绘制着自然变迁的诗画。这种细腻而深刻的分段，不仅仅是时间的划分，更是对自然变化的崇敬和对生命律动的体验。

因此，二十四节气不仅仅是一种时间的表达方式，更是中国文化中的一种精神符号，它凝聚了人们对自然、生命、时间的理解和感悟，传承着丰富的文化内涵和人类智慧的结晶。

在中国，许多习俗与节气密切相关，构成了一幅丰富多彩的文化图景。这些习俗不仅仅是简单的传统，更是蕴含着丰富的文化内涵和智慧的结晶。通过观察和感知自然界的变化，中国老百姓与自然形成了一种默契的对话关系，从而协调着人与自然的相处之道。古老的中国人将一年划分为二十四个节气，以太阳的移动作为标志，反映了人们对于时间流逝和自然规律的敏感认知。在这个独特的时间体系中，人们的生活与自然息息相关，以日出而作、日落而息的自然节

拍为指引，人与自然和谐共生。山川草木、飞禽走兽、日月星空、江河湖海，无一不与人们的生活息息相关，共同构成了中国独特的自然文化景观。

传统的民俗习惯承载着丰富的情感与智慧，融合了丰富的传说和寓意，成为人们生活中不可或缺的一部分。即使在清贫困顿的恶劣环境下，人们对于民俗的信仰和追随也从未改变。这种对于传统的珍视与尊重，体现了中国人民对于文化传承的重视，也彰显了他们对于自然与人文的和谐共生的追求。

古代中国人借助二十四节气来规划生活和农事，这一传统实践赋予了中国文化以深厚的内涵。这些节气不仅构成了中国传统文化中的重要组成部分，更为中国人民的日常生活注入了独特的意义与节奏。二十四节气使得中国人的生活节奏更为有序与规律，犹如阡陌交错般有条不紊。从立春到大寒，每个节气都象征着季节的更替和自然界的变化，使得中国人在日常生活中能够感知到星光的灿烂、暑去寒来的规律以及斗转星移的奥妙。同时，二十四节气所蕴含的中国哲学思想也深刻影响了中国人的生活方式和生活态度。这种气韵与节奏流动于天地之间，体现了中国文化中"天人合一"的理念，将人与自然、人与宇宙融为一体。因此，二十四节气不仅是中国传统文化的象征，更是中国人民生活方式的精髓所在，承载着中华民族对自然、对宇宙的敬畏与崇尚。

四、市井街头的民俗文化体现

在繁华的商业街上行走，眼前处处是五彩斑斓的广告，然而，广告并非现代商业的独特产物。回溯至20世纪初，市井街头的饭馆、药铺、鞋店、金银店等店铺门前悬挂的五彩缤纷的招幌已经成为古老城市的一道亮丽风景。

所谓的"招幌"乃是"招牌"与"幌子"的合称，最早见于商铺、酒家、药铺等，其幌子即为一种形式上的广告，如"酒旗"则是一种三角形的布幌子。在杜牧的《江南春》中，他曾写道："千里莺啼绿映红，水村山郭酒旗风"，形象地描绘了当时繁荣的景象。在汉语中，"招牌"含有招引之意，最初仅用于标明店主姓氏、经营内容等。然而，一个出色的招牌不仅可以吸引顾客，更能成为店铺精神的象征。作为一种特定的商业行业符号，招牌拥有着悠久的历史和丰富的中国传统文化内涵，已然成为城市繁荣的象征。例如，张择端的《清明上河图》以汴河为背景，生动地展现了当时市街上各种商业活动、手工业活动以及河上的漕运活动。各类店铺、香铺、小茶铺或酒铺，以及卖花、算命等摊贩，无一不映衬出人们对故都繁华的怀念，其寓意深刻。

　　街头巷尾的叫卖声同样是我国传统民俗文化的体现。比如，过去的北京胡同里、集市上的叫卖声曾经充满了丰富多样的韵味，这些叫卖声在街头巷尾反映了时节的变迁。例如，每年农历正月初二，北京的家家户户都会祭财神，因此"哎！活鲤鱼呀，活鲤鱼"成了胡同中每年这一天都会听到的叫卖声。从"桂花哟，元宵"这样的叫卖声中，人们能预知正月十五元宵节即将来临；而"嫩了芽的香椿哟"则标志着春天的到来；当听到"臭豆腐，酱豆腐，韭菜花，酱黄瓜"的吆喝声时，人们就知道已是金风送爽的时节了；而"炸面筋来，熏鱼哟""坛肉，扣肉，米粉肉"此起彼伏时，则意味着严寒的冬天已经来临……这些吆喝叫卖声伴随着老北京几代人的成长，已经成为他们最真切的生活记忆。然而，这些充满市井生活气息的叫卖声如今却已经逐渐淡出了北京人的日常生活。尽管如此，老北京叫卖作为一门艺术仍然被传承和发展，成为具有声音和色彩的京城风俗画。

　　民俗文化，源自人民群体的集体意识和行为惯例，是一种深刻植根于社会集体意识中的文化形态。其内涵丰富，蕴含着丰富的社会历史、文化传承以及人类心理和行为规范。民俗文化的传承与演变具有时间和空间的双重特征，历经代代相传，并在不同地域间扩展和传播。在时间维度上，民俗文化随着时间的推移不断发展变化，但在其演变的过程中，仍然保留着深厚的历史积淀；而在空间维度上，民俗文化则展现出从一个地域向另一个地域扩展、传承的特征，形成了多样化且丰富多彩的地域文化特色。

　　民俗文化承载着人们美好记忆和传统生活的诗意，是中国人民族传统文化的重要组成部分。每一个民族都有其独特的民俗传说，这些传说蕴含着人与自然和谐相处的智慧和艺术。同时，民俗文化中的节气归纳与总结，也体现了先民与天地沟通的庄严仪式，是对自然界的敬畏和尊重的体现。通过这些仪式，古老的中华民族传统文化得以传承，并在当代得到弘扬和发展。

　　尽管部分传说与风俗可能已经逐渐消失，但其中所蕴含的对美好生活的

追求和对传统文化的珍视将永远保留在我们的民族传统记忆中。这种传统文化的传承和弘扬，不仅能够滋润一代又一代中国人民的心灵，使他们向美、向善，更能够引导当代人们不忘初心，在民风民俗中传承和弘扬中国传统文化，实现中华民族伟大复兴的中国梦。

第四节　文化艺术成果

一、传统绘画艺术成果

中国传统绘画艺术，作为中华优秀传统文化中的文化艺术成果之一，承载了丰富的历史文化内涵与艺术表现形式，具有悠久的历史和独特的艺术风格。在中国绘画史上，国画一直扮演着重要的角色，不仅是中国绘画艺术的重要组成部分，更是中国文化与精神的集中体现。

中国传统绘画以墨、水、纸、笔为主要工具，以表现对象的形神、气韵为绘画目的，追求以意境、气韵、神韵为主要表现手段。其特点在于概括、写意、留白，以及注重笔墨的变化、线条的节奏和形式的变通。国画不仅追求物象的形神，更注重画家内心情感的抒发与表达，通过墨韵、笔墨、线条等传达画家的审美意趣与情感体验。传统绘画中承载了丰富的文化内涵与审美追求，其表现形式多样，包括山水、花鸟、人物、动物等各种题材。通过对自然景物、人物形象的描绘，不仅展现了画家对自然与生活的感悟，更传达了中国人的审美情趣与文化精神。传统绘画作为中华优秀传统文化的一部分，不仅具有深厚的历史底蕴，更是中国文化传承与创新的重要载体，向世人展示了中国人民对美好生活的追求与向往。

（一）水墨画

传统绘画艺术中的水墨画独具特色，主要特点是以水和墨作为绘画媒介，通过毛笔在宣纸或绢上作画，强调笔墨的自然流露和画面的意境表达，展现了中国人民的审美情趣和智慧。水墨画的历史可以追溯到唐代，但它的雏形可以追溯到更早的魏晋时期。唐代画家王维被认为是水墨画的代表人物，他提倡"诗中有画，画中有诗"，强调了绘画中的意境和情趣。宋代以后，水墨画逐渐成为中国画的主流。其独特的表现形式和技法，成为中国传统绘画的代表之一。

水墨画的基本技法包括勾勒、皴擦、泼墨、点染等，这些技法通过墨色的浓淡、干湿变化来表现物象的形态和质感，以及画面的空间感和节奏感。水墨画强调"意在笔先"，追求笔墨的自然流露和画面的空灵透逸，力求达到"画尽意在"的艺术境界。

水墨画的主题广泛且多样化，既有山水、花鸟、人物等常见的题材，也有神话、历史故事等富有想象力的创作内容，其中山水画是水墨画中最为重要的题材之一。山水画不仅仅是对自然景观的描绘，更是画家对自然、生命和宇宙的思考和感悟。水墨画借助水、墨和纸相互配合，通过独特的笔法和构图来表现主题和情感。在水墨画中，墨的使用是至关重要的，它可以变幻出各种不同的色调和质感，使画面更加鲜活生动。水墨画的笔法也非常讲究，常常以"虚实相生，浓淡相间"为原则，通过勾勒、写意和点染等技法，创造出独特的意境和艺术效果。水墨画流传至今，名家名作不可胜数，其中极具代表性和知名度的有范宽的《溪山行旅图》、黄公望的《富春山居图》、张择端的《清明上河图》、徐悲鸿的《奔马图》等。

水墨画作为中国传统绘画的瑰宝之一，不仅在中国内外享有盛誉，也对世界艺术史产生了重要的影响。它独特的艺术形式和文化内涵，不仅仅是一种绘画艺术，更是中华优秀传统文化中的重要成果。无论是对于艺术创作还是对于文化传承，水墨画都发挥了重要的作用，将中国传统文化的精髓传递给后世。水墨画的魅力不仅仅在于它的艺术表现形式，更在于它背后所蕴含的深厚文化内涵。

（二）工笔画

工笔画是中国传统绘画艺术中的一种重要流派。它以细腻精巧的绘画技法和严谨细致的写实风格而闻名于世。在中华优秀传统文化中，工笔画是一种独特的艺术成果，它展现了中国人民的智慧和审美情趣。

工笔画起源于唐宋时期，经过长期的发展与演变，形成了独具特色的绘画风格。在工笔画中，画家们运用细密的线条勾勒出明确的轮廓，然后以渲染色彩的方式填充细节，使作品充满生动的质感和立体感。工笔画的绘画技法非常考验画家的功力，需要精确的观察力和细致入微的表达能力。

工笔画是一种追求写实、形神兼备的绘画形式，注重细致精确地表现。在唐代，王维创造了水墨画法，将题材由人生转变为描绘自然景色，使工笔画的题材范围更加广泛，包括人物、山水、花鸟等。因此，工笔画分为工笔和写意两种画法。

人物画是其中历史最久远的形式。晋代以及以后，顾陆、展张、阎立本等艺术家都是人物画巨匠。他们善于运用工整的画法，色彩浓重，除了描绘人物的衣饰外，更能表现出人物的性格特点和气质，使唐代人物画达到了完美成熟的境地。后来，吴道子、韩干、周昉等艺术家也都在人物画方面取得了极高的造诣。到了宋代，李公麟采用白描画法，用笔细密而精细，仍属于工笔画的范畴。明代的仇英则以模仿古代作品而独树一帜，展现出独特飘逸华丽的风格。

工笔画具有独特的审美意义和艺术价值，它不仅能够给人以美的享受，还能够传递出深刻的文化内涵。工笔画作为中华优秀传统文化中的一份文化艺术成果，既彰显了中国人民多年来对于美的追求和创造力的体现，也为后人提供了宝贵的艺术遗产和精神财富。相信在未来的发展中，工笔画这一中国传统绘画艺术的瑰宝会继续闪耀着独特的光芒，为世界艺术史增添着绚丽的一笔。

二、传统文学艺术成果

（一）诗词

传统文学中的诗词是中华优秀传统文化中的瑰宝之一，其历史悠久、艺术精湛，承载着丰富的文化内涵和情感表达。中国诗词源远流长，自先秦时期的《诗经》开始，便有了诗歌的雏形。随着历史的演变，诗词逐渐成为中国文学的代表之一，体现着中国人民的审美情趣和思想观念。

在中国传统文化中，诗词被视为一种高雅的文学形式，其创作要求严谨而精致。诗词的语言凝练、意境深远，常常通过简练的文字表达出复杂的情感和思想。诗词作品涵盖了丰富的主题，既有歌颂祖国大好河山的壮美景色，也有抒发个人情感的私密情怀。通过诗词，人们不仅可以感受到作者的感悟与境界，也可以窥见历史的变迁和社会的风貌。

诗词在中国文化传承中扮演着重要角色，它不仅是文学艺术的精髓，更是中国人民情感交流的重要载体。诗词作为中华优秀传统文化的重要组成部分，将继续在历史的长河中流传下去，为后人提供情感共鸣和精神寄托。

（二）小说

小说作为中国传统文学作品的重要的组成部分，承载了丰富的文化内涵和历史沉淀。在中国古代文学中，小说以其独特的叙事方式和深刻的人物描写而备受推崇。小说作品既反映了当时社会风貌，又展现了丰富的人生百态。我国古代小说语言丰富多样，既有文言文的典雅，也有白话文的生动。如《儒林外史》中运用了大量口语，使人物形象更加鲜活，增强了作品的生活气息。

我国古代小说人物性格各异、形象饱满、情节曲折多变、引人入胜，具有很高的艺术价值。例如《三国演义》中的赤壁之战、《西游记》中的大闹天宫等，都是脍炙人口的故事，展现了作者高超的情节编排能力。除了情节精彩外，我国古代小说往往也蕴含深刻的思想内涵，反映了作者对社会、人生、道德等方面的思考。例如，《红楼梦》通过对贾、王、史、薛四大家族的兴衰描写，深刻揭示了封建社会的种种矛盾，书中种种细节描写也为我们再现了当时世家大族的生活细节，承载了丰富的文化信息，为后人的分析和研究提供了宝贵的参考，对后世的文学创作也产生了深远影响。

三、传统戏曲文化艺术成果

中国戏曲是传统文学经典中的重要组成部分，承载着丰富的文化内涵和历史底蕴。从唐代的雅号起，到元代的元杂剧，再到明清时期的京剧、越剧等，戏曲在不同历史时期都有着独特的发展轨迹。戏曲艺术融合了音乐、舞蹈、表演、美术等多种艺术形式，以其独特的表现方式和丰富的剧情内涵，深

受人民群众的喜爱。

中国的传统戏曲文化是人类非物质文化遗产的重要组成部分，其成果丰硕，影响深远。传统戏曲融合了文学、音乐、舞蹈、美术、武术等多种艺术形式，形成了一种富有东方神韵的综合艺术。传统戏曲发展到今天，已经拥有了三百六十多种地方戏曲剧种，如京剧、越剧、黄梅戏、评剧、豫剧等，每个剧种都有自己独特的表演风格和大量经典剧目。戏曲内容深植于中国丰富的传统文化之中，涵盖了历史、文学、哲学、道德等多个方面，是中华民族精神文化的集中体现。

在我国传统戏曲文化艺术中，"京剧"是其中最为出众的代表，融汇了音乐、舞蹈、戏剧、美术等多种艺术形式，位列世界三大表演体系之一。京剧艺术源远流长，历经千年而不衰，经典戏目包括《霸王别姬》《贵妃醉酒》《四郎探母》等。京剧以其独特的表演形式和艺术魅力，在国内外享有盛誉。其音乐方面，以曲调婉转悠扬、唱腔独特为特点，配以传统乐器如琵琶、二胡等的演奏，展现出中国传统音乐的独特魅力。舞蹈方面，京剧舞蹈以其独特的身段、手势和步法，表现出中国传统舞蹈的韵味，身法多变、优美动人。同时，京剧的表演形式注重角色扮演和面部表情的塑造，通过精致的服饰、妆造、脸谱勾勒，配合演员精湛的技艺和表演功底，将角色性格、情感状态通过细腻的动作和表情展现出来，使得京剧具有强烈的艺术感染力和观赏性。京剧作为中国传统文化艺术的重要组成部分，不仅展现了中国古代文化的精髓，也为后世的艺术创作提供了丰富的源泉和借鉴。

戏曲作为中华优秀传统文化的代表之一，不仅在娱乐中扮演着重要角色，还在传承和弘扬中华优秀传统文化方面发挥着重要作用。戏曲作品中蕴含着丰富的道德观念、历史故事和文化传统，反映了中国人民的情感、思想和价值取向。通过戏曲，人们可以感受到中国传统文化的博大精深，领略到古代文人墨客对生活、人情、历史的思考与表达。因此，戏曲作为传统文学经典的重要组成部分，对于传承和弘扬中华优秀传统文化具有不可替代的重要意义。

四、传统音乐与舞蹈成果

（一）民族器乐

民族器乐是指使用各种传统乐器演奏的音乐形式，它不仅能够传达音乐的美感，还能够传递民族情感和文化内涵。中国传统民族乐器分为四大类：吹、拉、弹、打。吹管乐器有笛子、箫、唢呐、葫芦丝等；拉弦乐器有二胡、马头琴等；弹拨乐器有琵琶、阮、古筝等；打击乐器有锣、鼓、钹、木鱼等。

中国传统民族器乐以其独特的音色、演奏技巧和音乐风格，在世界音乐舞台上独树一帜中国的民族器乐种类繁多，不同地区的乐器有着独特的特点和风格，每种乐器都有其独特的音质和演奏方式，能够表达出不同的情感和意境，其中的经典曲目如《高山流水》《十面埋伏》等，具有极高的艺术造诣，是中华民族的文化瑰宝。

民族器乐不仅在传统文化中得到广泛传承和发展，也在现代音乐中得到了创新与融合。许多现代音乐作品中融入了中国传统器乐的元素，使得传统文化得以传播和发展。同时，民族器乐与现代音乐的结合也产生了许多新的艺术形式和表达方式。

（二）民间舞蹈

中国民间舞蹈是中国传统文化中不可或缺的一部分，其源远流长，蕴含丰富的民族风情和历史文化内涵。民间舞蹈在中国各个地区都有着独特的表现形式和风格，反映了当地人民的生活习俗、宗教信仰以及历史传承。

我国民间舞蹈以其优美的舞姿、灵活的身段和丰富的表现手法而闻名于世。其中，旋转、跳跃、起伏等动作生动灵活、独具韵味，能很好地展现出舞者的情感与神韵。不同地域的民间舞蹈也有着各自的特点，比如西北地区的舞龙舞狮、东北的秧歌舞、西南的腰鼓舞等，每种舞蹈都有其独特的艺术魅力。时至今日，各地人民对于民间舞蹈热情不减，在各种节庆活动中仍然常常能见到民间舞蹈的身影。

中国民间舞蹈作为中华优秀传统文化中的一部分，不仅具有极高的艺术价值，更承载着丰富的历史文化内涵，是中国文化宝库中的瑰宝之一。它不仅是人们日常生活的一种娱乐形式，更是承载着历史记忆和文化传承的载体。通过民间舞蹈，我们能够感受到民族传统文化的魅力，体验到丰富多彩的民族风情，同时也能够加深对于传统文化的理解和认识。

第三章

中华优秀传统文化的现代转化

第一节　中华优秀传统文化进行现代转化的必然性分析

中华优秀传统文化的创造性转化和创新性发展是顺应中国发展要求、符合文化发展规律、具备多重发展条件的系统工程。一方面，作为中华文明的重要成果，中华优秀传统文化不仅对历史中国的发展演进发挥了突出作用，同时也对当代中国现代化建设具有重要意义，在新时代实现中华民族伟大复兴的中国梦离不开中华优秀传统文化的滋养和助推。另一方面，在改革开放进程中，中国特色社会主义不断深化发展，文化建设积累起丰富经验，文化发展环境不断优化，这都为推动中华优秀传统文化创造性转化创新性发展提供了有利条件。从内在因素和外在条件来分析，中华优秀传统文化的现代化转化都有其必然性。

一、中华优秀传统文化存续发展的内在要求

中华优秀传统文化作为中华民族历史文化的精华，不仅是一代又一代中华儿女集体智慧的结晶，更是中华民族精神传承的重要载体。其源远流长，始于原始农耕社会，承袭于历代封建社会，遭受近代中国社会动荡与变革的冲

击，却从未中断其生命力的延续。这种文化的独特性和韧性，使其成为中华文明乃至世界文明中的宝贵遗产和不可或缺的组成部分。

中华优秀传统文化的历史延续性和发展脉络具有独特的特征。自原始农耕社会起源，通过不同历史时期的演变与发展，形成了丰富多彩、内涵深厚的文化体系。封建社会时期，儒家、道家、佛家等思想流派相互交融，为中华传统文化注入了深邃的哲学思想和道德观念。同时，诗词、书画、礼仪等文化形式的繁荣，使得中华文化在世界范围内都独具魅力。

然而，近代以来，中华优秀传统文化面临着前所未有的挑战和考验。西方现代化思潮的冲击、社会变革的风暴以及外来文化的冲击，都对中华传统文化产生了深远影响。但即便如此，中华优秀传统文化仍然在变革中保持着其独特魅力和影响力。这种生命力的源泉，在于其根植于中华民族生活、思想和行为之中的深厚传统，以及对人类智慧的持续追求和传承。因此，中华优秀传统文化的持续发展和传承不仅是对过去的致敬，更是对未来的责任。唯有在传统文化的基础上不断吸收借鉴外来文化的优秀成果，与时俱进，方能更好地迎接未来的挑战，实现文化的繁荣与发展。

中华优秀传统文化是中华民族精神的根基，承载着民族发展的历史深度和文化厚度。正如民族精神深植于人们的内心，中华优秀传统文化也在代代相传中融入每个中华儿女的生活和思维中。这种传承不仅是文化的延续，更是中华民族的价值观念、行为模式和社会规范的体现。这些文化元素构成了中华文化的基础，其经过漫长岁月的沉淀和升华，渗透到中华民族的血脉之中，成为中华文化不可或缺的一部分。其中，"和"文化作为中华优秀传统文化的重要组成部分，凝聚了中华民族农耕历史的智慧结晶。在古代农耕社会中，"和"文化承载着人们对社会稳定和家族团结的追求。农耕生产需要人们的相互合作和协调，只有社会和谐稳定，家族团结亲密，才能确保农作物的种植、养护和收获，推动农业生产的不断发展。因此，"和"文化逐渐成为中华民族生活方式和价值观的象征，代代相传，并随着时代的变迁不断深化和发展。中华优秀传统文化的传承不仅仅是对历史的回顾，更是对未来的启迪。这种文化的传承和发展，不断激发着中华儿女的文化自信和创新精神，为中华民族的发展进步提供了源源不断的精神动力和文化支撑。

　　中华优秀传统文化作为拥有五千年历史的文化体系，展现出了与时俱进的适应能力与不断完善的特质。这种适应能力和完善特质源于其内在的开放性和包容性品质。中华优秀传统文化凭借这种品质，在历史长河中不断迈进，并创造出一个又一个辉煌的成就。然而，它的发展历程也充满坎坷与挑战。例如，秦始皇焚书坑儒的暴行中断了百家争鸣的局面，致使数百年间积累的学术成果付之一炬。金元入主中原带来的冲击严重影响了中国千年的农耕文明，致使文化发展走向下滑。明清时期的封闭政策、八股取士制度以及文字狱等种种阻碍，更是限制了文化的进步，导致其逐渐衰落。鸦片战争后外国势力的入侵更是对中华文化造成了严重的冲击，使其岌岌可危。尽管如此，中华优秀传统文化在各个领域都取得了卓越的成就。儒学、道学、法学、玄学、经学、理学等学派众多，科技、天文、历法、数学、医学、文学、艺术等方面在当时处于世界领先地位。特别是在汉代、唐代、宋代等时期，中华文化通过广泛的对外交流展现出迅速发展和繁荣的景象，为世界所赞叹。在唐代，中华文化还成功地吸收和融合了佛教文化，形成了儒、释、道相互影响的局面，极大地丰富了中华文化的内涵，并为后来儒学的发展打下了基础。这些成就的取得根本上归功于中华优秀传统文化所具有的开放包容品质，并随着时间的推移不断吸收借鉴其他文化而得以不断丰富发展。可以说，中华优秀传统文化凭借其顽强的生存本能和开放包容的品质，在历经沧桑后依然绽放出千年的光辉历史，并具备再次攀登高峰的无限可能。

　　近代以来，中国社会经历了深刻的变革，中华民族经历了巨大的挑战与考验。外来文明的涌入给传统文化带来了前所未有的冲击，致使中华民族陷入了危机之中。然而，中华民族历经千辛万苦，不断觉醒、反抗、斗争，并最终实现了脱胎换骨的重生。中华人民共和国的成立不仅象征着近代百年屈辱历史的终结，也标志着中国社会进入了崭新的发展时代。随着社会主义现代化建设的不懈推进，特别是改革开放以来，中华民族正踏上了快速发展的道路，离实现民族复兴的伟大目标越来越近。在这一进程中，中华优秀传统文化焕发出新的生机。尽管中华人民共和国成立后曾经历过一段时期的破坏，但总体来看，

中华优秀传统文化作为马克思主义中国化的重要本土资源，一直受到中国共产党的高度重视，并得到了充分的发展和运用。中华优秀传统文化与中华儿女的精神息息相通，与中华民族命运紧密相连，始终能够在不同的时代找到适应自身生存与发展的方式。创造性转化和创新性发展已然成为其适应当代中国实际、实现自身延续发展的内在要求和科学选择。

二、建构文化价值体系和提升文化软实力的资源依托

在当前全球化、技术进步和文化多样性并存的复杂背景下，世界正经历着前所未有的大发展、大变革和大调整。在这一背景下，实现民族复兴的目标不仅需要经济和政治的强大支持，更需要深化和扩展国家文化的内涵，以增强国家的文化软实力。为此，构建一个与当代中国社会发展和全球互动相适应的价值体系变得尤为关键。

中华优秀传统文化因其独特的超越性特质，在此过程中展现出不可或缺的价值。它不仅包含了深邃的哲学思想，如儒家的仁、义、礼、智、信等核心价值观，而且蕴含了丰富的人文精神，强调个体与社会、人与自然的和谐共生。此外，中华传统文化中的教化思想和道德理念也为社会和谐、人际关系以及个人成长提供了有力的指导。因此，将中华优秀传统文化的这些丰富内涵融入现代文化建设中，不仅能够有效提升中国的文化软实力，还能为构建与当代中国发展需求相符的价值体系提供有益的启示和支持。这样的努力不仅有助于加强国家的文化自信和认同感，也将为推动中国在全球文化交流中发挥更加积极和建设性的作用提供坚实的基础。

国家文化软实力的提升需要依赖于中华优秀传统文化的积极参与。文化软实力实质上是国家文化在国内外的影响力、凝聚力和创造力的体现。在国内方面，文化软实力主要体现在其对本国民众思想的凝聚力和文化自身的创造发展力上。一个国家的文化凝聚力取决于其民众对本国文化的认同程度。中华优秀传统文化源远流长，蕴含着丰富的思想理念、价值观念和行为规范，已经深深地融入了中华民族的精神世界，成为全体中华儿女共同的精神纽带，也是当代中国文化凝聚力的根本所在。此外，强烈的民族文化认同感能够激发人们对

传承和发展民族文化的责任感和使命感，从而促进民族文化的创造和发展。

在国际层面上，文化软实力体现在国家对外来文化侵蚀的抗衡能力和对其他国家和民族文化的影响力上。在全球化的背景下，世界各国之间的文化交流呈现出日益频繁的趋势，这一现象既为中国文化的发展提供了更为广阔的舞台，同时也带来了外来文化对中国传统文化的冲击，凸显了中国文化安全的重要性。事实上，由于各国的综合实力和地位存在差异，文化交流往往难以实现真正的对等，常常表现为强势文化对弱势文化的影响。中国作为一个综合实力不断提升但仍处于相对弱势地位的国家，面临着来自西方发达国家，尤其是美国等国的文化输出和意识形态渗透的压力，这直接威胁着国家的文化安全。中华优秀传统文化蕴含着团结统一、天下大同等崇高理念，通过增强人们的文化认同感，能够提升整个民族的文化自信心，形成强大的文化凝聚力。这种文化凝聚力不仅可以助力中华文化在外来强势文化的冲击中保持自我，避免同化，还能够在与世界优秀文化的交流对话中展现出自身的优势和特色，吸引并影响其他文化，形成跨文化的影响力。

当代中国价值体系的建构不仅受到政治、经济、社会等多方面因素的影响，更深层次地，中华优秀传统文化的参与也是不可或缺的。文化孕育了不同民族和国家的价值观，为社会构建了一种共同的认知框架。这种文化的价值体系涵盖了关于人类、生命、生产生活等方方面面的理念，是一种对世界的认知和反映，塑造了民族和国家的精神面貌。这种价值体系的固化使其成为一个共同体成员思想、心理、行为的定向和调适系统。成员们会在日常生活中自觉或不自觉地受到文化要求的影响，按照约定俗成的规范进行行为取舍。他们努力使自己的思想、习惯、行为与所处文化的要求相契合，以确保个体与社会的和谐共生。因此，中华优秀传统文化在当代中国的发展中扮演着至关重要的角色。它不仅是历史的遗产，更是当代社会的精神支柱。通过继承和创新，中华文化为中国人民提供了传统与现代相结合的思想资源，为社会的进步和发展提供了不竭的动力。在全球化背景下，中华优秀传统文化的传承与创新将继续塑造中国的价值观念，引领中国走向更加光明的未来。

当代中国的价值体系深植于对中国特色社会主义文化、中华优秀传统文

化以及世界优秀文化的综合抽取、提炼和整合。中华优秀传统文化作为历史资源，在价值体系形成中扮演着必然的角色。其既是价值体系的基石，也是民族特质、民族心理和民族要求的根基所在。价值体系的建构旨在引导人们的思想，规范人们的行为，解决当下的社会问题，并推动社会的和谐与发展。当前中国面临贫富差距扩大、个人主义蔓延、思想道德滑坡、理想信仰缺失、人际关系冷漠、社会诚信缺失等诸多挑战。要解决这些问题，既需要借鉴当今人类的智慧和力量，也需要汲取人类历史上积累的智慧和力量。因此，当代中国的价值观念体系建构必须融合中华优秀传统文化，以此为基础，共同应对挑战，推动社会向更加和谐、进步的方向发展。

中华优秀传统文化扮演着至关重要的角色，不仅是文化软实力提升的关键因素，也是构建文化价值体系的基石。然而，尽管中华传统文化具有超越时空的永恒魅力，并与当今时代精神相契合，但其与当代文化存在着话语体系上的差异。因此，需要对其进行创造性转化和创新性发展，使其更好地融入当代文化发展，并为中国文化软实力提升和价值体系建构贡献力量。这种转化和发展需要综合考虑中华传统文化的历史渊源、精髓内涵以及当代社会的实际需求。通过深入挖掘中华传统文化的精华，可以提炼出符合当今时代需求的核心价值观念和道德准则。同时，结合现代科技和社会变革，可以将传统文化元素赋予新的表现形式和传播方式，以更好地适应当代社会的多样化需求和审美趋势。最终，通过持续不断创新和发展，中华优秀传统文化将焕发出新的生机与活力，为当代中国的文化软实力提升和价值体系建构注入更为丰富和深远的内涵。

三、推进现代化建设，实现民族复兴的客观需要

在中国特色社会主义进入新时代的背景下，如何在新的历史条件下持续推进中国特色社会主义现代化建设，以及实现中华民族的伟大复兴，已经成为全体中国人民共同关心的焦点问题。这不仅是中国共产党治国理政的核心任务和历史使命，而且也是确保国家长远发展和人民福祉的关键所在。

为了实现这一宏伟目标，我们需要充分调动和整合各方面的积极因素。

这包括但不限于技术创新、经济发展、社会稳定以及文化传承等多个方面。其中，中华优秀传统文化的价值在现代化建设和民族复兴中发挥着不可或缺的积极作用。这一文化遗产不仅为我们提供了深厚的精神支柱和价值观基础，还为现代社会治理和国家建设提供了有益的借鉴和指导。在推进现代化建设的过程中，充分挖掘和利用中华优秀传统文化中蕴含的智慧和经验，可以为我们提供独特的思路和解决方案。例如，儒家思想中强调的和谐共存、仁爱之道等核心价值观，都可以为构建和谐社会、促进社会公平正义提供有力的理论支撑和实践指导。此外，中华优秀传统文化还包含丰富的艺术、文学、哲学等多元文化元素，这些都是推动文化繁荣和民族自信的重要资源。通过创新性地结合传统文化与现代艺术、科技等领域，不仅可以丰富文化生活，还可以增强民族凝聚力和国家认同感，从而更好地推动中国特色社会主义现代化建设和民族复兴的伟大事业。

在当前中国现代化建设的过程中，优秀传统文化的作用在如下两个方面中有重要的体现。一方面，中华优秀传统文化蕴含着丰富的政治智慧、深刻的价值理念、完备的道德规范以及崇高的精神追求，这些元素对于现代化建设具有至关重要的引导、规范和调适价值。例如，其中蕴含的"民为邦本，本固邦宁"和"民贵君轻"的民本思想要求着我们始终坚持人民主体地位，不断推进政治的民主化程度，以确保国家长治久安。同时，"重义轻利"的义利观和"外不欺人，内不欺己"的诚信观，能够有效调适市场经济中存在的弊端，保障经济发展与社会公平相辅相成。此外，"仁者爱人""推己及人"等人际交往原则，为促进社会和谐提供了重要的道德规范和价值引领，促使人们相互尊重、关爱他人，构建和谐社会关系。而"天人合一"的生态伦理观，则为协调和改善人与自然环境关系提供了理论支撑，引导我们追求人与自然的和谐共生。因此，可以说，在新时代科学高效地推进现代化建设的过程中，中华优秀传统文化所蕴含的智慧与精神，为我们提供了宝贵的指导和力量，助力我们实现国家的长期繁荣和社会的全面进步。

另一方面，中华优秀传统文化具有强大的凝聚力和向心力，这为推动现代化建设注入了强大的精神力量。中国的现代化进程相对于西方国家来说起

步较晚，基础较差，面临着较大的外部压力和内部问题，矛盾也更为尖锐与集中。这使得中国共产党在引领中国人民进行社会主义现代化建设时承担着更为沉重的责任，面临更为艰巨的挑战。为了在新时代取得现代化建设的新胜利，必须弘扬民族精神，凝聚国家力量。中华优秀传统文化作为中华儿女的精神纽带，将担负起凝心聚力、助推现代化建设的重要使命。因此，在新的历史时期，我们应当深入挖掘和传承中华优秀传统文化的精髓，以其丰富的内涵和智慧为现代化建设注入更多正能量，引领广大人民群众走向现代化的广阔道路。

实现民族复兴不仅需要经济和政治层面的发展，更需要民族文化的复兴。文化在社会结构中扮演着重要角色，其影响力深远，是现代化进程中至关重要的因素。历史上，汉唐盛世是中国文化最为辉煌的时期之一，也是国家实力最为强盛的时期，其文化影响力跨越国界。当代中国正处于实现中华民族伟大复兴的历史时期，经过四十多年的改革开放进程，中国在经济和科技上取得了巨大进步，但要实现真正的民族复兴，必须注重文化的复兴和精神的崛起。这意味着需要充分传承和弘扬中华文化的根脉和精髓，以及中华优秀传统文化。

要充分发挥中华优秀传统文化对推进现代化建设，实现民族复兴的推动作用，就要积极促进中华优秀传统文化与当代中国现代化建设实际相结合。这种结合并非简单地将传统文化元素移植到现代化进程中，而是在尊重和传承传统文化的基础上，根据当代中国社会现实进行创新和发展，培育现代意识的传统文化传承人，不断推动传统文化与现代化建设的深度融合，为实现民族复兴做出积极贡献。

第二节 中华优秀传统文化现代转化的
目标和基本任务

在中国优秀的传统文化中，蕴含着深厚的历史底蕴和丰富的哲学智慧。在新时代的背景下，我们要将这些宝贵的文化遗产进行创造性转化和创新性发展，使其更好地适应现代社会的需求，传承中华民族的优秀品质和精神追求。

明确的目标和基本任务是科学高效推动中华优秀传统文化创造性转化创新性发展的基础。

一、实现中华优秀传统文化现代转化的目标指向

（一）完成中华优秀传统文化的现代转型

从中华文化历史发展的角度来看，推动中华优秀传统文化的创造性转化和创新性发展是一项重要任务。这一举措的目的在于唤起中华优秀传统文化的生命力，使其在当代社会中焕发活力，实现现代化转型。只有通过现代化转型，中华优秀传统文化才能真正得以传承和弘扬，同时发挥其在当今社会中的价值。这一转型对于中华文化的历史发展具有重要意义，也是时代对传统文化发展的要求之一。

四十余年来的改革开放进程，证明了中国特色社会主义发展模式的科学性和可行性。中国模式逐渐被国际社会所认可，并成为许多国家解决自身发展问题的有效借鉴。中国在建设社会主义市场经济方面取得的成功，为中国模式走向世界打下了基础。然而，要使中国模式真正得到世界认同，中国经济的崛起和经济实力的增强至关重要。中国经济的发展不仅是当代中华文化的基础，也是当代中华文化塑造的产物。中华文化不仅为经济的发展提供了实际支持，同时也为中国经济模式提供了理论支持。这种支持使中国经济由物质强大向精神强大转变，需要文化对经济发展理念、方式和效果进行深入总结和价值提炼。这种提升意味着对社会物质存在的规律性和价值性进行深入的阐释，使之具有历史合理性和时代超越性。

实现民族复兴的关键在于实现文化的复兴和精神的崛起。而实现这一目标的根本在于推动中华优秀传统文化的现代转型。这一转型不仅是中华文化的需要，也是时代赋予的使命。

为了达到中华优秀传统文化的现代转型的要求，必须在内容和形式上做到随着时代的发展而不断更新与时俱进。从内容方面而言，这种转型需要不断进行创新和创造，以满足当代社会的需求。这意味着在保留原有的合理成分的同时，还要与当代实际相结合，融入现代因素，赋予其新的时代内涵，体现

新时代的文化价值观念，并为新时代的文化建设提供服务。同时，从形式方面看，现代转型要求传统文化在表达方式上有所改进和突破。这需要摒弃陈旧、老套、不合时宜的表达方式，结合现代技术和受众特点进行创新，使传统文化能够以现代化的方式表达。内容和形式的现代转化是这一过程的两个基本方面，它们相辅相成、相互促进。内容的创新通常伴随着形式的改进，而形式的有效改造又能为内容的创新提供条件。因此，要实现传统文化的现代转型，必须通过内容和形式的创新与创造来实现。

（二）发扬中华优秀传统文化的内在价值

推动中华优秀传统文化创造性转化创新性发展的目的在于增强其影响力和感召力，使其成为促进当代中国社会发展的重要力量。实现中华优秀传统文化的现代转型，需要使其更好地与当代文化相适应、与现代社会相协调，以更好地服务现实。中华优秀传统文化的转化发展必须建立在现实基础之上，促进当代社会发展正是其创造性转化和创新性发展的核心价值所在。

中华优秀传统文化是中国文化的宝贵遗产，承载着丰富的价值理念，具有深远的历史渊源和现实意义。在文化领域，中华优秀传统文化既是中国先进文化建设的重要组成部分，又是丰富的文化资源，对当代中国社会发展具有不可估量的推动作用。

首先，从文化价值的角度来看，中华优秀传统文化与马克思主义的对话交流具有重要意义。这种对话不仅有助于推动马克思主义在中国的本土化进程，巩固其在意识形态领域的主导地位，还能够促进中华传统文化的创新与发展。通过对传统文化的深入挖掘和理解，可以促进马克思主义的理论体系更加贴近中国实际，更好地指导中国特色社会主义事业的发展。

其次，中华优秀传统文化对社会主义核心价值观的涵养与传承也具有重要意义。传统文化中蕴含的仁爱、诚信、孝道等价值观念，与社会主义核心价值观中的爱国、敬业、诚信等价值理念相辅相成。通过传统文化的弘扬，可以加深人们对社会主义核心价值观的认同与理解，推动这些价值观在社会生活中得到更加广泛传播与践行。

此外，中华优秀传统文化还是推动文化事业和文化产业发展的重要动力。

传统文化所蕴含的历史、民俗、艺术等丰富内容，不仅为文化创意产业提供了源源不断的灵感和素材，也为文化旅游、文化产品开发等领域提供了丰富的资源支撑。通过挖掘传统文化的内涵，可以不断丰富文化产品和服务，推动文化产业的繁荣发展，同时提升国家的文化软实力和国际影响力。

中华优秀传统文化在实践中展现出了对现代化建设和实现现代化强国目标的重要作用。首先，这些文化传承了中华民族的理想和追求，为国家发展目标的制定提供了重要参考。同时，其中蕴含的丰富政治智慧为治国理政实践提供了有益借鉴，而其凝聚的丰富的民族精神则为现代化建设提供了强大的动力。随着中华文化的复兴，中华民族伟大复兴的梦想也将逐步成为现实。

最后，中华优秀传统文化还在弘扬人本价值方面发挥着重要作用。这些文化传承了丰富的为人处世思想，为个人和社会关系的正确处理提供了基本准则。在现代社会生活中，人们可以借助其中的思想指引来保持内心的清静，平衡个人生活和社会责任，追求真我和实现自我价值。因此，中华优秀传统文化不仅是提升国民素质的重要途径，也是培育时代新人的关键文化资源。

中华优秀传统文化的现实价值在于其能够为当代社会提供智慧与启示，并为社会发展注入新的动力与活力。推动中华优秀传统文化创造性转化与创新性发展旨在挖掘其潜在的现实意义，并将其与当代社会的需求相结合，以适应时代发展的需要。事实上，中华优秀传统文化蕴涵着丰富的价值观念、道德准则和社会规范，这些价值观念对于解决当代社会面临的诸多挑战具有重要的指导作用。因此，实现中华优秀传统文化的现代转型不仅仅是对过去的传承，更是为了将其融入当代社会生活中，并为社会的进步与发展提供新的动力源泉。

然而，要实现中华优秀传统文化的现代转型，必须充分认识到其中蕴含的现实价值，并通过创新性的方式进行发掘和传承。仅仅停留在对传统文化的研究和传承上是远远不够的，必须将其与当代社会需求相结合，探索其在现实生活中的应用与意义。正如现实的呼唤所体现的那样，时代的变迁要求我们不断寻求创新，将传统文化融入当代社会的发展之中，以适应新的社会需求和挑战。只有在这样的背景下，中华优秀传统文化才能够焕发出新的生机与活力，为社会的发展贡献力量。

　　因此，中华优秀传统文化的现实价值不仅在于其对传统的继承和传承，更在于其能够为当代社会提供智慧与启示，为社会发展注入新的动力与活力。实现中华优秀传统文化的现代转型需要我们充分认识到其潜在的现实意义，并通过创新性的方式进行发掘和传承，将其与当代社会的需求相结合，以适应时代发展的需要。

（三）提升中华优秀传统文化的影响范围

　　增强中华优秀传统文化的全球影响，是为了推动该文化的创造性转化与创新性发展而确立的关键目标。这一目标的重要性根源于中华优秀传统文化内在的价值与作用。实现这一目标既是为了满足国家和民族未来发展的需求，也是为了实现民族复兴的必然要求。同时，应考虑到全球文明发展的整体格局，增强中华优秀传统文化的全球影响将为世界文明的进步贡献中国智慧与中国方案。

　　资本主义在近代世界历史中长期占据主导地位的原因之一，是其文化的科学进步，这种进步源于资本主义思想文化的发展和主导地位的确立。资本主义文明的起源可追溯至资本主义思想文化的萌芽，随着这种思想文化的不断演进和在世界思想文化中的主导地位的确立，资本主义文明蓬勃发展。因此，我们认为文化复兴是民族复兴的根本，实现中华民族伟大复兴的必要条件是中华文化的复兴。中华文化的复兴标志着其在世界范围内的影响力增强，因此，我们需要积极弘扬中华优秀传统文化，持续提升其在全球的影响力，并将此作为推动中华优秀传统文化创造性转化与创新性发展的重要目标。

　　从更为广阔的国际视角来审视，中华优秀传统文化的创造性演变与创新性发展不仅仅是中国本土文明的象征，更是全球文明的重要组成部分。人类文明蕴含着普遍性的内涵，尽管各国文化在形态上表现出明显的地域与民族特征，但它们同时也具备着普世性的特质。这种普世性意味着各国文化之间存在着相互联系和相互影响的关系，而世界文明的演进则是在这种相互联系与作用的基础上不断推进的。因此，推动中华优秀传统文化跨越国界、走向世界，增强其在全球范围内的影响力，对于推动人类文明的共同进步具有不可忽视的意义。

此外，作为卓有成绩的文明成果，中华优秀传统文化所蕴含的先进思想理念对于解决当今全球面临的诸如环境污染、能源短缺等重大挑战具有深远的启示作用。在当今时代，中国作为一个大国，应当肩负起更多的国际责任，树立更加积极的大国形象，为全球问题的解决贡献中国智慧和中国方案。而要实现这一目标，必然需要充分利用中华优秀传统文化的力量，不断拓展其在国际舞台上的影响力，深度挖掘其中蕴含的思想理念，以此来应对和解决全球性问题。通过最大限度地发挥中华优秀传统文化的国际价值，为人类文明的共同发展做出更大的贡献。

增强中华优秀传统文化的全球影响既是推动该文化创造性转化与创新性发展的关键目标，也是在其现代转型和实际价值发挥过程中不可或缺的因素。这一目标的实现需要综合考虑三个主要方面：首先，必须将实现现代转型作为核心，以确保文化传承与发展符合当代需求和挑战；其次，应以发挥其实际价值为中心，通过深入挖掘其内涵和意义，使之能够为社会经济发展、道德伦理建设以及人类精神追求等方面提供积极影响；最后，则是增强其全球影响力，通过国际交流与合作，使中华传统文化在全球范围内发挥更为深远的影响。

要实现这一目标，首先需要对中华优秀传统文化的内涵和特点有清晰的认识。这包括对其价值观念、道德准则、艺术表现形式等方面的深入理解。只有深刻领会其精髓，才能在创造性转化和创新性发展中找到切实可行的路径。其次，在实践中要不断探索和创新。传统文化的传承与发展不能停留在简单的复制与模仿上，而应该在尊重传统的基础上，勇于探索新的表现形式和应用领域。这需要不断地汲取外部的先进文化成果，同时结合当代社会的需求和发展趋势，找到传统文化与现代社会的有机结合点。最后，要加强国际交流与合作，扩大中华传统文化的国际影响力。这包括举办国际性的文化交流活动，推广中华文化在国际上的知名度，同时也要借鉴其他国家的成功经验，使中华传统文化在全球范围内得到更广泛的认可和传播。只有在整体推进现代转型、发挥实际价值和增强全球影响三个方面取得均衡发展的基础上，中华优秀传统文化才能实现真正的创造性转化与创新性发展。

二、实现中华优秀传统文化现代转化的基本任务

要确定实现中华优秀传统文化现代转化的基本任务，需要充分考虑现实状况与目标指向的共同作用。首先，就现实状况而言，对中华优秀传统文化的地位与价值认知尚显不足，且其与当代社会存在诸多不适应之处，同时，全球文化融合带来的机遇与挑战也不可忽视。其次，目标指向明确，包括实现现代化转型、彰显现实价值、增强国际影响力等。综合考虑，推动中华优秀传统文化创造性转化创新性发展的基本任务涵盖四个方面：首先，深入研究阐释中华优秀传统文化的思想精髓，以挖掘其内在智慧与价值；其次，通过广泛宣传普及，提升对中华传统文化的科学认知水平，以促进其在当代社会的传承与发展；再次，借助中华优秀传统文化的智慧与精神支撑，积极参与现代化建设实践，推动文化与社会的良性互动；最后，通过多种渠道传播中华传统文化，向世界展示中国智慧，为构建人类命运共同体贡献中国力量。这四个方面共同构成了推动中华优秀传统文化创造性转化创新性发展的关键任务，为实现文化自信与文化软实力的提升提供了有力支撑。

（一）提炼中华优秀传统文化中的思想精髓

中华优秀传统文化因其丰富的思想内涵而具有重要的价值作用。在当代背景下，挖掘和提炼其思想精髓成为实现其现代转型、发挥其现实价值、增强其全球影响力的基本前提，也是促进其创新性发展的首要任务。通过积极研究和阐释，不断梳理和提炼中华优秀传统文化的思想精华，可以凸显其深厚的历史积淀、智慧精华以及对当代社会的启示意义，此举不仅有助于中华文化的传承与发展，更能为全球文化多样性的维护与交流做出积极贡献。

中华优秀传统文化是中国历史与文化的精髓所在，其主要内容涵盖核心思想理念、中华传统美德以及中华人文精神等方面。核心思想理念包括了中华民族在长期历史演进中形成的治国安邦、时代变迁等方面的基本思想观念。这些观念承载了中华民族对于国家治理、社会稳定的智慧总结，蕴含着丰富而深刻的文化内涵。中华传统美德则凝聚了中国人民长期积淀的道德理念与规范，包括了伦理准则、社会行为规范等方面。这些传统美德在中国文化中扮演着重要的角色，不仅影响着个人行为，也指导着社会风尚的形成与发展。而中华人文精神则代表了中华优秀传统文化所具有的多元、包容、深邃的精神内涵，其对人性、人类命运以及社会发展的深刻思考，反映了中国人民对于人文关怀与社会进步的追求与探索。

这些思想理念、道德规范和价值要求，不仅在中国的发展过程中发挥了重要作用，也在当代中国社会的进步与发展中具有不可替代的价值。它们作为中华优秀传统文化的核心所在，代表着中华民族的文明成就和历史遗产，应当受到充分的尊重、积极的传承与广泛的弘扬。深入挖掘和理解这些精华内容，不仅有助于启迪当代人们的思想，指导社会的进步，还能够推动中华文化的传承与创新，为构建更加和谐、繁荣的社会奠定坚实的文化基础。

深入理解和弘扬中华优秀传统文化的思想精髓是当代中国文化发展的重要任务之一。在这一进程中，必须审慎处理"讲自己"与"自己讲"的关系，以实现对传统文化的传承和创新。通过"讲自己"，我们可以深入挖掘和传承中华优秀传统文化的内在精华，从而实现对其传承的根本目标。这种内省过程涉及对传统价值观念、道德准则以及社会结构的深入理解，使我们能够更好地把握传统文化的精神脉络，并将其融入当代价值体系中。

同时，通过"自己讲"，我们能够将传统文化与当代中国的发展实践相结合，促进其在现实社会中的持续生命力。这种方法凸显了传统文化在现代社会中的超越性和创新性，使其能够与时俱进，为社会发展注入新的动力和智慧。通过将传统文化与当代社会的需求相结合，我们不仅能够保持其传承的活力，也能够为其赋予新的时代意义和社会功能。

此外，在处理传统与现代、历史与现实、不同文化之间的关系时，需要以科学的态度认识中华优秀传统文化在当代中国社会发展中的地位。这需要深入研究传统文化在历史与现实交织中的发展轨迹，探讨其在多元文化交融中的独特价值所在。只有全面理解这些关系，我们才能更好地推进中华优秀传统文化的现代转型，并为其在当今社会中的发展提供坚实的理论基础和实践指导。因此，对传统文化的继承和创新不仅要审慎处理自身认知与当代发展的关系，还要准确把握传统与现实、历史与现实之间的内在逻辑，以及不同文化之间的互动关系。

与此同时，我们需要深入探讨中华优秀传统文化的渊源和独特创造，以及其在当代社会中的多方面价值作用。通过深入研究其历史演变，我们能够更加全面地理解其核心理念和精华所在，从而更有效地启迪当代人们的思想和行为。除此之外，我们还需着眼于其在当今社会中所扮演的独特角色，诸如在价值观塑造、社会和谐、文化自信等方面的作用，以便更好地利用和传承其中蕴含的智慧和力量。因此，深入研究和阐释中华优秀传统文化的思想精华，不仅有助于我们更好地传承和弘扬中华民族的优秀传统文化，也为建构现代中国的文化自信和国家认同提供了重要的理论和实践支撑。

（二）增进民众对中华优秀传统文化的认同

当前社会，人们对中华优秀传统文化的地位与价值认识存在一定程度的不足，这主要受多种现实因素影响。首先，现代化生活方式的普及使得传统思维方式、价值观念和行为习惯逐渐被改变，人们更倾向于接受现代化的思想观念，导致对中华优秀传统文化的遗忘与淡化。其次，随着传媒技术的飞速发展，网络文化的兴起致使中华优秀传统文化传播效率大幅降低，人们对网络文化的热衷也使得传统文化的生存空间受到挤压。再次，西方文化的影响导致了现代人思想和价值观念的转变，其理性主义、个人主义、功利主义等价值取向与中华优秀传统文化的精神相悖，进一步削弱了人们对传统文化的认同度。

为提升人们对中华优秀传统文化的认同度，促进其向现代化转型，需加大宣传教育普及力度。这不仅有助于深入挖掘中华优秀传统文化的内涵，弘扬其核心价值，更能引导人们逐步建立科学的文化认知。这一举措不仅有利于传统文化的传承与发展，更有助于社会和谐稳定的构建，使中华优秀传统文化在当代社会中焕发出新的生机与活力。

中华优秀传统文化的现代转型是一个复杂而又深刻的过程，其推动力量主要源自人的主体作用。人类的主观能动性和自觉创造性在这一过程中发挥着至关重要的作用。因此，个体对于中华优秀传统文化的态度显得至关重要。唯有深刻认识其历史地位和时代价值，方能确立对其的科学态度。加强对中华优秀传统文化的宣传教育普及，可有效帮助人们客观认识其历史地位和时代价值，从而树立正确的态度。为此，必须全面宣扬其基本精神、丰富内涵、历史地位以及时代价值，积极推进相关教育教学和实践体验活动。这样一来，中华优秀传统文化将更广泛地融入人们的生产生活之中，逐步纠正不合理认知，重塑人们对其的重视和崇敬。

（三）作为中国现代化建设实践中的助推动力

中华优秀传统文化作为历史的产物，不仅承载着丰富的文化内涵，更在当代社会展现出其生命力与价值。其融合了跨越时代的智慧与思想，超越了国界的局限，具有深远而永恒的魅力，同时也蕴含着丰富的当代意义。实践中，我们应当积极弘扬这一文化精神，使其融入并服务于社会主义现代化的进程中，从而为现代化建设贡献力量。

推动中华优秀传统文化与社会主义核心价值观的融合，不仅是解决当前中华优秀传统文化与社会现实之间种种不协调之处的有效途径，更是发挥其在现代化建设实践中所扮演的关键角色。这种融合，旨在以传统文化所蕴含的价值观念为基础，结合当代社会的需求和现实情境，形成有针对性的价值导向，引领社会发展朝着更加和谐、稳定和可持续的方向前进。在推进中华优秀传统文化融入社会主义核心价值观的过程中，我们需重视文化传承与创新的有机结合。传统文化的传承不应是一味地复制与模仿，而是要通过创新与发展，使其在新的历史条件下焕发出勃勃生机。这既需要对传统文化进行深入挖掘与解读，更需要充分结合当代科技与社会进步的特点，将传统文化与现代生活有机结合，使其更具现实意义与可操作性。这一融合不仅有助于弘扬中华传统文化的精髓，更能够为构建社会主义核心价值观提供深厚的文化底蕴，推动中国特色社会主义事业不断向前发展。

中华优秀传统文化与当代中国社会存在着多方面的不适应，这种不适应主要源于两个方面的差异。一是在经济基础上的差异，中华优秀传统文化所依赖的经济基础是自然经济，而当代中国社会的经济基础则是社会主义市场经济。自然经济以农业为主导，强调土地和劳动力的直接交换，而社会主义市场经济则注重市场调节和产权保护。二是在上层建筑方面的差异，中华优秀传统文化所服务的是封建专制皇权政治，而当代中国社会则是建立在社会主义民主

政治基础上的。封建专制皇权政治强调君权神授、等级森严，而社会主义民主政治则强调人民当家作主、平等参与。此外，还存在文化性质上的差异，中华优秀传统文化属于封建社会文化，是以农业为主导的传统农耕文明，而当代中国社会的文化则是社会主义文化，是一种现代化的综合文明。这些差异决定了中华优秀传统文化与当代中国社会之间的不适应，因此需要采取措施促使二者相互适应。为此，有必要推动中华优秀传统文化与当代社会思想文化的融合，使中华优秀传统文化的核心理念、主要思想和基本精神与当代社会的主流价值观相契合，成为培育社会主义核心价值观的重要支撑。这就需要促进中华优秀传统文化融入社会主义核心价值观体系，实现传统文化与现代社会的有机结合。

（四）传播中华优秀传统文化为世界贡献中国智慧

推动中华优秀传统文化走向国际舞台，融入全球文化交流体系，是当前文化全球化浪潮下的必然趋势。同时，这也是中华优秀传统文化在全球文明发展中积极作为的体现。中华优秀传统文化不仅具有深厚的民族根基，更蕴含着普世价值与意义。因此，将其传播至世界各地，为全球文明的繁荣与进步注入中华文化的独特力量，乃是当今时代的重要任务之一。

在全球经济一体化的今日，文化交流在各国之间变得日益频繁，文化全球化越发成为无法阻挡的趋势。顺应此潮流、抓住机遇、应对挑战已成为各国文化发展的必然要求。在文化全球化的时代大背景下，中华优秀传统文化的转化发展既受益于与世界其他优秀文化的交流互鉴，又面临着文化霸权主义的侵略渗透。因此，积极推动中华优秀传统文化走向国际舞台、融入全球文化交流的潮流中，自觉借鉴先进文明成果、传播和分享自身优秀文化内容，抵制不良思想文化侵蚀，保持文化独立性，成为中华文化发展的当务之急。

在与世界其他优秀文化的交流互鉴中，中华文化应不断吸收借鉴他者的优秀成果，与之互通有无，共同促进文明发展。同时，要在与文化霸权主义的博弈中保持主动，不断取得胜利。通过增强中华优秀传统文化的世界影响力，将其塑造成推动人类文明进步的坚定力量。

实现中华优秀传统文化的对外传播需要系统性的顶层设计和策略规划，

以明晰的目标和路径指引行动。在国家层面，需要实施资金、人才、设备等多方面的统筹支持，以保障对外传播工作的顺利进行。此外，还需不断开拓走出去的路径，包括但不限于通过建立文化交流机构、推动文化产业对外合作等方式，以扩大中华文化在国际舞台的影响力。

为了更有效地传播中华文化，必须持续创新文化传播方式。这包括利用现代科技手段，如互联网、社交媒体等，拓展传播渠道，提高传播效率。同时，应当注重中华文化内容的深度和广度，不断挖掘中华文化的精髓，使之更具吸引力和感染力。通过深入挖掘中华文化的精神体系和核心价值观，可以更好地向外界传递中华文化的精髓和内涵，增强其国际传播的吸引力和影响力。当前，我国可以借助"一带一路"倡议等国际合作平台，可以为中华文化的对外传播提供更广阔的舞台。此外，长江经济带建设等国家战略也可作为推动中华文化"走出去"的重要契机，通过深化区域合作，促进文化交流，为中华文化的国际传播提供更多支持。

第三节　中华优秀传统文化现代转化的立足点与模式

一、确定中华优秀传统文化现代转化的立足点

在当代，弘扬和发展中华优秀传统文化需要处理好多个关系。

首先是中华优秀传统文化与马克思主义的关系。中华文化与马克思主义都是中国文化传统的重要组成部分，二者之间存在着相互影响和相互补充的关系。马克思主义作为一种科学的社会理论，为中华优秀传统文化的传承与创新提供了理论指导和方法论基础。在实践中，我们需要在传统文化的基础上不断吸收和借鉴马克思主义的智慧，以推动传统文化的发展和创新。

其次是中华优秀传统文化与社会主义先进文化和革命文化的关系。在社会主义建设过程中，我们需要在传统文化与现代社会主义文化之间寻求一种有

机的统一。中华优秀传统文化是中华民族的宝贵精神财富，对于培育和践行社会主义核心价值观、弘扬爱国主义精神、培育优良道德风尚具有重要意义。同时，传统文化也需要在与社会主义先进文化和革命文化的互动中进行更新和发展，以适应时代的发展和社会主义建设的要求。

再次，是传统与现代的关系。在现代化进程中，我们需要正确处理传统文化与现代社会的关系，既要继承和传承传统文化的精髓，又要与时俱进，不断创造和发展。传统文化作为中华民族的根基和灵魂，对于塑造民族认同感、提升国家软实力具有不可替代的作用。同时，传统文化也需要在现代化的进程中进行更新和适应，以满足人民群众日益增长的精神文化需求。

最后是中华文化与世界文化的关系。中华文化是世界文化宝库中的重要组成部分，具有丰富的内涵和独特的魅力。在全球化进程中，中华文化与世界各国的文化交流和互鉴日益频繁，为世界文化的多样性和丰富性贡献着中国智慧和中国力量。同时，中华文化也在与世界文化的互动中不断吸收和借鉴外来文化的精华，以丰富自身的内涵和拓展国际影响力。

在弘扬和发展中华优秀传统文化的过程中，我们需要充分认识和处理好上述几个关系，以促进传统文化的传承与创新，推动社会主义文化的繁荣发展，这几个关系也决定了中华优秀传统文化的现代转化的三个基本立足点。

（一）坚持马克思主义指导思想

中华优秀传统文化的现代转化需要在坚持以马克思主义为指导的前提下进行，这意味着传承发展中华优秀传统文化不仅仅是文化领域的问题，而且是涉及国家意识形态领域的重要议题。为了实现这一转化，必须重新审视和探讨马克思主义与中华优秀传统文化之间的关系。这种关系并非仅限于文化方面，更牵扯到政治实践和社会意识形态的诸多方面。因此，准确理解和澄清两者之间的联系不仅是当前亟须解决的根本问题，也是推动中华优秀传统文化现代化进程的关键一环。下面我们从社会主义实践、先进文化建设以及理论本身这三个角度来展开分析。

1. 从社会主义实践的角度分析

马克思主义和中华优秀传统文化都在社会主义建设中发挥着重要作用，

但在整体上，马克思主义处于主导地位，担负着指导性的责任。中国特色社会主义的指导思想和理论基础是马克思主义，其根本所在和发展路径皆源自马克思主义的丰富内涵。因此，必须坚定不移地坚持马克思主义的主导地位，这是中国特色社会主义发展的根本保障。

随着改革开放进程的不断推进，社会主义实践已经经历了七十多年的发展历程。然而，随着实践的不断深入，一些新的发展问题逐渐浮现，其中最为突出的是社会转型期间道德、信仰和价值观念的混乱和缺失。这些问题不仅影响着整个社会的发展大局，也直接关系到每个个体的生活境遇。仅仅依赖于马克思主义的理论体系很难完全解决这些新问题，因此，需要进一步探索从传统文化中汲取智慧，寻求解决之道。

社会主义实践始终未曾脱离中华优秀传统文化的熏陶和影响，两者始终紧密相连。而中华优秀传统文化也在不同程度上深刻地影响着社会主义实践的发展轨迹。新时代要进一步依靠中华优秀传统文化的智慧和力量来解决新问题，推动社会主义事业不断向前发展。

2. 从先进文化建设的角度分析

马克思主义作为一种先进文化，在文化发展的进程中占据着主导地位。马克思主义者认为，社会存在决定社会意识，先进文化作为一种社会意识产生和服务于社会主义实践，必须反映社会发展要求和我国的现实存在。因此，在中国这样一个社会制度、发展道路、建设模式、领导力量等决定了先进文化建设必须初衷坚持马克思主义的国家，马克思主义在先进文化中具有不可替代的地位。

与此同时，中华优秀传统文化作为先进文化的基础，承载着整个先进文化的根基。传统文化是具有传承性和民族性的，它与历史紧密相连，源于历史发展，内蕴着传统的基因。中华优秀传统文化以儒学为主要支柱，是中华民族的精神血脉，历经历史长河而未曾中断。它根本性地支配着中华民族的文化心理、思维模式和行为习惯。

因此，作为当代中国的主流思想文化，先进文化在时代和实践的发展中必然需要观照历史、传承历史。这意味着先进文化在建设和完善的过程中，需

要注重对传统文化的继承与发展，不能割裂与否定历史。只有通过与传统文化对话，先进文化才能保持源源不断的力量和活力，才能拥有发展的根基和潜力。如果先进文化丧失了与历史对话的能力，就将失去自身的根基和可能性，无法实现持续的发展。

在当今社会的文化发展中，马克思主义主导着先进文化的建设方向，中华优秀传统文化则为先进文化提供了根基和支撑。两者在先进文化的发展中相互依存、相互渗透，共同塑造了当代中国的思想文化格局。同时，先进文化在建设和完善的过程中必须与历史对话，承历史而新，以确保其具有持续发展的能力和潜力。

3. 从马克思主义理论本身分析

从理论本身来看，马克思主义具有科学性和实践性，是建立在历史唯物主义基础上的科学世界观和方法论，其具有很强的实践导向性，能够代表社会主义的价值要求和广大人民的根本利益。在马克思主义的科学指导下，中国共产党成功带领中国人民取得了一系列伟大胜利，并将中国特色社会主义事业推向新时代。相比之下，中华优秀传统文化的哲学支撑是朴素唯物主义，其长期服务于封建皇权政治统治的农业文明，具有历史局限性，无法成为当代中国文化发展的主流。因此，在理论品质和文化气质上，马克思主义相较于中华优秀传统文化具有更为优越的地位，必然处于主导地位。

马克思主义是立党立国的根本指导思想，其在社会主义国家的建设中发挥着重要的指导作用。同时，中华优秀传统文化作为中华民族的"根"和"魂"，也在中华民族的历史发展过程中发挥了重要作用。中华优秀传统文化以其深厚的历史底蕴和独特的价值观念，为实现中华民族伟大复兴提供了重要的精神支持和文化基础。因此，马克思主义应该在领导和推动中华优秀传统文化的转化和发展方面起到主导的作用。

然而，我们也必须认识到，中华优秀传统文化虽然具有时代超越性，但也存在历史局限性。某些内容和表达方式无法完全适应当代社会的实际需求。因此，在对待中华优秀传统文化时，要辩证地看待其优势和不足。我们要在传承中继承中华优秀传统文化的优秀品质，同时也要在创新中完善其中的不足之处。

为实践这一要求，我们应当遵循以下三个方面的要求来贯彻马克思主义的指导原则。首先，要坚持用马克思主义的立场和观点对待中华优秀传统文化，深入研究中华优秀传统文化的理论体系和核心价值观念，将其与马克思主义有机地结合起来。其次，要坚持党的领导和推动，发挥党的领导在推动中华优秀传统文化转化发展中的核心作用，通过党的组织、宣传和教育等途径，引导广大人民群众积极参与其中。最后，要努力实现中华优秀传统文化的创造性转化和创新性发展。通过积极开展研究和创作工作，加强文化传承和创新能力的培养，为中华优秀传统文化注入新的时代内涵和活力。

（二）坚持多元并存、协同发展的原则

实现中华优秀传统文化的现代转化，是当前我国文化建设的重要任务。此项任务的实现不仅需要良好的文化传承和创新机制，也需要坚持多元并存、协同发展的原则。在这一原则中，中华优秀传统文化、红色革命文化和社会主义先进文化都扮演了重要的角色。作为中华文化的重要组成部分，中华优秀传统文化在历史上已经承载了丰富的人类智慧和文明成果，因而具有重要的文化价值和历史地位。同时，红色革命文化作为中国革命的重要产物，也具有重要的历史地位和文化价值。社会主义先进文化则是中国特色社会主义事业取得胜利后新生的文化现象，具有应对新时代挑战的特殊意义。

上述三种文化在形式和内容上各具特点，彼此互异且又相互依存。三种文化在历史上的发展融合，使得它们有着内在的统一性，且都能够为当代中国社会服务，为中国特色社会主义建设实践贡献力量。因此，在推动中华优秀传统文化创造性转化创新性发展上，应该坚持多元并存、协同发展的原则，避免偏废一方，努力实现三者的协调发展。

中华优秀传统文化、红色革命文化和社会主义先进文化在其本质内涵和基本特性方面存在明显差异。首先，从实质内涵来看，这三种文化形成于不同历史条件下，并具有各自独特的实质内涵。中华优秀传统文化源自历史上中华人民长期进行的农业生产生活实践，以及对封建社会稳定的维护，形成了包括物质产品、制度规范、思想价值观念和行为习惯在内的各种优秀成果。其本质

为农业文明的成果，可适应现代社会需求并为现代化建设提供服务。红色革命文化是指中国共产党在新民主主义革命时期，在马克思主义指导下，领导人民进行反对帝国主义、封建主义和官僚资本主义斗争而形成的理论创新和文化创造成果，其本质为社会主义革命文化。社会主义先进文化则是指改革开放后，中国共产党在马克思主义指导下，领导人民建设中国特色社会主义而形成的文化成果，其本质为社会主义建设文化。由此可见，这三种文化的实质内涵是各不相同的，这也是它们之间根本区别的体现。

此外，从文化特性来看，由于具有不同的实质内涵，这三种文化呈现出不同的特性。首先，三者的实践基础不同，中华优秀传统文化的实践基础是农业生产生活和封建社会政治，红色革命文化的实践基础是新民主主义革命斗争，社会主义先进文化的实践基础是社会主义现代化建设。其次，三者的文化主体也不同，中华优秀传统文化的文化主体是古代中国农民，红色革命文化的文化主体是近现代中国无产阶级革命人士，社会主义先进文化的文化主体是当代中国社会主义建设者。最后，三者的价值旨趣也存在差异，中华传统优秀文化的主要目的在于维护封建社会稳定，红色革命文化的目的在于促进革命斗争，而社会主义先进文化的目的在于为现代化建设提供服务。

中华优秀传统文化、红色革命文化和社会主义先进文化三者之间存在着密切的内在联系和历史传承。中华优秀传统文化是红色革命文化和社会主义先进文化的根基。它孕育了"自强不息"的奋斗精神、"公而忘私"的奉献精神、"革故鼎新"的创新思想等宝贵的思想资源，为后两者提供了深厚的文化根基。

红色革命文化在继承中华优秀传统文化的基础上，进一步突破其原有的局限，确立了具有时代特色的新的革命价值观。它内蕴的共产主义理想信念、舍生取义的高尚情操、艰苦奋斗的优良品质、团结协作的处事风格，为社会主义先进文化的形成和发展奠定了重要基础。

社会主义先进文化则集中体现了中华优秀传统文化和红色革命文化的精华，并结合新时代的特点和实践需求进行了创新发展。它是中华优秀传统文化和红色革命文化与时俱进的重要体现，构成了中国特色社会主义文化的核心精神内涵，为实现中华民族伟大复兴提供了坚实的精神动力和文化保障。

综上所述，这三种文化相互联系、相互补充、相互发展，共同构筑起了中国特色社会主义文化体系，为实现中国梦奠定了坚实的文化根基。中华优秀传统文化与红色革命文化、社会主义先进文化之间虽存在差异，但密切相关，具有紧密的内在联系和统一性。要促进中华优秀传统文化的现代转化，需要在协调处理三者之间的关系上下功夫。红色革命文化和社会主义先进文化应积极促进中华优秀传统文化的转化，将其融入中国特色社会主义文化建设的整体框架中。只有通过三者之间的有机互动，才能实现它们的协同发展，为推动中华文化的繁荣与传承不断注入新的动力。

（三）坚持"古为今用""洋为中用"的原则

要实现中华优秀传统文化的现代转化，既要坚持"古为今用"，同时也要坚持"洋为中用"，发扬继承传统文化和外来文化中的精华部分，同时发扬创新精神，使它们在现代社会背景之下展现新的活力。

古为今用、洋为中用的转化是基于传统与现代之间的关系以及中华优秀传统文化与世界文化之间的互动而提出的，传统文化进入现代社会需要创造创新的方式来实现自身的发展。在这个过程中，传统文化需要与现实社会和外来文化进行对话，面临着"古今"和"中外"的挑战。对于"古今"问题，我们应该坚持古为今用的原则，并立足于现实情况，将传统文化与现代社会相结合。而对于"中外"问题，我们应该坚持洋为中用的原则，以我们自己的文化为主导，吸纳世界其他文化的精华，进一步拓展传统文化的领域。

1.在转化过程中认清传统与现代的关系

在推动中华优秀传统文化实现现代转化的过程中，我们需要首先认识到传统与现代的关系。传统文化是我们文化的根基，它包含着丰富的智慧和价值观念。然而，随着社会的变革，现代社会对于文化的需求和审美标准也在不断变化。因此，我们不能简单地将传统文化保留在历史的角落，而是要注重将其与现代社会相结合，使之更好地适应当代人的需求。这就要求我们在传承传统的同时，进行创造性的创新，推陈出新，为传统文化赋予现代的活力和时尚感。

传统与现代之间的异质性和统一性根植于它们各自独特的经济、社会和

文化背景。异质性主要源自它们所扎根的不同社会土壤，如马克思指出的，传统是农业生产和封建社会的产物，而现代则催生于工业化、科技进步和文化多元化的时代。这种根源上的差异导致了传统和现代在价值观念、生产方式和社会结构上的显著差异。传统以农业为基础，强调家族、宗族和等级制度，而现代则注重工业生产、市场经济和个人主义。

然而，尽管存在这些明显的差异，传统与现代之间却又展现出一种深层的统一性。从历史发展的角度来看，传统是现代的基石和源头。传统所积淀的文化、价值观和制度为现代社会的发展提供了重要的基础。同时，现代不是简单地对传统的抛弃，而是在超越传统的同时吸纳传统的精华，形成新的传统。因此，传统与现代之间的关系并非简单的对立，而是一种复杂而又动态的互动关系。在现代化的进程中，传统与现代相互交融、相互影响，共同塑造着社会的面貌和人们的生活方式。

中华优秀传统文化与当代中国社会发展建设的关系体现了传统与现代之间内在的紧密联系，其相辅相成、相互促进的特性呈现出一种双向互动的模式。这种模式既是历史的延续，又是当代发展的需要，对于中华优秀传统文化的弘扬与发展提出了明确的指导原则。在中国特色社会主义发展进程中，充分汲取中华优秀传统文化的智慧，并将其转化为当代社会建设的有力资源，已成为实现国家现代化目标的关键途径之一。

一方面，强调要"古为今用"，即在传承中华优秀传统文化的同时，必须立足于当前社会现实的需求。这意味着，对传统文化的转化发展应当以实际需求为导向，紧密结合时代特点和社会实践的需求进行创新和创造。这种转化发展不仅能够为解决当代社会问题提供有力支持，还能够推动中国现代化建设迈出更加坚实的步伐，进而促进民族复兴目标的实现。

另一方面，传统文化的转化发展也必须以现实为动力源泉。实践是传统文化转化发展的动力之源，通过深度挖掘传统文化的时代价值，赋予其新的内涵和形式，使之能够与当代社会现实相契合，进而在社会实践中焕发新的生命力。这种以现实为动力的转化发展不仅有助于传统文化的传承与发展，也能够为当代社会的进步与发展提供坚实的文化支撑。

推动中华优秀传统文化的转化是一个复杂而艰巨的任务。我们需要在坚持古为今用的基础上，进行创造性的创新和改革，使传统文化更好地适应现代社会的需求。同时，我们也需要坚持洋为中用的原则，吸收其他文化的优点，并将其融入我们自己的传统文化中。只有这样，我们才能真正实现传统文化的转化和发展，使其在当代社会中焕发出新的生命力。

2. 在转化的过程中认清中国文化与世界文化的关系

中华文化与世界文化之间具有密切的内在联系，这种联系是由文化的普遍性决定的。中华优秀传统文化作为中华民族的独特文化遗产，不仅具有民族性，也具有普遍性，与世界其他文化相互影响、相互促进。

中华优秀传统文化在实现自身转化发展的过程中，需要与其他异质文化进行交流对话，并吸纳借鉴其他文化的优秀成果，从而达到自我完善的目的。这种交流对话不仅是中华优秀传统文化实现自身转化发展的必然要求，也是世界文化多元发展的重要组成部分。

在与其他文化的交流对话中，中华优秀传统文化不仅可以吸收其他文化的有益成果，也能够展示自身的独特魅力，推动世界文化的多元发展。通过与其他文化的互动，中华优秀传统文化可以不断丰富自身内涵，拓展自身的边界，使其更好地适应当今世界的多元化趋势。

值得注意的是，中华优秀传统文化的普遍性并不意味着它会失去其民族性。相反，中华优秀传统文化的民族性与其普遍性相辅相成，共同构成了中华文化的独特魅力。正是中华优秀传统文化的独特性，使得它能够在与世界其他文化的交流对话中发挥独特的影响力和地位。

总而言之，中华优秀传统文化与世界其他文化之间具有不可分割的内在联系，它既具有民族性，又具有世界性。中华优秀传统文化要实现自身的转化发展，必须积极与其他文化进行交流对话，吸纳借鉴其他文化的优秀成果，不断完善自身。这种交流对话不仅能够丰富中华优秀传统文化的内涵，也能够推动世界文化的多元发展。同时，中华优秀传统文化的独特性使得它在世界文化交流中具有特殊的地位和影响力。

中华优秀传统文化的民族性体现了我国的民族文化心理和文化特质，是

中华文化区别于其他文化的独特标志。中华优秀传统文化的民族性要求我们在与世界文化的交流互动中要坚持以我为主、为我所用的原则，坚定自身的文化立场。在推动中华优秀传统文化现代转化的过程中，一方面要坚持保持民族文化的原始本色和独特性，如中华传统价值观念、礼仪习俗和思想观念等；另一方面，我们也需要积极吸收外来文化的有益成分，以促进文化开放与包容，创造出具有中华民族独立性和创新性的现代文化。另一方面，我们必须保持警惕，抵制文化殖民主义、文化霸权主义的侵蚀，避免出现民族文化虚无主义和全盘西化的错误倾向。因此，我们不能忽视历史传统，也不能盲目推崇外来文化，而是要在继承传统的基础上，借鉴吸收全球文化的精华，打造具有中国特色和国际水准的现代新型文化。

二、中华优秀传统文化现代转化的实践路径

一方面，文化发展的一般逻辑应当遵循历史继承与创新超越相互促进的原则。因此，我们在进行中华优秀传统文化的现代转化时，既要重视传统文化的传承与保护，又要鼓励在此基础上进行创新，不断丰富和发展中华优秀传统文化，使其与时俱进，适应当代社会的需求和发展。在这一过程中，历史的积淀为我们提供了丰富的资源和启示，但创新的力量也是不可或缺的，只有在历史传承与创新的相互推动下，中华优秀传统文化才能焕发出新的生机与活力。

另一方面，文化发展的客观动力需要内在推动与外在促成有效结合。内在推动源于对文化内在价值的认同和对文化自身发展规律的理解，而外在促成则需要政府、社会组织和个体的共同努力，通过政策引导、资源投入等手段为文化创新与发展提供必要的支持和保障。只有内外结合，才能够真正激发起中华优秀传统文化的发展活力，使其在全面建设社会主义现代化国家的进程中发挥更为重要的作用。

此外，文化发展的主观依靠需要坚持党的领导与人民主体有机统一的方法。党的领导是保证文化事业正确发展的根本保证，只有在党的坚强领导下，中华优秀传统文化才能够得到有效保护、传承和发展。同时，人民群众作为文化事业的主体和基础，应当在文化发展的各个阶段得到充分的尊重和参与，他

们的创造性和主动性应当得到充分的发挥和尊重。只有通过党的领导与人民主体的有机统一，才能够实现中华优秀传统文化的创造性转化和创新性发展，为推动中华民族伟大复兴提供强大的文化支撑。

（一）兼顾文化继承与文化创新

中华优秀传统文化是中华民族数千年文明发展的结晶，蕴含着深厚的历史积淀和丰富的文化内涵。在当今社会快速发展的背景下，如何实现中华优秀传统文化的转化发展，成为一个亟待解决的重要问题。

"不忘本来才能开辟未来，善于继承才能更好创新"道出了文化发展的内在规律。文化的发展，是文化继承与文化超越的统一，是文化的历史联系与发展创新的统一。实现中华优秀传统文化的转化发展，需要处理好继承与超越的关系。一方面，我们要深入挖掘中华优秀传统文化的内在价值和时代意义，在继承中华优秀传统文化既有成果的基础上，进行改造创新，推动其与时俱进、充满生机；另一方面，我们要坚持以创新为核心，在继承中华优秀传统文化的基础上，不断拓展其外延，赋予其新的内涵，使其能够适应新时代的需求，引领社会前进。

文化在其发展过程中展现出历史连续性和历史阶段性的特征。历史连续性指的是文化的持续发展和传承，表现为文化内涵与形式的不断积累和延续。与之相对应的是历史阶段性，指的是文化发展中由创新与超越引发的质变。文化发展是一个从持续的量变向质变的过程，其中量变要求文化不断积累和传承，而质变则意味着文化超越自身限制，进入新的发展阶段。量变与质变的互动转换，决定了文化发展的历史连续性与历史阶段性的有机统一。

文化的传承与超越离不开创新。文化创新是对文化内涵进行科学鉴别，肯定并保留其精华以实现传承，同时否定并克服其中的糟粕以实现超越的必然要求。中华优秀传统文化的转化发展也是一个从量变到质变的过程，是历史继承性与历史阶段性的有机统一。其中，"转化"和"发展"是中华优秀传统文化实现质变、进入新的发展阶段的目标和要求，"创造"和"创新"则是促进量变和刺激质变发生的具体方法和途径。因此，通过"创造"和"创新"实现中华优秀传统文化的"转化"和"发展"，必须坚持历史连续性与历史阶段性的有机统一，坚持历史继承与创新超越的相互促进关系。

为了实现坚持历史继承与创新超越相互促进的目标，需要深入挖掘中华优秀传统文化中蕴含的历史智慧和思想精髓，通过抽象继承法等方法，将其转化为符合当代社会需求的"普遍性思想因素"，为文化创新提供基础和条件。同时，中华优秀传统文化的创造与创新必须在综合其他优秀文化成果的基础上进行，要注重对多种文化特点与优势的分析、鉴别、整合，积极批判、改造、提升自身文化，实现自身的转化和发展。中华优秀传统文化的发展离不开"综合创新"的方法原则，只有通过不断创新，才能让传统文化焕发新的生机和活力，推动中华优秀传统文化与时俱进地向前发展。因此，历史继承与创新超越相互促进被视为中华优秀传统文化发展的必由之路。

（二）发挥内在推动作用与外在促成作用

文化的发展是由多种力量共同推动的复杂过程。这些力量包括内在动力和外在动力。内在动力源于文化发展的基本矛盾，是推动文化进步的根本动力。外在动力主要表现为社会需求和文化现实，这两者是文化发展的重要驱动力。

在中华优秀传统文化的现代转化中，这种内外力量共同发挥作用。文化的传统与现代需求之间存在着紧密的关系，这种张力推动着文化的变革与创新。同时，社会的发展需要也在一定程度上影响着传统文化的转化方向。要推动中华优秀传统文化的现代转化，必须善于把握和运用这两种力量，内在推动和外在促成的有效结合是至关重要的。只有在这种合力的推动下，传统文化才能与时代接轨，焕发出新的活力，实现其在当代社会中的持续发展。

新时代我国社会的主要矛盾具有综合性、系统性、多维度性的特征。社会主要矛盾的内在特征决定了它在不同层面和领域都存在着文化层面的基本矛盾，这反映了文化发展的内在要求。从文化视角来看，"美好生活需要"所包含的精神文化层面的需求，与"不平衡不充分的发展"中文化生产的不平衡不充分形成矛盾。这一矛盾在文化层面体现为文化需求和文化生产之间的矛盾，而文化需求和文化生产的矛盾是文化发展的基本矛盾，它也是推动文化发展的根本力量。

在当代中国，随着物质生活条件的改善，人们对精神文化生活的需求不断增强。然而，高速发展的社会主义市场经济对人们的精神世界产生了冲击，导致了一定程度的文化迷失和价值观错乱。虽然以经济建设为中心的发展路线决定了文化生产的局限性，但也在客观上引发了当代中国社会文化需求和文化生产之间的矛盾。与此同时，这一矛盾也推动了中华优秀传统文化的"再出场"和现代转型。

为了处理和运用好文化需求和文化生产的矛盾关系，我们需要积极推动中华优秀传统文化融入和服务于当代中国社会的文化生产，以满足人们的文化需求。同时，我们也应该合理把握和引导人们对中华优秀传统文化的文化需求，刺激和带动当代中国社会的文化生产。应通过有效互动，推动中华优秀传统文化的创造性转化和创新性发展。

当前，新时代中国特色社会主义建设实践的客观需要以及多元文化交流互鉴的有利条件成为推动中华优秀传统文化转化发展的外在动力。在新时代中国特色社会主义的持续推进中，我们党越来越意识到中华优秀传统文化蕴含的治国理政智慧对于国家发展具有重要意义，并采取了一系列有利的方针政策，为中华优秀传统文化的转化发展提供了良好的社会环境、政治保障、技术手段、人才力量和资源条件，促进了中华优秀传统文化的保护与传承。

在当代中国，多元文化的并存和交流也是推动中华优秀传统文化转化发展的重要力量。现代社会的开放与全球化使得各种外来文化与中华优秀传统文化产生了碰撞与融合。这种多元文化的并存与交流不仅为中华优秀传统文化注入了新的活力和创意，也促进了其自身的发展与拓展。文化交流被视为文化发展的外在动力，因此，积极推动中华优秀传统文化与其他文化进行交流对话，成为实现其转化发展的关键。

因此，为实现中华优秀传统文化的转化发展，需要不断加强与社会主义先进文化、革命文化以及世界其他优秀文化的交流与对话。通过与其他文化的互动，中华优秀传统文化能够吸纳外来文化的优秀成分，丰富并完善自身。同时，这种交流也有助于中华优秀传统文化在国际舞台上展示其独特的魅力与价值，进一步提升其影响力和国际地位。

（三）遵从客观规律与主观创造的统一

中华优秀传统文化的现代转化是在文化发展自身规律与人民群众主观能动性的共同作用下实现的。文化发展自身规律是基础，决定了中华优秀传统文化创造性转化和创新性发展的客观要求与方向路径，如文化内在逻辑的发展、文化外部环境的变迁以及文化与时代的互动关系等。人民群众主观能动性则是其中的关键，决定了中华优秀传统文化创造性转化和创新性发展的主观要求与实现效率。人民群众是文化创新的主体，他们凭借自身的理解、认同和实践，推动传统文化与时代需求的有机融合，赋予其新的时代内涵和实践形式。

1.坚持文化发展的客观规律

坚持深入研究文化发展的逻辑，科学洞察其客观规律，是推动文化创新与发展的关键。文化发展蕴含着内在的规律性，这些规律不受个人意志左右，任何文化发展和文化创造都应在尊重客观规律的前提下进行。以中华优秀传统文化的发展为例，其既体现了文化发展的通则，例如经济繁荣为文化发展奠定基础、文化积淀为发展提供条件、文化交流为推动力量等，也彰显了文化发展的民族特质，包括自然经济基础、政治制度下的奴隶制和封建制、社会环境的相对封闭以及多元文化元素等。中华优秀传统文化发展的通则与民族特性共同构成了其创新性发展的基本逻辑。通则要求树立正确的文化发展观，采取科学的发展路径，运用基本的文化分析方法，着眼于整体文化发展，而民族特性则要求深入理解中华文化发展的历史背景，把握其基本实情，将通则与特性相结合，以最合适的方式推动中华传统文化的创新与发展。

2.坚持文化发展的主观创造

在推进中华优秀传统文化的现代转化过程中，要充分发挥主观能动性，尤其是要坚持人民主体地位以及发挥人民群众的创新精神。人民群众被视为推动文化发展进步的主要力量，他们不仅是社会精神财富的创造者，也是享有者。事实上，任何文化的产生和发展都根植于人们的实践活动，这是人们进行精神文化活动的实践产物。中华优秀传统文化则源自古代中国人民长期的生产生活实践，是他们智慧和创造的结晶。

为了充分挖掘中华优秀传统文化内蕴的崇德修身、经世致用、天人合一等对现代人身心发展有价值的思想内容，必须坚持人民主体地位，将这些思想内容视为创造性转化和创新性发展的重要对象。同时，还需要以发挥人民群众的首创精神为关键核心，积极调动人们在文化生产过程中的积极性，引导他们参与文化创造和创新活动，并大力培养文化人才，以不断优化和壮大弘扬发展中华优秀传统文化的人才队伍。

人民群众作为文化的创造者，理应成为文化的占有者和享用者，要想实现人民群众的文化共享，必须将文化保障放在更加重要的位置上。只有通过让人们真正占有和自由消费自己创造的文化成果，才能保护他们的积极性和创新性，确保中华优秀传统文化转化发展的主体力量始终充满活力。

中华优秀传统文化的内在价值体现了人民群众的智慧和创造力。其中的崇德修身思想强调个体的品德修养与社会责任感的统一，这对于塑造公民道德风范、促进社会和谐具有重要意义。而经世致用的理念则强调知行合一、实践至上，这对于现代社会的实践性教育和人才培养提供了宝贵启示。同时，天人合一的观念强调人与自然的和谐共生，对于生态文明建设和可持续发展具有深远指导意义。

综上所述，中华优秀传统文化的传承与创新需要依托于人民群众的积极参与与共享。只有通过激发人们的创造潜能，促进文化的广泛传播和交流，才能实现文化的生生不息、薪火相传。因此，必须建立健全的文化政策体系，为人民群众提供更广阔的文化参与空间，让每个人都成为文化的创造者和传播者，从而真正实现中华优秀传统文化的活态传承与创新发展。

第四节　中华优秀传统文化现代转化存在的问题

中华优秀传统文化是起源于农业社会的，并且其形式、理念、制度和原则都具有当时小农经济时代人们实践的特征。由于其在发展过程中深受农业社会的影响，中华优秀传统文化在许多方面都难以完全适应新时代中国特色社会主义建设的需要。

首先，中华优秀传统文化在形式上体现了其农业社会的特点。例如，古代文化中流传着大量与农耕活动相关的习俗、节日和礼仪。这些习俗和仪式旨在纪念农业生产的重要时刻，如春耕、秋收等，并以农业社会的节奏为基础。然而，在新时代中国特色社会主义建设中，农业的地位已经逐渐减弱，工业和服务业等其他领域得到了更多的关注和发展。因此，中华优秀传统文化的农业特点在现代社会中显得相对陈旧。

其次，中华优秀传统文化在理念上也受到农业社会的影响。例如，古代传统文化中强调了尊重祖先、重视家庭和社会秩序的观念。这些观念源于小农经济时代人们对于传统家族价值观念的重视，以及农业社会中家族和社会秩序的重要性。然而，在新时代中国特色社会主义建设中，社会结构发生了巨大变化，强调个人自由、平等和公正的价值观念。因此，中华优秀传统文化的理念在现代社会中需要进行适度的调整。

最后，中华优秀传统文化在制度和原则方面也受到农业社会的制约。例如，古代封建社会中的等级制度和家族传承制度都与农业社会的生产和组织方式密切相关。然而，在新时代中国特色社会主义建设中，强调社会公平和公正的原则，倡导人民的平等和权利保障。因此，中华优秀传统文化的制度和原则需要与新时期的价值观念相结合，进行相应的改革和创新。

综上所述，中华优秀传统文化起源于农业社会，其形式、理念、制度和原则等都受到了农业社会的影响。然而，在新时代中国特色社会主义建设中，中华优秀传统文化需要进行适度的调整和改革，以适应现代社会的发展需求。只有在与新时代价值观念相结合的基础上，中华优秀传统文化才能继续为社会发展和进步做出积极的贡献。下面就对传统文化在现代转化过程中存在的问题进行进一步分析和归纳。

一、对中华优秀传统文化的历史价值认识不足

传统文化的形成是基于封建农业时代的社会经济基础，这种自然经济的原有基础如今已经不复存在。随着工业革命与现代化进程的深入，马克思主义理论的广泛传播，以及理性主义思潮在全球范围内的盛行，中华传统文化的生

存空间与话语权正面临前所未有的挑战。在部分人眼中,传统文化已经如同博物馆中的陈列品,失去了现实意义与价值。这一方面反映了传统文化难以适应现代社会的变革;另一方面也暴露了部分国人对传统文化缺乏深入的认知和重视,尤其体现在对于我国优秀传统文化的历史价值认识上有所不足。

（一）对传统文化的评价有失偏颇

学习视角的理性和文化心理的客观性对于传统文化的解读具有重要影响。一般而言,人们在对中华优秀传统文化进行解读时,往往倾向于采用文化激进主义或文化保守主义两种观点。这两种观点的存在相应地反映在文化心理上,分别体现为文化自卑和文化自负两种倾向。文化激进主义主张认为,传统文化的滞后是导致中国整体发展滞后的根本原因,因此,将传统文化视为对现代化发展的障碍,而对西方文化的现代化价值则予以高度推崇。这一立场忽略了传统文化在当代社会发展中的重要性,仅仅强调了西方文化的优越性。与之相反,文化保守主义则坚信传统文化的内在价值,并将其视为社会发展的重要支撑。他们认为,传统文化的价值不仅体现在历史传承和文化积淀上,更在于其为社会提供了稳定的道德准则和行为规范。因此,他们强调传统文化在现代社会中的延续和发扬。

这两种观点的存在不仅仅是关于传统文化本身的争议,更体现了个体文化认同和心理态度的不同。文化自卑倾向者往往将传统文化视为劣势,认为其束缚了个体的发展和进步,因而更倾向于接受外来文化的观念和价值。而文化自负倾向者则更倾向于将传统文化视为自身文化认同的一部分,强调其优越性和不可替代性。这种文化心理倾向不仅影响着个体对传统文化的态度,也直接影响着其对社会现实的认知和行为选择。

从客观层面来进行解读,文化激进主义从某种意义上来讲会对旧体制和保守的文化形成有力的冲击。文化激进主义者倾向于追求变革和创新,他们强调突破传统限制,打破束缚人们思维和行为的传统规范。他们试图通过引进外来文化元素来丰富当地文化,推动文化的进步和发展。然而,这种过度追求激进和创新的文化观点也带来了一定的问题。首先,他们倾向于将传统文化视为阻碍社会进步的因素,从而割裂传统文化的发展。这导致了一种文化自卑的情

绪，人们开始对自己的文化产生怀疑和不自信。其次，文化激进主义者往往忽视了文化的适应性和延续性。他们过于强调变革和创新，忽视了文化的传承和保护，从而导致文化的连续性受到破坏。

相反，文化保守主义者认为应当全盘否定西方文化，并对中华传统文化进行大力弘扬。他们强调传统文化的独特性和价值，并主张在现代社会中回归传统文化。然而，文化保守主义者的观点也存在一定的问题。首先，他们往往没有结合特定的历史环境来评价传统文化。他们过分强调中华传统文化的优越性，忽视了其在不同历史时期的发展和变化。其次，文化保守主义者过于强调传统文化的回归，并对现代化抱持怀疑态度。他们忽视了现代社会对文化的需求和变革，并且试图用儒教和儒学来取代主流意识形态。这种偏激的观点导致了一种文化自负的情绪，人们开始对其他文化产生偏见和歧视。

这两种偏激的文化观对传统文化和西方文化均缺乏较为理性的认识及客观的认知。文化激进主义者追求激进和创新，但往往忽视了文化的传承和延续。文化保守主义者强调传统和回归，但过于片面地评价传统文化，并忽视了现代社会对文化的需求和变革。这种偏激的文化观导致了文化自卑和文化自负的现象。为了实现文化的健康发展，我们应该摒弃极端偏激的观点，理性地评价和认知传统文化和西方文化，推动文化的多元发展和交流。

（二）对优秀传统文化的创新发展缺乏自信

文化在人们的实际生活中具有多种表现形式，比如在常识、风俗和传统等方面的都有所体现，同时文化也可以通过意识形态的方式得以呈现。然而，现实中积极主动实践文化的人并不多见，大多数人处于被动接受的状态，很少从文化发展的角度对其进行创新性的思考。为了更好地实现社会现代化，必须创新发展传统文化，使其能够与现代化建设相适配。在现代社会中，自觉的文化占据着主导地位，其发展并非自在自发，而是需要基于道德规范和教育理论的前提下积极主动引导。这种引导不仅包括教育体系的优化，还需通过媒体、社会组织等途径让人们能够更主动地参与文化的传承和发展。

中华传统文化的现代转化需要建立在文化自觉的基础之上。然而，尽管中华传统文化拥有丰富的历史积淀和深厚的传统，但其创新能力相对较弱。传统文化资源尚未充分转化为精神产品，这导致了中华文化的潜在优势未能得到充分发挥，从而致使大多数文化产品缺乏足够的创新力，无法在世界文化舞台上发挥应有的影响力。这些问题的存在引发了人们对中华优秀传统文化价值的质疑，导致我们的文化自信受到削弱，进而陷入民族虚无主义和文化自卑的泥沼中挣扎。近年来，优秀传统文化逐渐受到人们的认同和学习，但对传统文化现代转化的形式主义现象日益严重，对文化创新领域的探索局限在形而上学层面，缺乏实质性的推动和深入挖掘。

（三）年轻人对优秀传统文化的认同不足

中华优秀传统文化是中华民族历史长河中的精华，凝聚着千百年来的文化积淀和智慧结晶。其思想体系包括儒家思想、释家思想和道家思想，这些思想贯穿于中国文化的各个方面，影响深远。其中，传统美德是中华文化中一条主要的思想经络，是中华文化中的重要组成部分。

然而，很多当代青年对中华优秀传统文化的了解和认识程度普遍不高，认为其过于陈旧和落后，内心深处对传统文化的认同不足，这是一个令人担忧的问题。这种现象主要是当代社会加速发展、信息爆炸的影响，以及西方文化的冲击等因素造成的，导致年轻人忽视了中华优秀传统文化的价值。对于这些人来说，中华传统文化相关的书籍是"书呆子"的专属，他们不屑于认真学习传统文化中的精华部分，更愿意追逐流行文化或西方文化。

目前，中华文化在与西方文化交融的过程中，不仅得到新鲜血液注入，同时也遭受着被蚕食的危机。青年一代盲目地照搬和使用西方文化，这种行为对于中华文化的传承和发展都带来了极大的不利影响。传统中华文化因其独特的思想体系、审美理念和价值观念，承载着中华民族的精神归宿和文化遗产，是中华民族得以繁荣发展的重要原动力。因此，对于中华传统文化的传承和发扬，青年人肩负着非常重要的责任。

传统文化一直以来都是中华民族的精神标识，其所蕴含的思想、理念、信仰和价值观念是中华民族文明和国家发展的基础和灵魂。中华传统文化与其他文化相比，具有三个方面的独特性：一是多元性，即包容了许多不同的思想、文化和信仰，形成了一种多元而综合的文化体系；二是包容性，即能够容

纳不同的人群，这些人群来自不同的文化、地区和社会阶层，容纳了他们的意见和观点；三是综合性，即通过融合不同的文化和思想，形成了一种独特的综合文化，具有深刻的思想性和哲学性。

然而，由于西方文化与中华文化的碰撞和融合，中华传统文化正面临着严重的威胁和危机。对于青年人来说，传承和发扬中华传统文化是一项极为艰巨而重要的任务。他们需要通过学习、体验、领悟和传承，让中华传统文化在当代得以发扬光大。首先，青年人需要了解中华传统文化所蕴含的思想、理念和价值观念，深刻理解中华传统文化的内涵和精华。其次，青年人需要在实践中探索中华传统文化的真谛，通过悟道和体悟，让传统文化走入自己的内心深处。最后，青年人需要通过积极的传承和发扬，促使中华传统文化得到适当的传承和发扬；通过自己的努力和实践，促使中华传统文化在当代社会中发挥出更大的作用。社会各界也应该倡导年轻人重视中华文化的价值，弘扬中华优秀传统文化，吸引年轻人对传统文化的学习和探究。只有这样，中华优秀传统文化才能够在当代社会中焕发出新的光彩，成为更多年轻人心灵的食粮。

二、社会转型过程中难以避免的碰撞与冲突

近年来，随着全球化的深入和市场经济的不断发展，越来越多的国家开始实行市场经济，但是对于每个国家来说，市场经济发展的路径和方式都是不同的。中国市场经济的发展具有自己的特点和优势，这与中国深厚的历史文化和独特的国情紧密相关。

首先，中国传统文化对市场经济的发展起到了积极的促进作用。中华优秀传统文化强调"仁爱""公平""诚信"等价值观念，这些价值观念与市场经济的自由竞争、契约精神等核心理念是相一致的。尤其是在社会信用体系建设和企业社会责任方面，传统文化为市场经济的稳定与健康发展提供了坚实的道德支撑。其次，随着经济体制转型的深化和市场化程度的提高，中国新兴文化也逐渐兴起。新兴文化的主要特征是时尚、创新、多元化和国际化等。在市场竞争的压力下，新兴文化不断涌现，不断丰富着中国市场经济的内涵和表现形式。例如，互联网、电子商务、共享经济等新兴产业的发展，都离不开新兴文

化的支持和推动。然而，由于中国市场经济的转型还处于不断探索和摸索的阶段，市场竞争的环境和法律法规的完善仍然存在一些问题和挑战，具体体现在以下几方面。

1. 传统思维模式受到冲击

在文化本质层面上，中华文化的核心是农业文化，这是由于中国自古以来即以农业文化为主，农耕文化成为中华文明的基础。而在西方文化中，工业文化则成为其核心。在现代社会中，由于全球化和文化交融的发展，中西方文化的联系变得日益密切。但是，尽管两种文化有一些共同之处，它们的本质仍然是截然不同的。因此，西方文化对中国传统文化的影响不可避免。

具体来说，在中国传统文化中，学而优则仕、伦理社会等思想体系为人们所遵循。然而，在现代社会中，这些思想体系已经开始受到西方文化的挑战，并呈现出弱化的趋势。例如，在西方文化中，重视个人发展和自由，在职业选择上较少受到社会阶层和家庭背景的限制，这与中国传统中重视家族和社会等级的价值观形成了强烈的对比。这种价值观的差异导致了西方文化对中国传统文化的影响，使得中国的社会结构和价值观发生了变化。

此外，在现代社会中，西方文化的流行也对中国传统文化的发展产生了影响。例如，在文化领域中，西方的流行文化和艺术形式进入中国，对中国的传统文艺产生了一定的冲击。尽管中国在发展自己的文化领域时表现出强烈的民族自豪感和文化自信，但是西方文化的影响仍然不可忽视。

因此，为了更好地继承和发展中国传统文化，我们需要对西方文化的特点和发展趋势予以关注，以便在其对中国传统文化产生消极影响时，及时采取相应的措施，以维护和传承中华文化的精髓。

2. 多元化的文化飞速发展

随着中国经济的腾飞，大众对多元化的文化趋势日益认同。传统中华文化借助经验模式推动社会发展，同时呈现现代价值观，得到越来越多人的认可。另外，快餐文化也渗透到人们的日常生活中，从新闻报道到微信公众号，都弥漫着这种文化现象。中西文化碰撞带来的影响已经对群众带来了影响，引发了国人的生活方式和思维模式悄然转变。在当前社会转型期的重要阶段，多

元文化的飞速发展致使传统文化发展陷入一种僵局，需要更多思考和策略来推动其融合与创新，使其稳固在社会文化中的主流地位。

三、全球化与物化的潜在威胁

中华优秀传统文化作为中华文明的重要组成部分，自古以来一直承载着丰富的人文内涵和价值理念。然而，在当今文化全球化的大环境下，中华优秀传统文化的现代转化面临着多方面的制约和影响。首先，伴随着经济全球化和文化多样性的相互作用，文化全球化既带来了机遇，也带来了威胁。在这种背景下，如何在推广中华优秀传统文化的同时，避免文化同质化、文化失落和文化流失，成为一个亟待解决的问题。其次，在对国内优秀传统文化的弘扬进程中，过度商业化的现象也时有发生，这不仅容易导致文化价值的低俗化，更可能破坏传统文化的精髓和内核。

在马克思的观点中，随着各民族之间密切交流的进一步加深，传统的闭关锁国状态将逐渐被颠覆，这一规律不仅在物质生产上有体现，也在精神生产领域中展现出来。资本主义在物质领域的扎根将逐渐延伸至文化领域，经济全球化的最终目标即是文化全球化，而金融、市场和生产的全球化则成为形成文化全球化的必要前提。经济全球化对文化全球化的推动作用是积极的，频繁的经济交流和信息技术的普及为各国文化交流创造了必要条件。在文化全球化过程中，各民族之间的文化相互影响是积极的，然而西方国家仍然占据主导地位，其强势地位限制了中华优秀传统文化的国际传播。西方资本主义国家绝不会坐视自身文化价值体系被他人取代，他们会竭尽全力维持文化霸权地位，因此文化一体化势必成为发展趋势。中国接纳越来越多的西方先进文化，西化进程不断加速，人们逐渐接受人权等观念，并推崇西方节日。西方文化的渗透在一定程度上对中国民众产生影响，给中华优秀传统文化的传承与发展带来一定挑战，导致中华文化自信逐渐减弱，造成一定程度的民族虚无主义。当前，外来文化对中华传统文化构成持续冲击，已经开始威胁到许多传统思维观念。

然而，虽然中华优秀传统文化的现代转化面临着这些困难和挑战，但是其本身所具备的内在魅力和价值，使它在不断变化的社会环境中得以继续发扬光大。随着世界经济一体化的不断深入，人与人之间的联系越来越紧密，传统的自给自足的封闭状态逐渐被打破，中华优秀传统文化也在这一进程中得到更加广泛的传播和认同。同时，中华优秀传统文化的现代转化还受到国内外多方面积极推动，如政府引导、文化产业的兴起、文化交流活动的加强等，这些因素为中华优秀传统文化的现代转化提供了有力的支持和保障。

第五节　中华优秀传统文化现代转化的路径总结

中华优秀传统文化的现代转化不仅是一项理论课题，更是一项实践课题，它与中国社会主义文化建设、国家文化软实力的提升休戚与共。因此，中华优秀传统文化现代转化实现的重中之重就是将其贯彻落实到实践当中。在实践中，需要充分挖掘传统文化中蕴含的价值观念、道德规范以及审美情趣，并将其与当代社会发展相结合，使传统文化焕发出新的活力和魅力。同时，现代转化也需要注重与时俱进，借鉴国际先进文化元素，推动传统文化与现代文明的融合发展，实现文化的创新与传承。只有通过实践中的不断探索和实践，中华优秀传统文化才能在当代社会中焕发出更加璀璨的光芒，为国家文化软实力的提升做出更为重要的贡献。具体来说，中华优秀传统文化的现代转化的路径主要是如下五个方面。

一、基本目标：从扬弃到创新

（一）扬弃继承，取其精华

传统文化是一个民族的宝贵财富，是民族文化的根基和精神支柱。对待传统文化的创新必须建立在对其继承的基础之上，这意味着创新必须尊重传统，承载着对传统的尊重和珍视。然而，在继承的过程中，也需要有选择性地进行甄别，即对传统文化中的精华进行挖掘和提炼，同时剔除其中的糟粕和不合时宜的部分。

要进行传统文化的整理工作，首先需要明确中华民族的古代文化遗产形

成的具体历史时期以及发展的过程。只有通过深入了解传统文化的发展历程，我们才能够准确把握其内在的逻辑和脉络。其次，我们还需要对传统文化自身的价值和特质进行正确认识。传统文化作为几千年来中华民族智慧的结晶，其具有独特的时代价值和传承特点。因此，在整理传统文化的过程中，我们要反思并深刻认识其内在价值，以便更好地传承和发扬。

然而，很多时候我们发现在传承中存在理解认识上的困难以及缺乏对传统文化核心内涵的真正认知。这主要是因为人们对优秀传统文化缺乏从理性的角度来认识，对其深层次的内涵和思想体系缺乏真正的理解。

为了更好地梳理和归纳传统文化，我们需要确立能够精确辨别优秀传统文化的精华与糟粕的标准。从现实角度看，传承思想文化决不能一味地照搬照抄，而是应有选择性地继承，采用辩证思维。并非所有优秀传统文化都能为现代化的发展提供服务，有效解决实际问题。部分传统文化不一定适用于当下的实践活动，只有那些能从精神层面有效滋养和推动当代文化发展的文化遗产，才具备更强的生命力。

传承和发展中华文化中珍贵的思想文化遗产，归根结底是为了服务于当下，回应现实问题。因此，在对中华优秀传统文化进行现代转化时，应学会有效甄别，有选择地进行继承，将与社会发展相适应的优秀传统文化作为重点传承内容。尽管一些内容具有现代价值，但也存在封建因素，因此在继承和弘扬优秀传统文化时，应保留其中合理的部分，并坚决清除其中不合时宜的内容。

（二）加强中华优秀传统文化基本内涵的现代解读

中华文化的形成与发展与农业生产密不可分，许多传统美德和价值观，如孝道、礼仪、忠诚、诚信等，都源自农业生产中人与自然、人与人之间的密切关系。这些价值观和美德，依然具有现实意义和价值，可以指导现代社会的发展和进步。

例如，随着社会经济的发展和科技的进步，人们对自然环境的破坏和污染日益严重。而中华文化中所强调的"天人合一"的思想，提醒我们人类应该与自然和谐共处，尊重自然、珍惜自然资源，并采取可持续发展的方式来维护生态平衡。此外，中华文化中的许多传统经典和哲学思想，如《大学》《中庸》

《论语》等，依然具有普遍意义和价值。其中，许多思想方法和智慧经验，不仅可以帮助人们更好地应对现实问题和挑战，还可以启迪人们的思想、增强人们的文化自信、提高人们的精神境界。

因此，我们应该认真挖掘和发扬中华文化中的优秀基因，结合当代社会的发展需求，重新审视和理解其价值和意义，在现代社会中重新唤起其智慧的光芒。

1. 研究优秀传统文化中的思想精粹

我国古代典籍著作等承载着中华民族长期实践中形成的精神和思想精髓，其中蕴含着民本至上、诚信守礼、世界大同等核心价值观念。我们应当深入挖掘这些民族精神和道德精华，使之得以充分展现和传承。如同"让禁宫珍宝、广袤遗产、古籍智慧重焕生机"，这种方法可以使中华文化基因更好地适应现代社会的需求。此外，通过研究杰出历史人物之间的联系，探究中华民族诞生的众多政治家、思想家、文学家等，挖掘其中生动有趣的历史故事，可以进一步加强中华优秀传统文化的说服力。只有深入剖析和研究中华传统文化中蕴含的人生智慧、道德教化以及治国理政理念，才能够有效传承优秀传统文化，推动社会主义先进文化的构建。

2. 把握传统文化现代转化的关键

传统文化的现代转化不可以被笼统的定义为一种单纯地按照人为的宏大叙事的社会工程。文化向现实生活的融入总是在潜移默化中成为人们的自我意识和行动自觉。一种特定的文化形态必须充分融入日常生活中，才能激发其活力，发挥社会历史功能。相应地，与现实生活难以融合的抽象概念在历史发展中将逐渐被淘汰。因此，优秀传统文化必须深植于现实社会，通过社会交往促使其转化为人们的自觉行动。推进文化日常化必须将优秀传统文化中的抽象、拗口理论转变为通俗、具体表达，使其充分融入普通大众生活的方方面面。

传统节日作为中国历史文化的见证者和承载者，具有极强的生命力和普遍性。举例来说，国乐赏析、歌舞表演等形式多样的主题活动不仅可以用来庆祝传统节日，也可以充分激发人民群众接受传统文化的积极性。这不仅能够让人们在庆祝节日的过程中了解和接受传统文化，更能够让人们对传统文化的魅

力产生更深刻的体验和认知。除了传统节日之外，中央电视台举办的《典籍里的中国》等电视节目也是一个有效的途径范例，有利于传播民族优秀文化，让群众能够对民族文化的魅力有充分的了解和认知。这样的节目不仅可以吸引大众关注，进一步推动文化话语表达的日常化，同时也有助于传统文化在大众中的进一步传承和弘扬。此外，政府在合理开发和利用各种传统建筑等资源来发展旅游业的过程中，也可以大力弘扬优秀传统文化，让国民徜徉在先人的生活环境当中，感受传统文化的独特魅力。这不仅可以带来可观的经济价值，更能够让人们在旅游过程中对历史文化产生更深厚的情感共鸣。

需要引起注意的是，在推广传统文化的过程中，我们必须适度合理地把握生活化的程度，避免把传统文化变成商业工具，而使其失去其本来的意义和价值。同时，也需要在推广传统文化的过程中，不断强化传统文化的教育意义，让人们能够真正地从中汲取到营养和力量，促进优秀传统文化的进一步传承和弘扬。

二、路径搭建：以科技引领创新

在当今全球化和信息化的背景下，传统文化面临着许多挑战和机遇。尽管中华传统文化具有庞大的文化内涵和深厚的历史积淀，但它在现代文化交流中的传播受到了限制。这主要是因为传统文化的表现形式和传播方式已经逐渐失去优势，传统的口耳相传的方法已经不能满足现代人们丰富多彩的文化需求。因此，新的传播形式是传承和弘扬中华传统文化的内在需求。

在新的发展环境下，需要积极探索更加有效和合理的方式来描述和展示中华优秀传统文化。为此，应全面引入先进成熟的现代传媒技术，促进传统文化与各种新媒介深度融合，用广大人民群众喜闻乐见的方式展示中华优秀传统文化。在这一过程中，需要遵循文化多样性的原则，通过创新创造性的方式，丰富和拓展中华传统文化的表达形式，推动中华传统文化的全球传播和影响力的提升。

在新的传播形式中，可以采用多种方式来展示中华传统文化。其中，可以在新媒体平台上开设专门的中华传统文化频道，向公众提供各种形式的文化信息，如影视剧、纪录片、动漫、游戏等。通过这些形式，可以让更多人了解和学习中华传统文化，为传承和弘扬中华传统文化做出贡献。除此之外，还可以将中华传统文化与现代流行文化相结合，创造出更具有吸引力和创意的文化产品。比如，在游戏中加入中国传统文化元素，或在电影中融入中国传统文化的美学和价值观，等等。通过这些创意开发，中华传统文化与现代文化有了更加深度融合和互补。

（一）充分利用新型传播介质

在当前社会，随着各类新媒体的迅速崛起，信息传播已不再局限于传统的报纸和杂志，而是通过互联网、电视、智能终端等多元化媒介广泛传播。现代传媒具有广泛传播、快速反应、高效实效等优势，因而备受大众青睐，尤其适应了人们碎片化阅读时间的需求。在这一背景下，应当积极推动优秀传统文化通过各种新媒介的传播，使其迅速覆盖并深入人们的工作和生活领域，为增强文化自信注入新的动力和开拓新的空间。

1.把传统文化渗透入新兴媒介

为了更全面深入地推广和弘扬优秀传统文化，需要将其内容融入各类新兴媒介之中，使之与今天的社会发展相适应。这样的方式可以通过多种媒介全面集中地向公众展示和宣传优秀传统文化的精髓，进而提升民众对传统文化的认知、理解和欣赏。其中，微信作为一个广泛使用的社交媒体，可以为优秀传统文化的推广提供一个高效的平台。在微信公众号上，可以定期推送相关的文章、图片、视频等，用丰富多彩的方式呈现优秀传统文化的内涵和历史价值，从而让更多人获得关于传统文化的信息。

另外，在互联网上也可以通过各类在线平台来宣传传统文化。例如可以在知名视频网站上制作相关的视频、音频和图片，并利用网络营销的手段使这些内容更好地传播开来。同时，可以建立专门的传统文化网站，让人们在这里方便地了解、学习和分享传统文化的知识。

中华传统文化是中国人民智慧的结晶，具有独特的历史和文化价值。近年来，随着经济的腾飞和社会的发展，中国已经成为世界上最具有影响力的国家之一。在这样的背景下，宣传中华传统文化的重要性也越来越凸显。

为了更好地宣传中华传统文化，我们可以借助各种形式的媒介来传播。其中，情景剧是一种非常有效的方式。情景剧通过表演、故事情节等多种手段，将传统文化中的思想、哲理和价值观融入剧情中，从而使观众在欣赏中华传统文化的同时，也能够感受到其中的教育意义。例如，《千古风流人物》《典籍里的中国》等节目，就是通过情景剧的形式，向观众展示了中华传统文化的精髓，并引导观众进一步思考其中的深层次意义。

另外，电影和电视剧也是宣传中华传统文化的重要手段之一。电影和电视剧作为大众媒体，具有大量观众和广泛的影响范围。例如，《大秦帝国》通过历史剧的形式，将秦国历史上的重要事件和人物展现给观众，让观众了解中华传统文化的历史渊源和特色。此外，电影和电视剧也可以通过表演、人物塑造等手段，深入挖掘中华传统文化的内涵，例如以《红楼梦》为背景的电视剧，不仅展现了中国古典小说的艺术魅力，也深刻地表现了中国传统文化中的人性哲学和价值观念。

纪录片也是一种非常适合宣传中华传统文化的方式。纪录片以真实的历史事件和文化现象为背景，通过生动的叙述、精美的画面和优美的配乐，将中华传统文化真实地展现在观众面前。例如《舌尖上的中国》系列纪录片，通过记录中国的饮食文化，向世界展示了中国传统文化的丰富内涵和独特魅力。

2.通过媒介传播优秀传统文化

通过在各种媒介中融入优秀传统文化的表达形式，可以有效推动传统文化的融入百姓生活。将优秀传统文化有机地融入各种内容丰富、主题多样、背景各异的媒介中，使其呈现出独特的民族特色，进而在新的历史条件下焕发出光彩夺目的活力。优秀传统文化作为中华民族的宝库，蕴含着丰富的智慧和深刻的哲理，其中包括众多富有启示意义的名言警句。这些名言警句至今仍具有较强的现实适用性。将它们广泛深入地渗透到各种媒介中，既可以提升内容的质量，也可以增进国内外人民对中华民族优秀文化的认识、理解和认同。

优秀传统文化的融入不仅可以丰富媒介内容，还能够提高其文化内涵，增加观众的艺术欣赏度。在电影、电视剧等影视作品中，通过运用传统文化的元素，如服饰、建筑、音乐等，赋予作品独特的民族气息。这样的呈现方式不仅能够激发观众的情感共鸣，还能够让观众更加深入地了解和感受到中华民族的优秀传统文化。在音乐、舞蹈等演艺活动中，运用传统乐器、舞蹈动作等，能够使演出更具民族特色，增加观众的审美享受。

此外，通过媒介渗透，优秀传统文化还能够传播到更广泛的受众群体中，提升国内外人民对中国传统文化的认知度和兴趣。在互联网时代，通过将传统文化元素融入网络内容中，如微博、短视频等，可以吸引更多的年轻人参与，培养他们对传统文化的兴趣和热爱。同时，通过将传统文化有机地融入国际媒介中，如外国电影、音乐、博物馆展览等，能够向世界展示中华民族的独特魅力，增进国际友人对中国文化的认同和尊重。

综上所述，通过在各种媒介中融入优秀传统文化的表达形式，不仅可以丰富媒介内容，提高内容质量，还能够增进国民乃至世界友人对中华民族优秀文化的认识、理解及认同。这一做法在推动传统文化的融入百姓生活、提升观众的艺术欣赏度以及传播中国传统文化等方面具有重要意义，值得深入研究和推广。

（二）借助文化产业发掘传统文化的创新表达

目前，欧美文化的强劲输出在全球范围内占据主导地位，不论是计算机科技的领先地位还是好莱坞电影的影响力，都彰显了西方资本主义国家所倡导的意识形态和文化特征。随着国际经济一体化的不断深化，中国与其他国家之间的贸易往来变得更加频繁和密切，这对中国本土文化的主导地位提出了挑战。因此，为了使中华优秀传统文化在当代社会得以传承和发展，必须积极探索新的领域，如文化产业。在文化产业方面，中国可以借鉴西方国家的成功经验，通过创新和现代转化，将传统文化元素融入当代文化产品中，以适应当代社会的需求和趋势。这样的举措不仅有助于提升中华文化的国际影响力，同时也能够促进中国文化产业的发展，实现传统文化与现代文化的有机结合，从而推动中国文化走向世界舞台。

1. 提取新的文化素材

中华优秀传统文化扎根于五千年文明史，它凝聚着中华民族的文化精髓，是中华民族文化的根基和灵魂，是世界文化的瑰宝。在新时代背景下，传统文化必须与时俱进，从而得以推陈出新，为现代社会所接纳和喜爱。因此，提取与新时代发展理念相适应的故事素材，是推动中华优秀传统文化产业化、现代化、规模化发展的有效方式。本书将探讨在博大精深的传统文化中挖掘符合新时代发展理念的素材故事，着力构建具有"中国风"特色的文化品牌。

传统文化中所包含的人物故事，渗透着中华民族精神和价值观，这些故事带有浓郁的爱国主义情感、尊重传统文化的态度和崇尚道德的观念，折射着传统文化的深刻内涵和思想精髓。在推广传统文化的过程中，应当注重挖掘这些故事所蕴含的价值，结合新时代背景和社会需求，赋予其新的内涵，使得这些故事能够抵达更多的人群，并引导人们树立正确的价值观和文化观。同时，这些故事也作为传统文化的载体，可以在广大群众中产生强烈的文化认同感和情感共鸣，为传统文化的传承与发展奠定坚实的基础。

动漫作为一种文化形式，具有受众广泛、表现形式多样、可视化操作性强等特点，是传承优秀文化的重要载体之一。通过将传统文化素材与动漫元素深度融合，可以创造出具有极高吸引力和表现力的文化产品，从而提高传统文化的影响力和传播力。同时，动漫也可以在宣传传统文化的过程中，将文化内涵以更为生动的形式呈现出来，使得传统文化变得更加具有时代感和亲和力。《西游记之大圣归来》是近年来非常成功的一部作品，它巧妙地将传统文化素材与现代元素相融合，展现了传统文化的魅力，同时也在全球范围内获得了广泛的关注和认可。这表明，动漫作为传承优秀文化的载体，已经成为推动传统文化发展的重要力量。

中华优秀传统文化是中华民族的宝贵财富，它具有极高的历史价值、文化价值和价值观层面的意义。在新时代背景下，推动传统文化产业化、现代化、规模化发展，对于提高中华民族软实力、增强民族自信心和凝聚人心，具有十分重要的作用。因此，在传承和推广传统文化的过程中，应当注重挖掘和利用传统文化中符合新时代发展理念的故事素材，借助多种现代文化载体，让传统文化在新时代焕发出新的生机和活力。

2. 提升市场营销的导向性

明确传统文化在市场营销中的地位和导向性是创新表达的重要路径。比如在影视产业中，将中华优秀传统文化与影视艺术相结合就是一种行之有效的市场定位策略。《长津湖》作为2021年上映的一部电影，成功地采用了这种市场定位策略，并创造了多项票房纪录。

《长津湖》作为一部典型的爱国题材电影，通过取材于历史真实事件，巧妙地展现了支撑中华民族五千年发展的爱国主义情怀和顽强不屈的精神。该电影通过细腻的情节和高清的画面，将这种情怀和精神表达得淋漓尽致。同时，该电影还科学合理地运用了新元素，为宣传和弘扬中华民族优良传统提供了新的思路和方法。

中华优秀传统文化拥有博大精深的内涵。只要文艺产业者准确分析群众的精神需求，并利用新媒介技术将传统文化合理地应用于影视创作中，就能够使优秀文化的商业发展前景变得更加广阔。因此，文艺工作者应该增强责任意识，积极担负起传播和弘扬优秀传统文化的使命。他们应该积极创作融入传统文化内涵与精髓的作品，以促进传统文化以影视化媒介为载体实现广泛传播和弘扬发展的目标。

3. 利用法律武器保护文化产业

通过提供制度保障和制定相关的法律法规，可以有效保护传统文化产业。在新时代，国家可以制定有利于文化产业发展的法律政策，以便为其提供大力支持，以确保其在新环境下能够稳健和持续地发展。这些政策可以包括扩大财政支持范围、实施税收减免等优惠策略，以促进新兴文化产业在各方面的大力支持下实现突破式和创新式发展。此外，国家还可以积极培育文化企业，并给予大力支持，前提是对其发展进行合理约束，以促使其在市场经济体制下实现规范有序发展。

一方面，为了推动文化产业的跨界融合，并提高文化衍生品开发的效率，国家可以以互联网为支撑，推动文化产业的发展。通过互联网的支持，文化产业可以更好地融合各个领域，丰富文化产品的类别，从而提升文化产品的附加值，并增强中华文化产业及产品在国内外市场的竞争力。

另一方面，为了促进文化产业的健康发展，国家需要制定和完善相关的法律制度。随着改革开放的推进，市场经济得到了蓬勃发展，但同时也带来

了一些问题。部分人崇尚拜金主义和享乐主义，对传统优秀文化造成了严重冲击。通过制定法律法规，可以防止因经济利益而产生的不良竞争，规范人们的行为，确保传统文化产业的规范化和有序化发展。这些法律法规可以包括对文化产业的准入条件和经营行为进行规范，以及对侵犯传统文化的行为进行处罚等，以确保文化产业能够规范有序地发展。

三、正确引导：以教化促进文化发展

中华优秀传统文化体系中蕴含着丰富的哲学思想和教育理念，这些观念承载着博大精深的智慧，不仅包含了先进成熟的教育理念，还融合了严谨系统的教育方法。这些古代智慧的传承为中国当代全面推进国民教育提供了宝贵的资源。在当前社会背景下，有必要深入挖掘和充分展示中华文化在群众教化方面的内涵与价值，鼓励加强家校合作，积极构建有利于文化传承的环境。这样一来，优秀传统文化将将更加全面深入地融入国家建设和社会发展之中，为广大民众塑造健全人格、培育主流价值观提供重要的引导和支持。

（一）推进家风建设，促进文化传承

家庭教育的重要性得到了越来越多人的认可，尤其在孩子发展的关键时期，家长的作用至关重要。在家庭教育中，传统家风文化具有不可替代的地位和价值。传统家风文化是传统文化体系中的重要组成部分，它是中华民族的优秀文化遗产，承载着中华民族的优秀传统和民族精神。家庭作为传承和弘扬中华民族优良文化的重要场所，应该充分利用传统家风文化为孩子的成长提供有益的指导。

千百年来，传统家训经典如《颜氏家训》等一直被广泛传播，以孔门庭训、孟母三迁等故事也被人们广泛传颂。这些经典家训和故事蕴涵着中华民族的优秀传统和价值观念，是指导家庭教育的宝贵资源。在家庭教育中，家长要通过言传身教的方式，注重以身作则，将中华民族的美德和优良传统融入个人的言行中。例如，尊老爱幼、尊重爱护等基本的社会道德观念，都应该在家庭中得到弘扬和传承。这样，孩子在家庭中潜移默化地接受中华民族的优秀传统文化的陶冶，逐渐形成健全的品格。

在家庭教育中，除了借助传统家风文化的力量，家长还应该注重对孩子个人素质的培养。家长不仅要注重孩子的学习，还要重视其品德、心理、智力等方面的全面发展。家长应该将优秀传统文化中的精髓融入孩子的生活中，并且引导孩子通过实践来理解和体现这些文化精华。在家庭教育的过程中，家长要始终坚持诚信、仁孝等中华民族优良传统的核心价值观，以此为孩子树立榜样，帮助孩子在成长过程中形成正确的人生观和价值观。

家庭教育在传承和弘扬中华民族优秀文化方面发挥着不可替代的作用。家长应该充分利用传统家风文化的力量，为孩子的成长提供有益的指导和帮助。在家庭教育中，家长应该注重孩子个人素质的全面发展，引导孩子通过实践理解和体现中华优秀传统文化的精华，帮助孩子在成长中形成正确的人生观和价值观。

（二）充分发挥学校教育的主要作用

学校作为教育的重要阵地，不仅在向学生传授知识的过程中扮演着重要角色，更承担着培养学生综合素养和价值观的使命。传统文化作为民族文化的精髓，承载着中华民族的智慧和传统，对于学生的思想品德和文化修养具有不可替代的作用。因此，学校有责任有针对性地向学生传授和弘扬优秀的传统文化，促进学校优秀传统文化教育的不断改革和发展。

为实现这一目标，学校需要引入多种教学方法和手段，例如课堂讨论、文化体验活动、传统文化节庆等形式，以激发学生对传统文化的兴趣和理解。学校也应加强师资队伍建设，提高教师的传统文化素养和教学水平，确保传统文化教育的质量和深度。同时，学校还应结合当代社会的需求和发展趋势，创新传统文化教育的内容和形式，使其更贴近学生的生活和实际需求，以达到更好的教育效果。

1.组织教师和专家编写优秀传统文化内容主题教材

为确保学生获得高质量的传统文化教育，关键在于组织优秀教师和权威专家共同编撰中华优秀传统文化教材，并在专业课程中有意识地融入传统文化元素。当前市场上虽然涌现大量传统文化相关书籍，但质量良莠不齐，存在诸多错误，可能误导学生。因此，制定科学严谨、可行性强的传统文化教材编

纂计划至关重要。教材编写应聚焦国内权威专家和特级教师，秉承国家精神指引，编制具有权威性的教材。综合类教材应全面展示中华民族五千年文化积淀，描绘中华文化发展脉络；而分科类教材则应按类别编写，例如中国传统政治思想、中国传统军事思想等。这样的教材编纂策略能够为教育体系建设提供坚实基础，确保学生对传统文化的认知和理解水平得以提升。

2. 因材施教激发学生积极性

为了全面准确地把握学生的学情和认知规律，差异化教育策略在实施中显得尤为重要。差异化教学作为一种重要的教学方法和原则，要求教师能够根据学生的不同认知水平，选择适合每个学生的学习方法和内容，激发学生学习的积极性，并发挥学生的优势。在小学阶段，由于学生年龄尚幼，学习能力较弱，知识储备较少，我们应该重点实施优秀传统文化启蒙教育。

优秀传统文化蕴含了大量关于爱国主义和修身教育的文化内容，这些内容具有较强的教育意义和哲学思想。然而，由于小学生的理解能力有限，他们很难准确深入地理解优秀传统文化的内涵，真正理解其本质。因此，对于小学生来说，较为适合的方法是通过背诵经典读物来增进对传统文化的认识。通过反复背诵经典，在逐步理解和日益熟悉的过程中，学生能够更加贴近传统文化，产生深厚的情感。

此外，在教材中适当引入关于传统礼仪的内容，向学生讲解更多关于传统节日的知识，可以促进学生对传统文化的感性认识。这样的教学策略可以引导学生在学习知识的过程中逐步养成孝顺父母、信任同学、诚信善良等良好品格。通过将传统礼仪融入教学中，学生可以在实践中体验并理解传统文化对人们行为规范和价值观的影响。

在中学时期，随着学生的知识视野的不断拓宽，他们的理解能力得以提升。因此，在日常教学中，教师应该采取适当的方法，循循善诱地引导学生逐步加深对中华优秀传统文化中的重要史实和英雄人物等方面的认识与思考。通过这样的引导，学生可以逐渐加强对优秀传统文化的认同感，从而逐步增强他们的文化自信心。

而在大学时期，教育教学的核心在于提升学生的自主探究能力和辩证思维能力，引导学生增强创造意识。在这个阶段，学生应该广泛涉猎中国古代文化书籍，通过深入领悟其中的哲思，深刻感受其强大且独特的魅力。通过吸取精髓的过程，学生可以不断提升和完善自己，并且自觉承担起传承和弘扬中华优秀传统文化的重要使命，这些个人努力将为实现民族复兴和国家富强做出积极贡献。

（三）以精英师资团队弘扬优秀传统文化

人才是弘扬中华传统文化的关键，推动传统文化的现代化、产业化发展离不开拥有高层次、高素质的教师。现代社会对教师的要求不仅仅是精通专业知识，还需要具备跨学科的知识技能、全面发展的素质和民族情怀。在学生发展中，教师所产生的作用是深刻且深远的。有效的教学和指导可以激发学生的创造力和创新精神，帮助学生塑造积极健康的人格，进一步推动中华传统文化的传承和弘扬。

在当前的实践中，大多数教师的国学功底相对薄弱，积累的传统文化知识欠缺，有能力、有资格传授优秀传统文化的教师更是凤毛麟角，特别是在一些基础薄弱、城市化程度较高的地区，传统文化教育面临的困难更为突出。因此，为了培养具备专业能力、教学水平较高、国学基础扎实、综合素养较强的教师队伍，需要全面推动国学教育的发展，通过各种途径加强教师的培训和学习，提高教师的整体素质。针对当前教育领域存在的问题，我们可以从以下几个方面入手来提高教师的传统文化素养。

1. 提升准入门槛

当前，随着经济不断发展和社会不断进步，中华优秀传统文化已成为国家和民族发展的重要组成部分。在这种背景下，教师队伍的建设也应当更加注重中华优秀传统文化的培养和传承，进一步提升教师的专业素养和综合素质。为此，加强对教师准入门槛的严格把关，是非常必要的。

作为教育工作者，教师应当具备一定的专业知识和能力，这些能力应当包括对传统文化的深入理解和掌握。然而，如今许多教师的国学功底较薄弱，对传统文化知识的了解程度也不够。因此，加强对专业教师的针对性、系统化培养已成为当前的重点工作之一。

为了实现这一目标，国家从 2010 年开始全面实施了教师资格准入制度试点工作。根据该制度，考取教师资格证已成为教师能够进入教师系统的"敲门砖"，而未考取教师资格证的教师则无法进入教师系统。在这一过程中，适当提高中华优秀传统文化的考试占比，则有助于促进教师的国学功底不断增强，综合素养全面提升，从源头上保障教师质量。

除此之外，地方政府和科研院所等机构也应当积极挖掘并重点培养在中华优秀传统文化方面具有一定造诣且创造意识强的人才，以期从社会全面引入精通传统文化的高层次人才，为中华优秀传统文化在新时代下进行传承及弘扬提供强大的智力支持。这些工作的开展不仅有利于教师队伍的建设，也对于国家和民族文化的长足发展具有积极的推动作用。

2. 建立健全人才激励机制

学校中的教师职称评聘制度对于教师未来的发展具有重要的影响。科学合理的教师职称评聘标准体系应该注重传统文化科研比例的提升。在教师的科研探讨过程中，传统文化的研究是一项具有重要意义的研究方向，因为传统文化是中华民族的瑰宝，是中华文化的重要组成部分。在传统文化研究方面取得一定成绩的教师应该被优先纳入优秀教师评选行列，并且在职务提升方面应该优先考虑。

通过这种方式激励教师研读传统文化，发扬中华优秀传统文化，为整个校园营造良好的国学学习氛围做出贡献。教师作为学校育人的主力军，承担着让学生成为优秀的国民的历史使命。因此，教师的传统文化修养和国学素养必须得到足够的重视，以促进教师在教学、人格等方面的全面发展和提高。只有这样，才能够让中华优秀传统文化得到传承和发扬，也才能够培养出更多的具有中华民族优秀文化素养的人才，为中国的繁荣和发展做出积极的贡献。

3. 重视系统化的传统文化培训

教师关于传统文化知识的专项化、系统化培训是当前教育改革的重要任务。当前，部分教师对传统文化的了解和掌握相对薄弱，必须通过系统专业的培训来解决这一问题，以扭转目前传统文化在教育转型中的动力不足的态势。我国一直高度重视传统文化的传承，为此制定了一系列培训规划。例如，针对学前教育领域，国家制定了农村幼儿园园长研修培训规划，旨在加强园长对传统文化的学习和理解，以便将其融入幼儿园的教育活动中。对于中小学教师，实施了校长研修培训规划，提高教师对传统文化的认知和传授能力，以进一步提升学校传统文化教育的质量。此外，高校也制定了高校辅导员骨干培训规划，帮助辅导员深入了解传统文化知识，以更好地引导和教育学生。

除了国家层面的培训计划外，各级院校也应加强对教师的专业培训。通过举办专家讲座、交流研讨等多种方式，促进教师学习传统文化，不断提高他们的文化素养。这样的培训活动能使教师在日常教学中有意识、有计划地教授学生优秀的传统文化知识。同时，这些活动也能提高教师和学生对中华文化的认同感和自豪感。

四、落地实践：遵循"五位一体"总体布局

（一）以传统文化中的经济要素推动中国特色社会主义市场经济建设

经济和文化是人类社会发展中的重要组成部分。经济作为社会发展的基础，通过生产、分配和交换财富来满足人们的物质需求；文化是人类社会精神和文明的集合，包括思想、信仰、风俗、习惯、价值观念等方面。在中国这个拥有悠久历史文化的国家，经济和文化的关系更是密不可分，它们相辅相成、共同促进、协同发展。

中国疆域辽阔，拥有悠久的历史和丰富的文化遗产。中华文化经过几千年的发展，汇聚了众多的思想流派和文化传承。这些思想和传承，不仅包括经世致用的智慧，更融合了对自然、生命和人类的深刻理解。正是这样的文化基础，让中国的诸多优秀儒家文化、道家文化、佛教文化和民间文化等得以在中国大地上广泛传播，成为中国人民独特的文化符号，深刻影响了中国历史的进程。

随着时代的变迁和社会的发展，中国的经济体制逐渐转变为市场经济体制，这推动了经济的快速发展。然而，在这个转型过程中，也带来了对中国传统文化的新的挑战。传统文化强调的"道德为本""仁爱""孝悌"等价值理念与现代社会发展追求的科学价值观之间产生了一定程度的矛盾。这对两者的关系提出了新的挑战，更需要我们深刻认识和思考。

中国的社会发展和民族复兴离不开中华传统优秀文化的助力和支持，这是一个普遍共识。优秀传统文化是中华民族的宝贵财富，其蕴含的思想、文化、价值观等丰富资源对于中国现代化建设具有重要的意义。尽管现代社会给人们带来了很多机遇和挑战，但是人们仍然需要传统文化的指引和支持，因为传统文化是时间和经验的积累，是现代社会所缺乏的生活智慧和道德支撑。

在市场经济建设的进程中，如何加强对优秀传统文化的现代解读成为一个重要的问题。传统文化与市场经济发展并不矛盾，相反，优秀传统文化中蕴含着许多能够促进市场经济发展的文化要素。例如，传统文化中强调的"诚信""勤俭""尚德"等价值观，都是市场经济建设所需要的核心素质。这些文化要素的现代解读和运用，可以帮助企业和民众更好地适应市场经济的发展，从而促进经济的繁荣和国家的发展。

同时，还需要对与现代化建设存在矛盾的元素进行改造和优化。传统文化中存在一些不利于现代化建设的因素，例如封建主义、传统观念等，这些观念与现代市场经济发展相矛盾。因此，对于这些与现代化建设存在矛盾的元素，需要进行改造和优化，使其能够适应现代化建设的需要，同时保留其传统文化的特色，为国家建设和社会发展提供积极的作用。

在实现中华优秀传统文化与社会主义市场经济深度融合的过程中，不仅需要将以群体本位价值理念为主导的传统文化与市场经济体制相互融合，更需要充分利用文化的包容性和多元性等特性，以优化和完善现代化传统文化精神。这种深层次的融合不仅体现在思想观念上，更体现在制度建设、政策制定等方面。通过强调传统文化的软实力，可以推动国家的繁荣发展，促进民族复兴梦想的顺利实现。这种融合不仅仅是简单的文化传承，更是一种文化创新与发展的过程，为国家的长期发展提供了深层次的支撑和动力。

（二）以传统民本精髓推动中国特色社会主义民主政治建设

中华传统民本思想与现代民主思想之间存在着深刻的历史渊源和逻辑联系，它们都体现了以人民为中心、以民生为本的根本价值观。从传统民本思想的角度来看，其强调的"爱民""教民"是体现对人民群众关心、关爱和教育的一种重要价值观念。这种关心和关爱是基于传统社会阶级关系之上而产生的，是对于社会各个不同等级和层面人民群众的一种无差别的待遇和重视。

同时，传统民本思想强调的"民"和"君"两者之间的关系也是与现代民主思想相通的。作为一种基于中国传统政治思想体系的核心价值观之一，"民"的地位和作用在国家建设和社会发展中具有重大意义。在传统民本思想所规定的国家治理原则中，"民"是一个不可或缺的元素，其地位的提升和权利的保障是中国社会稳定和繁荣的基础。

"现代民主"一词源于西方国家的民主制度，是民主政治的一种表现形式。其核心理念是以人民的意愿为基础，通过普选、公正竞争、代表性和负责任的政府来实现人民的利益。这一概念强调公民的自由、平等、权利和责任，是当今世界各国政治的共同目标之一。然而，中国传统的民本思想也蕴含了一定的民主元素，早在古代就存在"民为本"的思想理念。随着时代的推进，中国人民越来越渴望获得民主权利，寻求更为民主、平等、公正的社会制度。因此，在中国实现民主建设与发展方面，可以充分借鉴传统民本思想，将其与现代民主思想相结合，以实现中国的民主化进程。

需要注意的是，由于中国与西方国家的政治制度、文化等存在本质差别，西方的现代民主思想无法完全适用于中国的国情。比如，西方的多党制在中国可能难以实现，因为有着中国特殊的文化背景和政治体制。因此，在推进中国民主化的过程中，需要根据中国自身实际情况进行创新与改进，不能简单照搬西方的民主制度。

从现代民主思想的角度来看，如何更好地实现民众的利益最大化和参与度最大化，是现代民主制度建设的核心问题。现代民主思想认为，民主制度的建立需要满足人民民主参与的需求，促进人民的自主选择和自我管理。在这一过程中，个体尊重和权利保护成为最为重要的价值观念，民主制度的实现需要通过各种途径来确保这些人权的实现和保护。

随着中国的经济社会发展和国际地位的提升，中国所面临的挑战和问题也逐渐增多，尤其是在政治和社会领域。民主政治的发展和建设，成为中国发展进程中必不可少的一部分。而在这个过程中，传统民本思想的重要性不可忽视。

传统的民本思想是中华民族几千年历史文化的结晶，具有重要的历史价值和历史意义。因此，在推进社会主义民主政治建设和发展过程中，必须认真对待传统民本思想，并在尊重和认同其价值的基础上进行深入的探讨和研究。同时，要把握时代脉搏，将传统民本思想与现代化建设相结合，以创新的思维和方法，推动传统民本思想的现代转化和新时代民主思想的形成。

在这个过程中，应该充分发挥马克思主义的指导作用，以马克思主义的基本原理和方法为指导，完善和优化民本思想体系。同时，在强调以人为本的基本理念的前提下，将传统民本思想与当前大力提倡的"以人为本"的理念深度融合，创造新的理念和话语体系。通过这样的方式，不仅能够推动中国民主政治建设的发展，更能够为我党实施开展工作提供重要指导，并促进国家政治建设的稳步发展。

因此，当前，要积极探索传统民本思想与现代民主政治相结合的新途径，通过推动民主制度和法治建设，保障公民的基本权利和自由，增强公民的参与意识和能力，营造良好的社会和谐氛围，并通过国际交流和合作，吸收和借鉴先进的民主政治经验和理念，不断完善和发展中国特色的民主政治制度。

（三）以传统文化思想精华推动中国特色社会主义先进文化建设

随着全球化和信息化的加速发展，文化交流与文化融合的趋势也日益明显。在这一背景下，传统文化和现代文化的融合已经成为一种趋势，也是建设现代化社会的必然要求。传统文化与现代文化的融合，首先是在认知水平上的逐步统一，即对传统文化和现代文化的认知逐步升华，形成全面、准确的认识。同时，也需要从文化底蕴、文化表现形式、文化理念等方面进行深度融合，以适应现代社会的发展需求和国家利益。

从文化底蕴的角度来看，传统文化和现代文化之间虽然有许多显著的区别，但同时又有着相通之处。传统文化承载了一个国家或民族的历史和文化遗产，是民族文化的重要组成部分，具有深厚的思想、道德、艺术等方面的内涵。而现代文化则更多地关注对现实生活的反映和表现，以及与科技、经济、社会等因素的紧密结合。在传统文化和现代文化的融合过程中，需要从传统文化中挖掘出承载着现代价值的内涵，将其与现代文化的特点进行有机融合。这样，不仅能够使传统文化得以传承和发扬光大，同时还可以更好地适应现代社会的发展需求。

中华优秀传统文化对于伦理道德格外重视，体现了中华民族在漫长发展历史中对"尊崇道德"价值观的坚守。这一价值观为构建健康积极的现代社会主义先进文化奠定了坚实基础。因此，在推进和完善社会主义先进文化的进程中，必须以传统文化为依托，在传承卓越民族文化的基础上立足于新时代的发展特征，融合新元素，不断进行创新和完善以适应当代社会发展需求，与现代文明理念相契合的先进文化体系。中华文化源远流长，蕴含着诸多优秀品质，如"自强不息""淡泊明志"等，这些品质塑造了中华民族在世界舞台上的强大精神，为雄姿英发的中华民族性格铸就了重要基石。因此，在新时代的背景下，需深入挖掘优秀传统文化的思想精髓，提高中华子女对本国文化的自豪感，为中华民族实现新的历史伟业提供有力支持。

（四）以传统文化理论推动中国特色社会主义和谐社会建设

和谐思想作为中华优秀传统文化的重要组成部分，具有深厚的历史文化底蕴和丰富的人文内涵。在新时代背景下，认识和挖掘中华优秀传统和谐理论，对于构建社会主义和谐社会、推进国民经济可持续发展具有重要的现实意义。其中，"和"作为一个核心概念，代表了一种符合人类自然规律的生命观，体现了人类与自然、人类与人类之间相互依存、相互关联的关系，体现了一种包容、和睦、平衡的精神境界。

在国内打造和谐社会的进程中，传统文化中的和谐思想具有重要意义。和谐思想是中国传统文化的核心价值观之一，它强调人与人之间的和睦相处、和谐共生的理念。在现代社会中，和谐思想可以被运用到社会发展过程中，用以审视和解决各种社会问题。这一过程中，保护和治理自然环境是至关重要的。随着经济的快速发展，环境污染和资源浪费等问题日益突出。为了实现人与自然的友好共存，必须加强对自然环境的治理与保护，这包括减少污染排放、推动可持续发展、保护生态系统、建设生态文明等方面的工作。只有通过这样的努力，才能推动经济社会的和谐稳定持续发展。通过将传统文化中的和谐思想与环境保护结合起来，可以实现人与自然的良性互动。传统文化中的和

谐思想鼓励人们关注整体利益，强调人与自然的和谐共生。而环境保护则是为了保护自然资源，维护生态平衡，从而实现人与自然的友好共存。将这两者结合起来，就可以将社会主义市场经济的发展与自然环境的保护相结合，实现经济社会的和谐稳定持续发展。

在和谐社会建设过程中，我们应当坚持发展与和谐并重、发展与生态共存的发展理念，加强自然环境保护、推动社会和谐进步、加强民族团结和文化交流，全面促进协调、平衡和共同富裕，实现人与自然、人与社会、人与人之间的和谐共生。同时，在实践中，我们需要深入挖掘中华优秀传统文化和谐理论的精神内核和实践路径，进一步发扬以和为贵、和而不同、和合共生的和谐文化精神，营造和谐社会理念，推动构建和谐社会的各项工作有序开展与深入推进，为推进全面建设社会主义现代化国家，实现中华民族伟大复兴的中国梦做出新的更大的贡献。

在当今正在推进的国际一体化进程下，全球的开放度和包容性不断提升，文化也呈现出多元化、开放性和融合性的特征，促使世界文明变得更加多彩缤纷。为了保持各国和各民族的发展态度具有包容性和开放性，人们需要学会与其他民族文化和其他国家理念融合发展。

我国自古以来一直强调"和而不同"，强调各国家和地区在相互尊重和平等相处的过程中实现和谐共存。中国共产党在执政过程中始终以开放的态度和包容的心态接纳各国文化和思想，尊重其他国家的文明。这不仅是对中华传统文化的传承和创新，也是为了促进全球的和谐发展而做出的明智决策。从全球发展的角度来看，我国强调的"和谐"并不仅仅指人与人之间的和谐相处，而是基于尊重差异的基础上实现"和而不同"，强调各国文化在相互碰撞的过程中相互吸收、协同发展，共同推进世界的稳健和谐发展。为此，我国倡导秉持着开放心态，促进文化交流与融合，加强文化创新与发展，以实现全球的文化多样性和相互理解。

随着国际一体化进程的推进，全球化的开放性和包容度不断提升，要保持发展态度具有包容性和开放性，需要学会与其他民族文化和其他国家理念融合发展。我国始终强调"和而不同"的文化理念，强调各国在尊重差异的基础上实现和谐共存，并为促进全球的和谐发展做出了积极努力。为实现文化多元共融，我国应积极参与和倡导国际交流与合作，推动文化创新和文化产业的发展。

（五）以传统文化生态思想推动中国特色社会主义生态文明建设

传统文化生态思想的核心要义在于将人与自然视为一个有机整体，主张"天人合一"，蕴含了可持续发展理念。这种观念体现了古代中国人民卓越的智慧与对自然与人类相互关系的深刻理解。古代中国人早已在实践中阐释了人与自然和谐共生的道理，这与当前中国倡导的可持续发展理念以及生态文明思想不谋而合。然而，随着现代化进程的加速，市场经济的发展带来了巨大的经济收益，同时也引发了人们消费欲望的膨胀，导致一些人不惜破坏生态环境以谋取短期私利。因此，在推进生态文明建设的过程中，中国需要在传统生态思想的基础上，结合新时代的要求，融入新元素、新理念和新思想，打造出超越工业文明的生态思想体系，以实现生态文明和可持续发展的统一目标。

现代生态文明建设应当立足于传统生态思想，以尊重自然为前提，主张人与自然和谐共生。在这一基本宗旨下，必须完善并优化现代生态文明思想体系，以实现人类与生态系统之间的稳定平衡。基于这一理念，需要探索出符合国情并有助于实现生态效益与经济效益协调统一的新发展模式。这种新模式将为中国顺利迈入生态文明新时代提供有力支持。

五、传播推广：通过交流互通让传统文化走向世界

在全球化的时代背景下，加强中华优秀传统文化的对外交流变得尤为重要。中华优秀传统文化作为世界文明体系中的重要组成部分，承载着丰富的历史、哲学、价值观和审美观念，具有广泛的影响力和独特的艺术魅力。然而，随着社会的不断发展和文化交流的加深，仅仅依靠传统的文化保护与传承已不足以满足时代的需求。

为了将中华优秀传统文化现代化，我们需要积极拥抱世界，吸纳并融合更加多样化的文化成果。这种多元文化的融合不仅可以为中华优秀传统文化注入新的活力和创造力，更能更好地适应当代社会的需求。因此，在对外交流的过程中，我们应该注重与其他国家和民族的文化进行交流互鉴，相互吸收对方

的文化精髓，以实现在求同存异中的互补发展。

对外交流不仅仅是向其他国家和民族传输中国故事和思想，更应该是一个互动的过程。我们需要通过与其他文化的互动，深入了解他们的价值观、世界观和审美观念，从而更好地借鉴和吸收他们的文化成果。通过多元文化的碰撞和交流，可以使中华优秀传统文化和其他文化相互渗透和融合，实现文化的全面弘扬和积极创新。

因此，加强对外交流的重要性不言而喻。我们需要积极参与国际文化交流活动，主动分享我们的文化资源和智慧。通过举办文化展览、文艺演出、学术研讨等活动，向其他国家和民族展示中华优秀传统文化的魅力和内涵。同时，我们也应该借助现代技术手段，积极利用互联网、社交媒体等平台，在全球范围内传播和推广中华文化。这不仅有助于中华文化的全球传播，也能够促进不同文化之间的相互理解和和谐共处，为构建人类命运共同体做出贡献。

（一）积极树立全球文化观

中华文化的发展历史表明，那些闭关锁国、不重视创新和发展的时期从来没有产生过先进强大的文化。相反，当我们以开放包容的态度吸收他国先进思想时，往往能够创造出与时俱进的文化。中华优秀传统文化经过数千年的积淀依然保持着其生命力，这不仅在于其自身的博大精深，更在于其具备了兼收并蓄、多元共生的特性，不断地吸纳各民族文化的精华。

传统文化现代化是构建社会主义现代文化体系和增强中国软实力的有效手段。中华优秀传统文化要实施"走出去"战略，为世界文明体系建设贡献中国智慧。在求同存异的过程中，融合他国文化精髓，形成全球文化观。

（二）辩证接纳外来文化

文化的更新革进在不同文化间的交流互动中得以推动。学习外国文化并将其现代化转化，可为中华文化注入新的活力和先进思想，对社会进步具有深远重要意义。中华文化作为中华民族的文化遗产，是在长期的历史沉淀中形成的。在全球文化交流中，中华文化一直以其博大精深、古老神秘的特点备受关注。然而，在全球化的背景下，中华文化也需要与其他文化相互影响与融合，才能在现代社会中得到传承和发展。

当前，各国文化深度融合，在借鉴和吸收其他文化的进程中不断地对中华优秀传统文化进行现代转化。此种现代化转化的方法既不追求单纯地保存传统文化，也不是简单模仿和复制其他文化，而是通过对其他文化的深度理解和转化，为中华传统文化注入现代意义，使其具备广泛的适用性和现实意义。

例如，通过对其他文化的学习和借鉴，可以让中华文化具备更开放的思维和更多元化的表现方式，促进其在世界文化舞台上的地位。同时，现代化转化可以通过注入先进思想，为国家社会经济发展注入公平竞争意识等先进思想，对构建成熟先进的社会主义文化意义重大。在面对西方文化时，我们应当坚守二分法的原则，善于辨别其中的精华和糟粕，并将其精华与优秀传统文化相互融合，以促进文化的革新与发展。同时，也应积极寻找与西方文化价值观相对接的点，以实现自身文化的更新与进步。中西方文化并非完全对立，双方在某些方面表现出相似性，例如西方的"乌托邦"理念与中国强调的"天下大同"有着高度的相似性，都表达了人们对幸福生活的向往。因此，中国应该主动寻找与西方文化相契合的地方，以此为基础进行对接和融合，将中华优秀传统文化转化为符合当代需求的先进文化。

在对中华优秀传统文化进行现代转化的过程中，需要以辩证的思维审视和分析其他文化，汲取其精华为我所用。在吸收外来文化的同时，也要不断地明晰中华文化的本质和特质，避免仅仅模仿和复制其他文化，以保持其独特性和传统文化的基本面貌。

（三）坚决保护中国文化安全

在当今全球化不断推进的背景下，我们必须建立起一种文化全球观，主动开放心怀，积极学习借鉴，汲取西方文化的优秀成果，以实现中华优秀传统文化的现代转化。然而，我们也必须保持警惕，防止某些西方国家以文化普遍性为幌子对中国的优秀传统思想进行冲击。这样做不仅有助于有效维护国家文化安全，还有助于促进文化多样性的发展。因此，我们应该深刻认识到，保护国家文化安全并不意味着与其他国家在文化上的交流和互鉴断绝，而是要警惕某些国家或地区利用其经济或科技优势，将其价值观强加于中国，从而对中国传统文化进行破坏和腐蚀，以实现其文化殖民、经济殖民和全球霸权的企图。

　　在当前全球化背景下，文化交流互鉴已经成为一种不可避免的趋势。在这个过程中，为了更好地推动中国文化的发展和繁荣，我们必须以辩证性思维来审视并分析与他国文化的联系与差异。只有这样，我们才能准确地把握其精神实质，判断是否与中国国情相适应，从而决定对其进行完善和优化，赋予其中国元素和时代特点，有利于构筑中国先进文化。

　　一方面，我们要深刻认识到中华文化作为中国国情的体现，经历了数千年的历史风雨洗礼，仍然绽放出强大的光芒，必须对中华优秀传统文化有强烈的自信心。中华文化的独特性和丰富性为推动全球文化发展做出了积极贡献。因此，中华儿女应当在增强文化自信的基础上，自觉抵御西方文化霸权的影响，防止自身文化受到西方思想文化的腐蚀。只有通过不断创新和优化自身文化，才能真正实现国民文化自信的目标，确保中华文化在当今全球文化多样性的格局中占有重要地位。

　　另一方面，为了更好地全面建设社会主义现代化国家，中国必须积极探索符合人类可持续发展理念的文化体系，进一步完善和优化社会主义核心价值观。在这个过程中，我们应该借鉴西方文化的精华，并与其进行融合和碰撞，从而实现文化上的差异性共生和互惠共赢。

　　中华民族有着悠久而深厚的文化积淀，中国人民对于西方的普世价值观并不完全认同。然而，这并不代表着我们要与世界发展脱离，更不是否定法治、民主等共同的价值观。相反，我们应该在进一步探寻与人类可持续发展理念相适应且有助于保障人权的文化体系的同时，认可和尊重其他国家和民族的文化传统，实现文化多样性的和谐共生。

　　在这个背景下，中国正在大力打造科学的社会主义核心价值观，并为此采取了一系列行动。这些行动包括：制定适合中国国情的核心价值观，加强公民道德建设和家庭教育，推动构建人类命运共同体的理念，以及积极扶持国内文化产业等。这些措施有效地抵制了西方某些国家假以普世价值为名所进行的文化侵略，维护了中国文化的独立性与尊严，同时也为全球文化多样性的发展做出了贡献。

第四章

中华优秀传统文化的理论融合

第一节　中华优秀传统文化与马克思主义的融合

一、马克思主义的内涵

马克思主义是一种无产阶级的科学的世界观和方法论，是一种关于自然、社会和思维发展的普遍规律的学说，是一种关于资本主义发展和转型为社会主义以及社会主义和共产主义发展的普遍规律的学说，它包括了狭义和广义两个方面。在狭义上，"马克思恩格斯所建立的一套基本理论，基本观点和理论体系"，即"马克思主义的基本原理、基本观点和理论体系"。从广义上讲，马克思"也就是由接班人所继承的，也就是马克思在实践中继续发展的"。马克思主义是中国共产党的纲领，是中国特色社会主义的纲领，马克思主义既包含了马列主义，也包含了中国化的马克思主义，也就是毛泽东思想，也就是中国特色社会主义的理论体系。

本书所说的"马克思主义"，是指由马克思、恩格斯所创建的马克思主义的基本理论、基本观点和理论体系。中国共产党在革命、建设和改革开放的过程中，把马克思主义中国化的理论成果，包括毛泽东思想和邓小平理论、"三个代表"重要思想、科学发展观、习近平的治国安邦思想，这些都是把马克思

主义同中国现实结合起来的重要理论成果。同时，在本书中，始终贯彻着马克思主义的科学的世界观和方法论，马克思主义一直都是理解和解决问题的根本立场、观点和方法。

（一）马克思主义是完整的科学体系

"马克思主义是由一系列的基本理论、基本观点和基本方法组成的科学体系，是一个完整的整体。在这三个方面，马克思主义哲学、马克思主义政治经济学、科学社会主义是我们马克思主义的三大支柱。"马克思是一个完备的科学系统，他为后世留下了许多关于他的著作，其内容涉及许多方面和许多领域。不管是在马克思的那个年代，还是在当今，马克思主义都可以说是博大精深的。马克思及其恩格斯在革命斗争的实践中，对人类的优良文化成果进行了批判和继承，并随着实践的发展，时代的进步，对马克思主义进行了进一步的充实和发展。

马克思、恩格斯于1848年2月出版了《共产党宣言》，这是马克思主义诞生的第一个里程碑。马克思、恩格斯在其后来的工作中，又以新的实践经验为基础，提出了一系列新的理论论著，使马克思主义得到了进一步的充实与发展。马克思主义的内涵极为丰富，范围极为宽广，其中一些重要的范畴几乎囊括了全人类的一切知识。在这一庞大而又广博的科学思想宝库里，以哲学为中心，以政治经济学为中心，以科学社会主义为中心，形成了一套完整而严谨的科学理论系统。"作为一种科学，马克思主义的思想是一种开放的体系，它不但可以继承人类文明社会的所有优秀的文化成果，而且还会随着时间的推移，不断地从人类社会的实践和各种科学的成果中吸收丰富的养分，不断地充实自己的内涵，开辟出发现真理的道路；它的意识形态具有鲜明的党性，它公开申明自己的立场是无产阶级性质的，它公开申明自己是解放全人类的进步工具及思想武器，它会全心全意地为无产阶级和全人类的彻底解放服务。"

列宁在其《马克思主义的三个来源和三个组成部分》中说："从哲学历史到社会科学历史，已经很明显地证明了马克思主义与'宗派主义'没有任何关系，也不是一种脱离了世界文明发展道路的故步自封的教条。恰恰相反，马克思最有才华的地方，就是他能够对那些早已被人类先进的思维方式所提出的各种问题做出解答。马克思的理论，自然地继承了19世纪最杰出的理论，继承了德国哲学、英国政治、英国社会主义。"列宁在其著作中明确阐述并阐明了马克思主义产生的三种根源，即黑格尔与费尔巴哈哲学是德国经典哲学，亚当·斯密与大卫·李嘉图是英国经典政治经济学，以及法国傅立叶与圣西门是空想社会主义。

马克思、恩格斯对18世纪欧洲的物质主义进行了坚定的维护，并且坚持到了最后，他们一再强调，任何脱离物质主义的行为都是一种极其错误的行为。马克思和恩格斯承袭了18世纪欧洲的唯物哲学，不断推进着哲学的发展，并以德国传统哲学的成就来充实马克思主义，尤其是黑格尔的哲学体系，为其奠定了坚实的理论基础，而辩证法则是其中重要的一环。它充实和加深了对唯物论的认识，将其应用于自然界，并将其应用于人类社会，从而形成了唯物史观这一伟大的科学思想。"马克思的哲学是一种完整的唯物哲学，为人类尤其是劳动人民提供了巨大的知识工具。"由此可以看出，马克思哲学是一种将辩证唯物主义与历史唯物主义高度结合起来的科学的世界观。

1883年3月17日，恩格斯在马克思的墓碑上做了一次演说，简明扼要地总结了马克思对人类思想发展史的巨大贡献。他说："马克思无论在什么方面，都有自己独特的观点，自己的发现。"但他的主要贡献是历史唯物主义和剩余价值理论。正是由于这两个伟大的发现，社会主义才得以从空想走向科学。剩余价值学说"完全弄清了资本和劳动的关系"，资本主义雇佣劳动的秘密，资本主义物与物的关系背后隐藏着的人与人之间的关系，资本主义剥削的秘密，无产阶级贫困化的根本原因统统被揭露，最后，资本主义社会的矛盾运动，即生产力与生产关系，也被马克思主义揭露，这就首次把生产关系建立在生产力基础之上进行政治经济学的研究。马克思主义政治经济学由此从本质上阐明了资本主义是人类社会形态的一种，也是遵循社会发生、发展和灭亡的规律，从而向广大无产阶级阐明了共产主义社会是人类社会发展的最高阶段，以及共产主义社会的基本特征。

科学社会主义是以这两个重大的发现为依据的，它是由两个方面构成的：一个是社会主义革命，另一个是社会主义建设。它将社会主义从空想转变为科

学，从对资本主义的道义上的谴责，从乌托邦中对未来的社会的想象，转变为对资本主义的毁灭和社会主义的成功的根本的经济学分析，转变为一种唯物主义的分析，从呼吁人类的自由、平等、博爱，转变为发现无产阶级是先进生产力的代表，是一种新的社会制度的创立者，因此，从某种尝试、示范和对统治阶级的仁慈，转变为以无产阶级为主体的社会力量，在先进的理论的指引下，通过阶级斗争和无产阶级革命，颠覆资本主义，达到社会主义的目的。

（二）马克思主义的基本特征

马克思的基本特性具有多维性，并具有关联性，正是这种关联性构成了马克思的一个有机整体。但是，要想全面、系统、准确地掌握马克思主义和马克思主义的本质，就必须对马克思主义的基本特征进行深入探讨。马克思主义的优良理论品质，坚定的政治立场和崇高的理想，是其最富有魅力和朴素的基本特点。

第一，出色的理论性。马克思优良的理论品质，可以用四个方面来概括，即务实、完整、批判和发展。

务实：马克思主义理论的一个主要源泉就是革命实践。马克思主义不仅是为了解释，而且是为了改造。马克思在其《关于费尔巴哈的提纲》中，科学地提出了"一切社会生活的实质都是实践活动"。人们对世界的认识和改造，要想把它运用到实际生活中去，就必须把它运用到实践中去。马克思主义的实践特性使其科学本质和革命本质相统一。细胞学说、能量守恒与转化定律，生物进化论，这些都是马克思、恩格斯抛弃和吸纳理性形而上学的必要条件。而马克思主义指导着无产阶级颠覆旧有世界的实践，使其具有革命的特性。在马克思的思想体系中，"实践为先"的思想贯穿其中，这使得马克思的思想体系具有很强的现实指导性。

完整：马克思哲学把世界万物看作一个整体。一件事情的内在因素相互联系、相互影响，形成一个有机体。同时，马克思的理论也是一个整体。马克思的"以人为本"，既有"以物为本"的思想内涵，又有"以全人类的全面、自由发展"的思想主线。所以，要想真正地认识并掌握马克思主义，就一定要摒弃片面地、局部地认识马克思主义的观点，而是要对马克思主义进行全面的、整体的认识，不能出现形而上学的错误，也只有从整体上去解读，才能对马克思主义有更深层次的认识。

批判：马克思对所有人类的优秀文明都进行了批判性的继承和吸收，并对其进行了改造、发展和创新。马克思、恩格斯在德国传统哲学中，对黑格尔的唯心论进行了批判，吸取了黑格尔的理性核心，并在此基础上进行了改造，创造出了唯物辩证法；他对费尔巴哈唯物论的机械论、形而上论进行了批判，并吸收了费尔巴哈唯物论的核心内容，建立了辩证唯物论；他对英国传统政治经济学家劳动价值理论的合理性进行了批判性的吸收，并提出了剩余价值理论，建立了马克思主义政治经济学；他对空想社会主义的积极主张进行了批判性的吸收，并提出了无产阶级推翻资本主义，建设新型社会这一重大的历史任务。正是这些先贤所创造出来的种种优良成果，才为马克思主义的逐渐形成与发展奠定了坚实的基础。同时，马克思主义也对人类社会存在的所有不合理的制度和现实展开了全面的批判，并在这种批判的基础上，提出了改造世界的理论、思想和主张，要求颠覆旧的世界，建立新的世界，这也是其优秀的理论品质，也就是批判性的一个重要表现。

发展：马克思主义是一个运动、发展、变化的有机整体，由于其具有与时俱进的优良理论素质，因此才能在实践中实现持续的自我更新和发展进步。在实践中，对马克思主义的继承与发展有了新的认识。马克思主义的奠基人，在那个时候，汲取了人类思维的精髓，把马克思主义变成了开启知识、探索真理的基础，因为马克思主义能够帮助人们实践真理，改造世界。所以他的继任者必然随着时代的发展，随着时代的发展，他们会不断地对自己进行改进，不断地进行创新。所以马克思主义不能局限于马克思、恩格斯在创建阶段所遗留下来的基本理论，还应该包含后来的人们对这些理论进行的不断充实、丰富和发展。这就是为什么说是"发展的马克思主义"。而现在，某些国家和民族根据自己的特点和实际情况，对马克思主义进行了应用和创新，其本土化和民族化程度日益显著，正是由于其具有发展的特点。因此，中国就有了"马克思主义中国化""中国化的马克思主义""马克思主义大众化""马克思主义时代化"等说法和理论。

第二，有明显的政见。马克思主义的出发点与归宿点具有很强的一致性。在马克思主义的历史唯物主义中，它既肯定了人的主体性，也肯定了人民群众是历史的创造者，在马克思主义政党理论中，广大人民的根本利益更是其一切追求和奋斗的目的。由此可以看出，马克思最鲜明的政治立场就是维护人类的利益。马克思主义的阶级性质，使它的政治立场更加鲜明。马克思曾经说过，无产者一无所有，他们所拥有的只是可以出售的劳力。这就是为什么无产阶级在参加革命的时候，特别坚决和彻底的原因。而马克思主义性质的党派，则是无产阶级，则是用科学的理论武装自己。共产党和无产阶级之间有什么关系？共产主义并不是一个特别的党，它与其他的工人党对立。他们并没有什么与全体无产阶级的利益相抵触的东西。他们并没有为塑造无产者的运动而提出什么特别的原则。共产党与别的无产党的区别，只在于：一是它在全世界的无产者的斗争中，强调并维护了全体无产者的没有民族之分的全体无产者的共同利益；而在不同的发展时期，无论无产阶级与资产阶级的斗争如何，共产党总是站在全局的立场上。

马克思主义的政治立场，体现在它是代表无产阶级的根本利益，以实现全人类的彻底解放和人的自由全面发展为终极目标。而用马克思主义理论武装的党，由于政治立场的明确，其具有历史性的、自然而然的先进性和纯洁性。所以，中国共产党在今日反复强调，不但是工人阶级的先锋，而且是中国人民的先锋、中华民族的先锋，坚决维护其马克思派党的纯洁。

第三，它是对社会的一种高尚追求。在马克思主义的指导下，人们把实现共产主义作为自己的最高理想。马克思的理论认为，在共产主义社会中，阶级将会消失，生产力将会得到很大的发展，物质和精神财富都会得到很大的充实，所有的财产都属于全人类，生产出来的东西都可以各取所需，所有人都可以平等地享有社会经济权益，劳动将不再是人们赖以生存的一种方式，而是变成了人们的首要需求。在共产主义社会，人们的物质生活水平和精神生活水平都有了长足的进步，从而实现了人的自由全面发展。马克思对于共产主义的描绘，并非带有理想化色彩的憧憬，而是以对人类社会发展普遍规律的科学认识为基础，对未来共产主义社会的基本特点进行了预测和勾画。所以，马克思主义创始人对共产主义社会特点的论述并不是一笔带过的，他们对马克思主义所要达到的共产主义社会的基本物质特点进行了高度概括，认为物质财富极其丰富，人们的精神境界也得到了极大的提升。也就是，在共产主义社会中，由于生产力的极大发展和劳动生产率的大幅提升，物质财富与社会产品不断涌现，极大地丰富，整个社会及其成员的各种需求都得到了充分的满足，每个人都可以得到自由而全面的发展。在共产主义社会，人们要与"传统的所有制""传统的观念"进行最彻底的斗争，而"传统的观念"就是"传统的所有制""传统的观念"就是基于传统所有制的观念，所以，在共产主义社会，人们将成为一种新的人，他们既有很高的共产主义思想觉悟，又有很高的品格和情操，他们将彻底超越"资产阶级权利的狭隘眼光"。在共产主义社会，人们对工作的态度将变得非常自觉，工作已成为人们生活中"第一需要"的一部分，无须专门的制度来强迫，人们将会自发地去承担自己的社会责任，不求回报地去做公益事业，这是一种可喜的现象。旧有的封建和保守的思想将不再约束人，人将完全解放；资产阶级的观念会被彻底抛弃，共产主义的人生观、价值观、道德观念等也会被建立起来。在共产主义社会，阶级对立的自动消亡和消除，使本来有着很大差异的工业与农业，城市与乡村没有任何区别，人们不必像资本主义社会那样无条件地服从分工，脑力劳动与体力劳动的区别也将不复存在，资本主义社会中为了满足一些人的需要而牺牲另一些人的利益的现象最终将会消失，高度和谐将会是人与自然、人与人、人与社会关系的常态，人们不但可以致力于潜能、需要、价值、思想道德的全面发展与完善，还可以在共产主义社会中充分地展示和发挥自己的才能，而这种才能在共产主义社会中必然是全面发展、充分发展、自由发展的才能与能力。从而，人类将会开启自觉地创造历史的新时代。

共产主义的出现，一定要经过非常长的一段时间，也一定会遇到非常多的困难，这是一个非常漫长而复杂的过程。但是，共产主义作为人类社会形态的最高级阶段和形态，它代表着正确的发展方向和必然趋势，符合人类社会发展规律，最终会让共产主义出现。所以，中国特色社会主义的共同理想，既要有广大人民的坚定信念，也要有广大人民的忠诚，更要有共产主义的远大理想，只有这样，共产主义的社会理想才能得到真正实现。实现共产主义是马克思主义的最高社会价值，也是马克思主义的最高社会理想。共产主义理想不是无中生有的，它的科学依据和实践基础是人类社会历史客观发展规律和社会革命伟大实践。而马克思主义优良的理论品质、鲜明的政治立场，无疑为他提出共产主义社会的崇高理想，提供了强有力的理论支持和有力的思想保证。

二、优秀传统文化与马克思主义融合的界定

本书所说的"融合"，主要是指中西两种文化的"融合"。文化融合指的是具有不同特征的文化，通过传播而发生接触、碰撞、沟通等，对其进行筛选，对其进行相互吸收、渗透和学习，经过不断地调整和整合，最终将其融为一体，从而构成一个新的文化体系。文化融合既是历史发展的大势所趋，也是各种文化谋求自身发展、得到继承与发扬的一条行之有效的途径。诺贝尔文学奖得主、爱尔兰戏剧家萧伯纳，有一句广为流传的"苹果论"，很好地说明了不同文化、不同思想的碰撞与融合对人类的益处。你拿着一个，我拿着一个，交换了一下，每个人还是一个；但是你有一个想法，我也有一个想法，这样互相交流，我们都有两个想法，或者更多的想法。在中国的历史上，曾经有过几次伟大的民族大融合，而这一伟大的民族大融合，最基本的原因就是文化的融合。多民族文化的融合与交融，产生了一种全新的文化，它改变了人们的衣食住行，改变了人们的生活方式，改变了他们的思维，使他们的先进技术、科学技术和文化得以融会贯通，使中国的文化得以更加全面、快速、完整地发展，并向各个国家输入了新的文化，在互相学习、互相借鉴、互相充实的过程中，得到了文化的滋养，不仅保持着原有的民族文化的特征和印记，而且随着时间的推移，也在不断地进行着新的创造。

马克思主义同中国传统文化的结合，就是在不同地区、不同时代产生的两种文化，在传播过程中相互碰撞、相互交流、相互选择、相互吸收、相互渗透、相互调节，最终形成一种有中国民族特色的新型文化，其本质就是要在马克思主义的科学指引下，继承和发展中国传统文化，又要在中国传统文化的滋养下，充实和发展马克思主义。

三、优秀传统文化与马克思主义的融合

中国共产党始终坚持从历史中汲取丰富的思想精髓，始终是中华优秀传统文化的坚定拥护者，历代领袖对此都给予了高度的关注。毛泽东在党的六届六中全会时，就已经明确指出，"由孔夫子至孙中山"这一宝贵的文化遗产，要对其进行总结和继承；邓小平把"实事求是"与"解放思想"有机地结合在一起，使中国的优秀传统文化得到了新的发展；江泽民同志提出了"双百方针""二为方向"；习近平在胡锦涛关于"推动文化传承与创新，促进社会主义和谐社会建设"的思想指导下，对中华优秀传统文化的历史价值给予了高度关注，并提出了"创造性地、创新性地发展中华优秀传统文化"。

（一）中华优秀传统文化的历史底蕴和当代价值

在中华五千年悠久的历史长河中，中华优秀传统文化蕴含着丰富的思想精髓，充满了无穷无尽的道德情操，它是中华民族数千年文明史上的思想成果和见证人，足以令每一个炎黄子孙感到骄傲，它在漫长的历史长河中，建立起了一个社会的普遍性和分门别类的特定价值标准，并对中华民族的凝聚力起着至关重要的作用。中国传统文化从神话传说中的三皇五帝起，历经春秋战国"百家争鸣"，两汉经学兴盛，魏晋南北朝玄学盛行，隋唐儒释道并立，宋明理学，最终发展出以儒、道、佛三家为主要内容的一套文化系统，三教共存，互相影响。中国传统文化是中华民族的主要构成部分，是中国先贤所遗留下来的一笔本土文化财富，既记载着中华民族的形成原因与发展过程，又以其代代相传的思维模式，浸润于每个中华儿女的血液之中，对他们的价值观与行为模式产生着深远的影响。在近现代，中国传统文化在与西方意识形态、文化的激烈碰撞中，最终选定了马克思主义学说，并以其为思想武器，为中国革命取得成功提供了理论依据。在五四运动和新文化运动中，马克思主义理论家李达、蔡和森、陈独秀等人曾对中国传统文化提出过尖锐的批评，但他们却忽略了它在中国社会发展中所具有的巨大价值与历史意义。在毛泽东时代，他把马克思主义哲学和中国优秀的传统文化结合起来，形成了以孔夫子为代表、以孙中山为代表的思想体系。中国优秀的传统文化得到了继承与发展，这就是我们现在所

建设的社会主义和谐文化。简而言之，中国传统文化是一个国家赖以生存与发展的强大的精神动力，它蕴含着许多真理、科学、发展性的内涵。而国家的复兴，也离不开对传统文化的继承与发扬。

然而，任何一个时期的思想、文化，都是在一定的历史条件下产生的，并不会因为时间的流逝而丧失其存在的价值。中国传统文化源于古老的农业文明，是在中国封建时代才形成的，因此，它必然受到历史环境、社会制度、阶级等因素的制约。从其本身来看，呈现出一种优势与劣势的统一。尤其是中国的传统文化，是社会进步和民族复兴的绊脚石。因此，我们必须突破和创新中国的传统文化的保守性，在批评和继承的同时，抛弃其糟粕，保持其优良和精华，从而使得中国的优秀传统文化在自身的发展过程中，永远不会停滞不前，走向完美。

（二）马克思主义引领中国传统文化创造性转化和创新性发展

正如习近平总书记所说，"只有牢记历史，我们才能开拓未来，只有在继承中，我们才能不断地进行创新。"这说明，在习近平总书记眼中，中华优秀传统文化的创新，是最根本的先决条件和基本方向，而中华优秀传统文化的创新，不仅要对自己的传统文化进行改革，更要以当代现实为基础，以时代性为基础，进行创造性、创新性的发展。

1. 坚持马克思主义哲学的根本指导地位

自五四运动和新文化运动以来，中华优秀传统文化的改造与创新，就成了马克思主义哲学的一项重要任务。首先，在马克思主义哲学的指导下，坚持历史唯物主义的基本原理，克服历史虚无主义和文化保守主义的双重弊端，解决马克思主义哲学和中华优秀传统文化的关系问题，只有这样才能使中国特色社会主义走上自己的道路，才能使马克思主义哲学发展和创新，才能使中华优秀传统文化真正走出自己的道路。其次，不了解中华优秀传统文化的生成与发展过程，就难以掌握其思想精髓，更难以掌握其精神生命力；而唯有在此基础上，以马克思主义哲学为主导，才能不断推进中华优秀传统文化的现代化进程，进而增强具有中国特色的社会主义的文化自信，从而增强中华优秀传统文化的现代性。

我们必须在马克思主义哲学中国化的过程中，进一步加强它的指导作用，吸取历史的经验与教训，善于改造中国的传统文化。并在此基础上，继承中国的优秀传统文化的精髓，不断创新与发展中国的传统文化，为建设中国特色社会主义创造出文化自信的基础。在当今世界，文化创新与繁荣对于国家发展与世界进步的价值日益突出，已成为国家与民族的核心竞争力之一，中华优秀传统文化博大精深，源远流长，本质上是一种"海纳百川"的气度，可以很好地融入中国特色社会主义的物质生活与精神生活。这是马克思主义与中华优秀传统文化共同的特点，也是一种开放与包容、务实性与能动性、发展性与延展性、实践性与现实主义的统一。无论是现在的国家主席，还是将来的全党领袖，从中华优秀传统文化中汲取治理国家的智慧，这将是一个不可阻挡的潮流。

2. 对中华优秀传统文化进行创造性转化

中华优秀传统文化的创造性转换，是指根据新的时代与实践的需要，将新的内容与新的方法，以新的思路将其中的思想精髓抽离出来，用科学的马克思主义哲学引领中国的发展之路。将中华优秀传统文化中的健康向上、积极进步的各种资源，将之转化为符合当前中国特色社会主义的核心价值观，使之成为一个民族的精神，如中国古代哲人的"厚德载物"，对于当今社会的发展有着重要的指导作用。毫无疑问，中华优秀传统文化的"创造性转换"，是指在中华优秀传统文化的基础上，把社会的实际实践作为衡量标准，根据新的时代条件，做出与现代文化相适应，与现代社会相和谐的调整。

中国优秀的传统文化是一种与现代社会相契合的文化。以当代现实为基础，以时代为基础，这是我们对中华优秀传统文化进行创造性转换的出发点。中国传统道德是一个具有悠久历史的古老文化国家所遗留的思想精髓，具有其特有的价值观念和价值体系，它为当今中国文化的发展和繁荣提供了独特的条件，同时也滋养了当今中国人重新树立和重建自己的文化自信，并成为推动历史进程、推动人类文明前进的强大精神动力。例如，在吸收了中国传统美德的精华后，将其转化为"爱国""敬业""诚信""友善"等观念，通过广泛参与的方式，将其贯彻到社会生活中去，从而达到维护社会主义和谐社会的目的；

相反，一个文化如果没有自信，就会失去自己的生存能力，很容易陷入历史的虚无，从而导致中华优秀传统文化与当代社会的和谐发展。中华优秀传统文化被赋予了新的时代意蕴，与当今社会的发展趋势、认识水平等因素相适应，是增强中国特色社会主义文化自信的强大精神力量，也是中华民族与中国人民在治国理政、建功立业的历史进程中逐步形成的一种区别于其他民族的鲜明特征。比如，"小康"这个词来自中国五千年的优秀传统文化，《礼记·礼运》是一个充满了伦理色彩的词语，它向我们描绘了一个平民百姓对富裕的社会理想的向往。

建设小康社会是我国改革开放的一项重要战略，它高度概括地体现了中国共产党把目前的物质、精神两个文明有机地结合起来，领导着全国各族人民，为中华民族长久以来所追求的美好生活而奋斗。

3. 对中华优秀传统文化进行创新性发展

文化的发展有其自身的特点，因此"创新发展"就是要用时代的精神来激发中华优秀传统文化的活力。从中国源远流长的传统文化中提炼出、超越出、升华出中华优秀传统文化，从而体现出"以文化人"的本来面目。这就要求我们以与时俱进的精神来看待中国的优良传统，并结合自己的实际情况，不断地对自己进行自我改造，从而增强中国特色社会主义的文化自信。

如何创新发展中华优秀传统文化，已经逐步纳入了党中央的治国思想之中，习近平同志做出了许多新的论断，采取了许多新的措施，为我们指明了前进的道路。这既是一个认识的问题，也是一个实践的问题。既要以国内为中心，又要以国际为中心；纵观中华优秀传统文化的发展过程，要做到"创新发展"，就必须吸收中华优秀传统文化所蕴含的丰富思想精髓，并向人类社会所取得的所有文明成果学习。同时，要把中国传统文化中的优良价值观，转变成历史悠久、内涵丰厚的时代精神，加以传承与发扬。例如"天下兴亡，匹夫有责"的爱国情怀，"先天下之忧而忧，后天下之乐而乐"的敬业情怀，以及见义勇为、扶贫济困的仁爱情怀，都是中国传统文化的一部分，都是这个时代的精髓，我们应该把它们继承下来，把它们发扬光大，这对提高我国的物质文明和精神文明，促进社会的道德风尚，增强中国特色社会主义的文化自信，都有很大的促进作用。

第二节　中华优秀传统文化与中国特色社会主义理论体系的融合

一、中国特色社会主义内涵

自党的十八大以后，以习近平同志为核心的党中央，以其超常的政治胆识和强大的使命担当，紧跟时代发展变化，对现实需要做出反应，在伟大实践的基础上，对新的时代问题进行了系统、充分的解答。并在此基础上，创造性地提出了习近平新时代中国特色社会主义思想。这一思想是马克思主义中国化的最新成果，它是建立在党和人民的丰富实践经验上，凝聚着集体智慧的结晶，它是中国特色社会主义理论体系的一个重要部分，是全党、全国各族人民为实现中华民族伟大复兴而努力奋斗的一个科学的行动指南，它一定要长久地坚持并不断地发展。党的十九大将这一思想正式确立为党必须长期坚持的指导思想，并将其写入了党章，这一历史性决策实现了党的指导思想的与时俱进，这也是一项历史性的贡献，彰显了党在政治上的高度成熟、在理论上的高度自信。第十三届全国人民代表大会第一次会议的修改，把这一理念正式载入《宪法》，使我国的指导方针更加符合时代要求，反映了中国人民的普遍愿望，也反映了整个社会的普遍期望。在党的十九届六中全会上，我们又对这一理念进行了许多新的论述，特别是"两个确立"，这一理念对我们党和国家的伟大事业的发展，对我们中华民族的伟大复兴都有着重大的历史意义。总而言之，它是将马克思主义的基本原则与中国的实际相结合，与中华优秀传统文化相结合，从而产生的一种全新的、中国化的马克思主义，它不仅是中国共产党人在新的历史条件下的一面旗帜，而且是我们党和国家在各个领域工作中的纲领，是一种充满活力的 21 世纪马克思主义。

二、中国特色社会主义思想的理论体系

主题鲜明，内容广泛，特点鲜明，内涵丰富，因而形成了一套完整的科学理论体系。

第一，这个意识形态的主体性很强。习近平总书记关于"坚持和发展什么、如何坚持和发展中国特色社会主义"的重要论述，是对"坚持和发展中国特色社会主义"这一核心问题的科学解答。一是对"从哪里来"这一问题的答案，即：中国特色社会主义是一种扎根于中华大地，反映了全国人民的愿望，符合时代和实践的需要，具有科学性。二是对"是何性质"的回答，即："中国特色社会主义是第一个不是别的任何一种社会制度"，指明了我们党在这一问题上的政治立足点，指明了我们党在这一问题上的基本方向。三是对"向何处去"的回答，即：以中国特色社会主义为主题，不断书写辉煌的新篇章，以全面推进国家治理现代化为总目标，以实现我们千百年来的夙愿为之奋斗。

第二，它包含着丰富的内涵。以"十个明确""十四个坚持"为中心的邓小平同志的科学发展观，反映了我党在理论上的自觉与实践上的开拓，在实践上的多方位的探索。首先，以"十个明确"为核心，从理论上探讨了中国特色社会主义应该怎样地坚持与发展，并以此为"梁"与"柱"，对"是什么"进行了理论上的探讨。其次，以"十四个坚持"为行动纲领，在实践维度上对"怎样坚持、怎样发展中国特色社会主义"进行了探讨，并对"怎么办"进行了解答，为实现中华民族的伟大复兴指明了"方法论"与"行动蓝图"。二者互为补充，并在这个庞大的思想体系中进行辩证统一，共同构成了这个思想的核心要义。

第三，该意识形态具有明显的个性特征。一是内容上的"针砭性"，反映出了清晰的问题导向；问题意识既是马克思主义哲学的根本特征，又是其永恒的生命力之源，更是其独特的特点与生命力之所在。"新时代之问"的思想探讨，其丰富的内涵，是对时代条件、人民需求与发展实践的真实反映，是对中国新形势新问题的直接面对与解决，是对"新问题"的直接认识，是对新问题、新问题的发现与研究，是一种真正能解决问题的科学方法与策略。二是在思想上具有继承性，在实践中始终坚持用"两个结合"来推动马克思主义在中国的发展。它既继承和发展了马克思主义在中国的理论与实践，又坚持和深化了"两个结合"的基本经验。这是一种新的思想，既是对马克思主义中国化的一种全新的认识，又是对中华优秀传统文化的一种继承和创新，使中华优秀传统文化基因在新时代焕发出耀眼的光辉。三是严密的逻辑，体现了系统和协调的统一。这一理论对中国特色社会主义的发展和建设问题进行了全面而系统的解答，它按照"五位一体"总体布局和"四个全面"战略布局，对社会主义现代化的发展做出了全面的安排，而且，"五位一体"和"四个全面"的每一个环节都是一个小型的整体，是一个庞大的系统。每个环节都是相互联系、相互制约的，它们共同推动着这个大系统的有效运行。

除此之外，这一思想还贯穿着"四个伟大"，它明确指出，我们党要带领人民不断前进，不断地为实现中华民族的伟大复兴而奋斗，不断地为完善和加强党的建设这一伟大工程而努力，这四个方面相互贯通，紧密地联系在一起，在新时代的政治生活中，在政治生活中，在政治生活中，在政治生活中都发挥着重要作用。

第四，习近平文化思想的意识形态有着丰富的内涵。其一，具有政治导向的意义。习近平总书记关于"以德治国、以德治国"的重要论述，在实践中突出了中国特色社会主义的旗帜，在实践上为我们党和国家提出了新的要求，为我们党的建设提供了新的思路，也为我们国家的建设提出了新思路。其二，具有理论上的开创性意义。它不仅以马克思主义的真谛为指引，而且深深扎根于中华大地，具有鲜明的民族特色和中国特色，它对推动马克思主义在中国的发展做出了原创性的贡献，标志着马克思主义在中国的发展进入了一个新的时代。其三，具有实际指导意义。自新时代以来，这一思想对改革发展稳定，对内政外交国防，以及治党治国治军的各个方面，都进行了系统的论述和战略部署，党和国家人民的历史伟业所取得的历史性成就和发生的开创性变革，都是在这一思想的科学实践指导下进行的。这既显示出习近平同志高度的政治智慧和广阔的发展视野，又充分显示出习近平同志在推动中国特色社会主义事业上具有重要的指导作用。

三、中华优秀传统文化与社会主义文化的关系

中华优秀的传统文化历史悠久、一脉相承、与时俱进，在传统与现代之间起着重要的桥梁作用。继承和创新本身就蕴含着中华优秀传统文化和社会主义文化之间相互承接、相互依赖的关系问题。如果没有中华优秀的传统文化，我们的社会主义文明将无处可去；离开了社会主义文化，中华优秀传统文化将丧失其当代活力，在推动继承和创新的进程中，将两者有机地结合在一起。只有立足于历史文化传统，传承民族文化血脉，并在此基础上进行开拓创新，我们才能开启传统文化未来的繁荣发展图景，才能为做好新时代的伟大事业提供文化底蕴和精神支撑。因此，习近平强调要科学地把握中华优秀文化同社会主义文化之间的关系。他对此做了清楚的解释："中华优秀传统文化是继承、发展、壮大中华民族的精神生命，是新时代文化建设的思想源泉"；"社会主义文化"是对中华优秀传统文化的继承与升华；我们要善于将中华优秀传统文化的继承与发扬与发展社会主义先进文化的有机结合。习近平还肯定了中国共产党并非文化虚无主义者，并对某些人放弃了传统、对"既不能也不能"的偏见提出了批评。提出了将中华优秀文化同社会主义文化有机地结合起来，即要加强对中华文化精华的现代价值的发掘与阐释，要让中华文化基因与社会发展、文化需要保持一致。社会主义文化是对中华优秀传统文化的继承与再创造。因此，要推动中华优秀文化的传承与创新，就必须正确认识中华优秀传统文化与社会主义文化同宗同源的演化规律，克服二元对立的思维方式，实现"前后因循"，使之更好地融合，更好地发挥其作用。

"以德治国"的理念，肯定了中华优秀传统文化是中国特色社会主义文化建设的文化土壤与血脉基础，对两者之间的关系要有明确的认识。文化是一个时代的一种精神象征，它反映了一个时代的社会发展状况和人们的生活需要。

习近平在党的十九大报告中提出，"中华优秀传统文化、革命文化、社会主义先进文化是中国特色社会主义文化建设的精神家园"，是我国社会主义文化建设的重要组成部分。中华优秀传统文化既是我国革命文化的"思想渊源"，又是我国社会主义先进文化的"文化母体"，是我国社会主义先进文化的重要组成部分。中华优秀传统文化和社会主义文化并不是相互独立，两者之间存在着一种内在的、有机的联系。从整体上看，两者之间存在着一种继承和发展的关系。要开创一个崭新的社会主义文化发展前景，就不能忘记中华优秀传统文化的"本来"；只有善于继承和坚持传统文化的精华，我们才能适应时代的变化，在新的时代中创造出新的社会主义文化的光辉。简单来说，就是要将中华优秀传统文化作为社会主义文化的一种重要的历史形态，在此基础上，我们要将新的时代因素注入中华传统文化之中，不仅要充实其内涵，而且要创新和扩展其表现方式。

四、中国特色社会主义理论与中华传统文化的融合方向

（一）以"前提性阐释"为首要，着力做好三个"讲清楚"

要推动中华优秀传统文化的继承与创新，首要任务就是要解读好中华优秀传统文化。在这个意义上，把中华优秀的传统文化"讲清楚"，就是对它的继承与创新的指导。第一，要阐明中华优秀文化的历史脉络，思想来源和发展趋势。对中华优秀传统文化的解读，必须弄清其起源、走向，并对其形成、发展过程进行梳理。毛泽东曾经提出了"古今中外的方法"来研究问题，这里的"古今"指的是把被研究的对象从一个时期到另一个时期的发展历程搞清楚。他以一种贯穿古今的历史性思考，回顾了中华优秀传统文化"从先秦儒学，两汉经学，魏晋玄学，到隋唐佛教，儒释道合一，再到宋明理学"，并认为中华优秀传统文化凝聚着中华民族朴素而深刻的精神追求，是一个民族源远流长的精神生命力，是一个民族持久的文化软力量。习近平总书记高度关注中华优秀传统文化的当代价值神韵，并对其蕴含的丰富智慧资源进行了深入发掘，提出了推动中华优秀传统文化发展的路径——继承与创新，实质上就是推动"两创"。

第二，要阐明中华优秀文化"独树一帜，价值观念鲜明，特色鲜明"，进一步强化自己的文化自信，提升自己的价值自信。习近平强调，在中华文明历史上，以儒、佛、道、墨、法为代表，出现了老子、孔子、王守仁等思想家，他们的思想创造了宝贵的文化遗产，其中包含了丰富的哲学人文主义思想，体

现了中华民族独特的精神特征。习近平多次对传统文化中所蕴含的优良元素进行了提炼和总结，如"以民为本"，"仁者爱人"，"革故鼎新"等15条思想精华，并以六个"强调"，列举了10条思想价值观念，其中包括"独善其身"等10条思想观念。基于这一点，习近平也深刻地揭示了中国的中华优秀传统文化的显著特征，即包容一切，与时俱进，经世致用。

第三，阐明了中国特色的社会主义是在中华优秀传统文化的沃土上扎根的。中华优秀传统文化是嵌入中国特色社会主义文化基因中的，它以一种"春风化雨""润物无声"的方式滋润着中国特色社会主义，从而使中国特色社会主义具有了鲜明的国家特征。要实现对中华优秀传统文化的继承与创新，就要把坚持与发展作为其价值取向，把中华优秀传统文化与中国特色社会主义联系起来，破除"文化虚无""国家虚无"的困惑，使中华优秀传统文化的现代价值得以充分发挥。

第四，以辩证的态度，以扬弃的态度对中华优秀传统文化进行继承。只有善于继承原有的文化精华，才能立足于创新的发展，开拓出更好的明天。中华优秀传统文化是一种集其精华和糟粕于一身的对立统一，它既包含了许多优良的元素，又包含了许多不朽的魅力，但同时又被封建时代的负面影响所包裹，因此，我们对中华优秀传统文化的继承和发展，决不能没有批判性这一思想，要有鉴别、有扬弃地继承传统文化，"有鉴别"并不是说一定要发扬，也不是说要否定抛弃，而是说要仔细鉴别，去粗取精，仔细分析甄别其中的精华与糟粕，吸取与应用其中的优秀文化元素，以一分为二的方式分析中华传统文化，在某种程度上与中国古代质朴辩证法的理性核心相吻合，"有鉴别"则是以马克思主义为指导，对质朴辩证法进行了升华和发展，进而推动了继承和创新中华传统文化的精髓。换句话说，就是对传统文化中积极因素的继承与发挥，对消极因素的抵抗与抑制；在当代，我们应当更多地尊重和反思中华文化，用一种"择善祛恶"的辩证思维来传承中华民族宝贵的精神财富。它以马克思主义的辩证法与批判精神，以科学的态度看待传统文化，为在新的历史条件下，重新评价传统文化的价值，改造中华优秀传统文化提供了科学的指导。

（二）以"创造性转化"为依托，激发文化的生机活力

这一理念与时代背景以及新的实践相结合，利用引经据典、讲故事等方式，在融入国民教育、挖掘文化遗产、涵养文艺创作的过程中，将仍然具有参考价值的传统文化精华，创造性地转换成新的时代话语，并赋予其现代表达方式，从而达到了传统与现代的视觉融合。

第一，引用经典，展现传统文化的原始神韵，为其注入新的时代意蕴与现代表现形态，为中华优秀传统文化注入新的活力。中华经典是中华优秀文化的原始载体，毛泽东在这方面起到了带头作用，他引用经典的哲理来支持自己的看法。比如，他引用《易传》中的"阴阳之道"，总结了矛盾的规律，提出了"两点论"。习近平还引用了中华经典中的几句话，用一种既有张力又有深刻内涵的方式，阐述了我们国家的外交立场，让我们的文字变得更加生动。从《论语》《诗经》《三国志》等历史典籍，从唐诗宋词文学再到明清小说散文等中华经典著作，习近平的"古今中外"理论体系中，几乎囊括了每一本书。例如，引用《汉书》中的一句话："官无廉平，治国之道就会衰微。"这句话表明，清廉是党的生死存亡的关键，也是我们党敢于全面从严治党，建设一个好的政治生态的必由之路。以《贞观政要》中的"以豫为国常道"为例，说明要加强忧患意识，防范各种风险和挑战，必须坚持"底线"的思想。

第二，通过讲故事，化俗语，用比喻和其他修辞手法来继承经典，提高了传统文化的感染力。一是"讲一个好的故事会使你事半功倍。"他擅长将历史故事和神话传说等哲学文化资源运用到现实生活中去，以简明易懂的方式，将这些鲜活的故事中所蕴含的传统文化精华，转化为现代中国的语言。习近平通过《摆脱贫困》一书，用"滴水穿石"的事例，总结了扶贫工作的成功经验，激励广大党员干部，增强了他们的意志，增强了他们脱贫的信心；在文艺座谈会上，他重温了母亲对岳飞的"精忠报国"，流露出浓浓的爱国之情；在智利媒体上，他引用中国人的"金玉良缘"，阐述了中智两国之间的友谊。二是引经据典，朴实无华。比如，他以《长江后浪推前浪》鼓励年轻人勇于担当，以《家和万事兴》祝福非洲和平发展再上一个新台阶，等等。三是善于运用比喻和其他修辞手法，使作品充满了趣味。比如，用"打虎""拍蝇""猎狐"

等比喻惩恶扬善的决心和强有力的行动，用"划桨人"向"掌舵人"的转变来比喻政府在城市建设和管理中的角色的转变，再次提到"赶考"，就是要在新的条件下，敢于面对一切风险与考验，给历史与人民一个"优秀的答卷"。

第三，把传统文化融入国民教育之中，把它作为文化遗产的保护和传承，用它来滋养文学创作。毛泽东曾经说过，"为今生而学古人"，习近平对中国特色社会主义的新时代，在许多方面都遵循着这一理念，对传统文化进行改造与变革。首先，民族教育是发挥我国传统文化精华"文化人"和"德育人"功能的主要途径；其次，中华优秀传统文化在文化遗产中发挥着重要作用。习近平指出，要保护好文物，保护好文化遗产，让皇宫里的文物，让中华的遗产、古书上的文字都有新的生命。最后，优秀的文学作品能够反映出一个时代的文化创新程度。习近平同志在文艺工作座谈会上提出，要创作出更多符合人民群众文化需要、诠释中国价值理念、彰显中华文化精神、对得起这个时代的精品，用最好的精神食粮，来唤起人们的心灵共鸣。

（三）以"创新性发展"为关键，赋予文化时代气息

这一理念抓住了传统文化的精髓，对其进行了补充充实、扩充完善，对中华优秀传统文化的内涵和外延形态进行了建构性的创新，并随着时代的发展而不断推进中华优秀传统文化的创新性发展。

第一，抓住中华优秀文化的精髓，充实中华优秀文化的内涵。"与时同行"是中华优秀传统文化的基本精神特征，顺应时代发展，不断充实和更新中华优秀传统文化的内涵，是保持其蓬勃发展活力的必然要求。冯友兰先生认为，"抽象化传承"是对中华优秀传统文化进行抽象化而不是具体化的传承，就是说，努力把握中华优秀传统文化的精髓，并在其中不断增添新的内涵。习近平曾说过："用前人的规则，开创你的新局面。"这一理念既要"照着讲"，又要承担中华优秀文化"接着讲"的时代任务，抓住中华优秀文化的核心，把中华优秀文化的宝贵资源与国家治理的新实践相结合，赋予中华优秀文化以蓬勃的生命力，继承和发扬中华民族共同的文化记忆。比如，对"民为邦本"的理性核心进行了批判传承，对"以人为本"的发展理念进行了创新，并在此基础上对其进行了创新发展。"和而不同"是孔子所说的"君子之道"，它提炼出"和

而不同"的"和合"精神，并提出要建立一个和谐、合作、共赢的社会，丰富了"和"的内涵，同时也为促进世界的和平发展，建立一个和谐共处的国际社会提供了中国的智慧。

第二，对中华优秀传统文化内涵的延伸形态进行扩展，对中华优秀传统文化的现代话语进行创新。中华优秀传统文化的观念形态及其表现形态具有无限的变化性、动态性和动态性。从先秦诸子之学，两汉经学，魏晋玄学，到隋唐佛教，儒释道合一，宋明理学，直至清朝"朴学"。中华优秀传统文化一直在进行着自身的更新和发展。这一理念遵循着中华优秀传统文化的发展规律，立足于新时期的实践，提炼出了中国特有的中华优秀传统文化的精华，使中华优秀传统文化的生命力得以延续和发展，并随着时代的进步而不断扩大。例如，王阳明"知行合一"，其目的在于把"良心"转化为"道德实践"。这一理念提炼出"知行合一"的精髓，指出党员要在思想上与行动上相互结合，补齐理想信念上的"钙"，消除党性不纯，政策执行不力等顽症，拓宽了"知行观"的时代内涵。又如，《三国志》中的"和而不同"，主张建立一个开放、包容、共赢、共赢、共同发展的社会，并以此作为自己的理论依据。它以其独特的"习式语体风韵"，使经典语句在当代得以延续，为中华优秀传统文化在现代语篇中的表达提供了一种新的方式。

第三，促进各种文明的交流，促进中华优秀文化的融合和创新。文明的多样性既是客观的事实，也是人类社会发展的根本特点，更是五彩缤纷的文明交流互鉴、丰富发展的先决条件和基础。加强各文明之间的相互学习和交流，是推进人类文明进步的强大力量，也是实现人们对美好生活的必然要求。在现实生活中，对不同的文化进行实地考察，这是激发创新和想象力的最直接途径。中华优秀传统文化能延续到今天，这与其和而不同、兼收并蓄、善于借鉴别人的优点，从而使自己成为一个有自己特色的民族是密不可分的。在对优秀传统文化的继承与创新中，一方面要认识到不同文化之间的差异，尊重并维护世界文明的多样性；另一方面又要积极借鉴和吸收其他国家的优秀文化成果，在各种文明交流的互鉴中，将外来文化中的有益因素"引进来"，实现对中华优秀传统文化的整体创新；同时，我们也要以前所未有的信心让中华优秀文

化"走出去"，把中华文化的魅力展示到世界的舞台上，把中华的智慧、可行的解决办法，用我们自己的智慧，用我们自己的实际行动，来解决我们面临的问题。同时，通过二者的双向融合，达到异质文明的和谐发展、美好的和谐统一，为新时代中华优秀传统文化的传承与创新，最大限度地发挥其最优的文化发展功能，提供可供参考的丰富的文化资源。

第四，以其与时代的实践、与时代的发展、与时代的需要等作为评价的尺度。这一思想立足于新时代的实践，并与当代文化语境、人民美好生活需要的动态变化相结合，促进了对优秀传统文化的创造性转化，使得优秀传统文化不仅能够与当代实践发展、文化场景变迁保持一致。还能够获得当代的蓬勃生命力，从而实现对传统文化内涵意蕴的新发展和表达形式的新呈现，同时也以服务于时代发展、满足人民精神生活需求为价值旨归。它注重在新的实践环境下对传统文化进行继承和创新，但却不受各种错误的思潮的影响。例如，它试图切断中华文化史与现代文化发展的密切关系，贬低、淡化中华文化的现代价值，歪曲中华文化所蕴含的精髓，并提倡"西方文明优胜论"，鼓吹完全西化等。再比如"文化复古论"反对"以古鉴今"，奉行"厚古薄今"的复古论，主张不加选择、不加扬弃，将中华传统文化原封不动地继承下来，打着"复兴"的旗号，试图推翻中国传统文化，阻止中国传统文化的进步。从这个意义上说，对传统文化进行继承和创新的过程，就是一个与谬误抗争、与时代偕行、展示中华传统文化智慧之光、推动其创新发展的过程。

第五章

中华优秀传统文化当代教育的创造性转化

第一节　中华优秀传统文化丰富当代道德教育

一、传统文化对道德教育的意义

（一）传统文化与道德教育的关系

中国有着悠久的历史和灿烂的传统文化，这些传统文化不仅为我们的民族精神提供了丰富的滋养，也为我们的道德教育提供了重要的借鉴和参考。传统文化是中华民族的瑰宝，而道德教育则是人类社会发展的基石。传统文化与道德教育有着密不可分的关系，不仅是道德教育的重要内容，也是道德教育的重要来源。

传统文化对道德教育的意义在于，传统文化作为历代先贤留下来的智慧结晶和道德规范，在大量的实践中形成了具有深厚底蕴、强烈现实价值的道德规范。这些道德规范对于我们今天的道德教育起到了重要的指导作用，使我们更好地理解道德的内涵和道德的重要性。同时，传统文化还能够为我们提供一个传承和发扬优秀传统文化的平台，增强我们对它的认同感和民族自豪感。

传统文化与道德教育的关系，主要体现在传统文化对道德的引领和传递方面。传统文化是道德的重要来源，其所包含的道德观念和道德规范群体具有

时代性、科学性和普遍性，是我们进行道德教育的基础。传统文化在道德教育方面还有着重要的引领作用，可以通过故事、寓言、诗歌等形式，向青少年传递一些道德故事和道德规范，帮助他们更好地理解道德的价值和意义。传统文化对我们的道德教育具有举足轻重的地位。传统文化是道德规范和道德观念的重要来源，也是进行道德教育不可或缺的基础。我们应该为传承和弘扬优秀传统文化而努力，让它在当代道德教育中起到更加重要的作用。

（二）传统文化对塑造道德品质的影响

中华优秀传统文化秉持了中国人的常识、价值观以及道德观念，是中华民族的历史积淀和文化瑰宝。因此，传统文化对于当代道德教育有着非常大的意义。

首先，传统文化是人类智慧的结晶，其所蕴含的丰富的道德观念，可以为现代社会的道德教育提供充实的内容。传统文化中涵盖了对品德的弘扬、对公德心的提升、对个人、家庭、社会的责任和担当等多个方面的教育内容，这些都是现代社会追求和谐社会和全面发展所必需的。

其次，传统文化对于塑造道德品质具有重要影响。传统文化中所包含的"仁爱之心""敬天爱人""诚信守约"等道德观念，都是通向成功和幸福的基石，也是人们在现代社会中树立正确的价值观和行为准则的重要基础。因此，重视传统文化的学习和传承，可以帮助年轻人形成崇高的品德，使其具备良好的社会责任感，同时也能够保持心灵的净化和平衡。因此，传统文化对于当代道德教育具有巨大的意义。我们应该加强对传统文化的学习和传承，使其精髓融入现代社会生活中，帮助我们树立正确的价值观和行为准则。

二、当代道德教育与传统文化的结合

（一）传统文化在当代道德教育中的应用

传统文化的应用是当代道德教育中至关重要的一部分。传统文化是中国文化的重要组成部分，具有丰富的价值和哲学思想。在当代道德教育中，传统文化可以被用来强调公德、民德、家德和个人品德等方面的教育。首先，公德方面，传统文化中的儒家思想和"仁爱"等概念可以被用来教育公民的社会责任感和公共利益。其次，民德方面，传统文化中强调孝道、敬老尊贤等传统美德，可以用来教育人们要尊重和爱护他人，建立和谐的社会关系。再次，家德方面，传统文化中的家庭文化和婚姻伦理可以被用来教育人们重视家庭关系，尊重家庭价值观，并维护和发扬家族的传统美德。最后，个人品德方面，传统文化中的诚信、廉洁、勤俭等价值观可以被用来教育人们有正确的价值观和道德标准，以形成健康的人格，为社会做出更大的贡献。由此可见，传统文化在当代道德教育中的应用对维护社会稳定和促进社会和谐具有至关重要的作用。

（二）当代道德教育中的传统文化创新与发展

随着社会的不断进步与发展，当代道德教育借鉴了传统文化的瑰宝，并通过对其传承与创新，使其更好地适应当代社会的需要。

传统文化的思想精髓被运用到当代道德教育中，提高了道德教育的质量。传统文化诠释了人类生命的意义，提出了取舍相济、中庸之道的价值观念，这些理念与当代道德教育中的品德修养、行为规范等有着紧密的联系。同时，思想史上的巨匠们留下的千古佳作，如《论语》《道德经》等，也为当代道德教育提供了深厚的思想基础。这些精髓成为当代道德教育的有力支撑。

传统文化在当代道德教育的具体实践中实现了传承与发扬。比如，中华传统音乐、书法、绘画等艺术，不仅是中华文化的瑰宝，更是道德教育的生动形式。通过这些艺术的学习与体验，学生们可以领悟到"中和之美""礼仪之邦"的文化精神，提高审美素养与情感能力，同时也将传统文化的血脉延续下去。除此之外，许多传统文化节日如春节、清明节等也成为道德教育的重要组成部分，向学生们传达着家国情怀、尊敬长辈等价值观念。

传统文化还促进了当代道德教育的自我革新。在中国文化的传统中，修身齐家、治国平天下是不可分割的。这种"德治文明"思想也应运而生地融入了当代道德教育中，形成了以德治校、德育先行的理念，从而引发了当代道德教育的自我革新与进步，使之能够更好地适应当代社会的需求。

（三）传统文化与现代价值观的融合与冲突

当代道德教育需要与传统文化相结合，传统文化作为历经沧桑的文化积淀，蕴含着丰富的道德智慧和人生哲理，为现代社会的道德建设提供了重要的

参考和支持。然而，传统文化与现代价值观之间也存在着融合与冲突。在传统文化的影响下，人们对道德的理解和追求更加注重内心修养和行为规范，追求的是精神境界、人格修养和道德自觉。然而，随着现代社会的发展和多元化，一些传统的道德标准已经无法适应现代社会的需求和变革的特点，例如对同性恋、婚前性行为、离婚等问题的看法，与现代价值观之间产生了一些分歧和冲突。

因此，传统文化与现代价值观的融合既要遵循和适应现代社会发展的需要，同时也要坚持传统文化的精神内核和道德标准。在道德教育中，要把传统文化与现代价值观相结合起来，首先要注重道德意识的建立与培养，让人们形成自觉遵守道德规范的习惯。其次要重视传统文化的传承与创新，将其与现代社会相结合，使传统文化更具现代性和可持续性，能够在现代社会中发挥更大的作用。最后要培养人们的创新精神和价值观念，使其在传统文化与现代价值观之间寻求更合理、更适应时代需求的融合方式，从而推动道德教育的现代化发展，为社会建设和人类文明的进步做出更大的贡献。

三、传统文化对当代道德教育的挑战及应对措施

（一）传统文化对当代道德观念的限制与约束

中华优秀传统文化丰富了当代道德教育，但同时也带来了一些挑战。传统文化的价值观念中存在着一些限制和约束，对当代社会的道德观念产生了影响。

首先，传统文化对当代道德观念的限制在于封建伦理观念的影响。在传统文化中，儒家思想对个人自由和平等的重视程度并不高。传统的家庭观念强调孝道、忠诚、尊敬长辈等传统价值观，这在一定程度上限制了个人的自由发展。传统的等级观念也给当代社会的道德观念带来了一定的约束。

其次，传统文化对当代道德观念的约束在于性别角色的定位。传统文化中存在着男尊女卑的思想，女性在传统观念中被认为是弱势群体，家庭和社会地位相对较低。这种观念限制了女性的发展和平等机会，对当代道德教育提出了挑战。

此外，传统文化中对个人欲望的控制也对当代社会的道德观念产生了一定的限制。传统文化中强调个人的自我克制和忍辱负重的精神，对个人追求自我实现和个性发展提出了一定的限制。现代社会注重个人权利和个性发展的观念与传统的克己复礼的道德标准存在冲突。

面对传统文化对当代道德观念的限制与约束，我们需要采取相应的应对策略。应注意引导群众以现代价值观念为基础，对传统文化进行批判性思考，理性地评估和接受其中的有益因素。同时，要重视对当代社会的现实课题和道德难题进行讨论和研究，培养他们的独立思考和判断能力。与此同时，应增强道德教育的多元性和包容性。传统文化中存在的性别角色和社会等级观念应得到超越和转变，强调男女平等和个人的自由发展。要注重培养学生要尊重他人的价值观、提升商议能力和包容心态，培养学生的人文关怀，从而构建一个多元共融的道德教育环境。

（二）当代道德教育应对传统文化局限的策略与方法

传统文化是中国文明的瑰宝，但也存在一些局限性，对当代道德教育提出了一定的挑战。然而，面对这些挑战，我们可以采取一系列的策略与方法来应对，以更好地发挥传统文化在当代道德教育中的作用。

1. 深入发掘传统文化内涵

我们可以通过挖掘传统文化的内涵和智慧，寻找与当代社会价值观相契合的内容。传统文化中蕴含着丰富的道德规范和行为准则，这是我们可以借鉴的宝贵资源。例如，我们可以引导学生通过学习古代经典，如《论语》和《大学》等，来理解传统文化中所倡导的诚信、忠诚、孝顺等品质，将其与当代社会的道德要求相结合，形成有效的教育内容。

2. 寻求传统文化的新发展

我们应注重传统文化的与时俱进。传统文化是不断发展变化的，可以根据当代社会的需求进行适度的调整和改进。例如，在教育教学中，我们可以通过利用现代科技手段，如互联网和多媒体技术，将传统文化与当代教育相结合，使学生更加直观地感受传统文化的魅力，并将其融入日常的道德教育活动中。

3. 丰富文化体验式教育

通过开展一系列的文化活动和体验式教育，可以有效激发学生对传统文化的兴趣和热爱。传统文化为当代道德教育提供了丰富的素材和借鉴。比如，儒家思想中的"仁爱""诚信"等概念可以作为培养学生品德的重要内容。其次，传统文化在当代道德教育中的传承和创新也十分重要，例如为了让学生对传统文化有更深入的了解和认识，一些学校开设了传统文化课程，让学生学习书法、国画、音乐、舞蹈等，与此同时也与现代化的教学手段和科技设备相结合，使得这些传统文化得到更好的发挥和传承。此外，一些教育机构还将传统文化与现代科技相结合，创新出一些有趣的道德教育形式，例如，把孔子的经典与 VR 技术相结合，用互动和感官体验的方式让学生更好地了解儒家思想等。但同时也要注意，传统文化的传承和创新需要在尊重传统文化的基础上有所取舍，不能完全沉溺于传统而忽视现实的社会需求。因此在实践中要注重平衡传统文化和现代道德教育的关系，要把握度。

当代道德教育应对传统文化局限的策略与方法是多样的，通过挖掘传统文化的内涵、与时俱进、开展文化活动和与现代教育相结合，我们可以更好地发挥传统文化在当代道德教育中的作用，培养学生具备良好的道德素养和价值观，为社会的和谐与进步做出贡献。

第二节　中华优秀传统文化推动当代科学教育

一、传统文化对科学教育的启示

（一）尊师重教的精神

中国传统文化中一直强调尊师重教的精神，这种精神对于当代科学教育有着深远的启示。尊师重教的传统理念，体现了对于知识和教育的重视，强调教育者的崇高地位和教育的价值。在当代科学教育中，也应该继承这一理念，认识到教育是社会进步的重要保障和推动力量。同时，我们也应该在教育中注重对学生的德育教育，培养学生的礼仪意识和尊重教师的情感，以提高学生的素质和认识水平。

另外，尊师重教的精神中还蕴含着对于科学精神的崇尚。中国传统文化中对于"道"的追求，让我们认识到科学是一种探索世界、追求真理的精神。当代科学教育也应该倡导这种精神，让学生了解科学的本质和意义，培养他们的科学素养和创新意识。

（二）勤学好问的学习方式

在传统文化中，勤学被视为一种重要的核心价值观，其内涵包括持续不懈地探索新知识和新技能，以实现个人的全面发展。在科学教育领域，勤学所体现的态度和方法具有极其重要的意义。唯有通过不断学习和思考，人们才能更深刻地理解和掌握科学知识。另外，好问作为中国传统文化中另一重要品质，曾造就了许多叱咤风云的学者和思想家。在当今社会，好问的精神同样能为个体在科学教育中带来更为丰硕的成果，因为唯有在持续质疑和探索的过程中，人们才能揭示事物的规律和本质。综上所述，勤学好问的学习方式为传统文化对科学教育提供了有益启示。我们有必要将这些优秀品质和方法融入自身学习之中，以不断挖掘和提升个人潜能。同时，也应当重视传统文化的学习和传承，从中汲取更多启示和智慧。

二、传统文化与现代科学教育的融合

（一）传统文化价值观在科学教育中的应用

传统文化与现代科学教育的融合是一种跨越时空的对话，传承千年的智慧与当代科学教育的现代理念在这一融合中相互交融、相得益彰。在科学教育中，传统文化的价值观扮演着重要的角色。传统文化所倡导的诚信、孝顺、勤奋等传统价值观一直被认为是中国社会的精神支柱，而这些价值观在现代科学教育中同样具有重要意义。

传统文化的价值观在现代科学教育中扮演着至关重要的角色。以传统文化中尊重师长、孝敬父母和敬老爱幼等价值观为例，这些价值观的教育有助于学生树立正确的人生观和价值观，形成健康的心态和积极的人格品质。这些人格品质对学生的终身发展至关重要，也能够促使他们在科学研究和实践中保持良好的道德品行。

传统文化所强调的勤奋、谦逊和谨慎等品质也为现代科学教育提供了宝贵的借鉴。在现代科学教育中，勤奋被视为取得成功的关键，而谦逊和谨慎则能够帮助学生保持谦虚谨慎的科学态度，不断学习和探索。传统价值观的渗透有助于学生在科学研究中保持谦逊的态度，不断完善自我，推动科学的进步。

总的来说，传统文化的价值观在现代科学教育中的应用是十分重要和必要的。通过传承和弘扬传统文化中的优秀价值观，促进传统文化与现代科学教育的融合，可以实现科学教育的全面发展，培养出更多德智体美劳全面发展的优秀科学人才。以上论述表明传统文化的价值观对于学生的道德情操、人文素养和科学研究能力的培养都起到了积极的影响，使其具备更好的社会责任感和专业素养，为推动科学进步和社会发展做出贡献。

（二）历史文化传承与科学知识传授的结合

传统文化与现代科学教育的融合呈现出一种独特而有益的教育模式。在这种融合中，历史文化传承与科学知识传授实现了有机结合。传统文化作为中华民族的宝贵遗产，在推动当代科学教育中扮演着重要角色。通过传统文化的传承与弘扬，学生能够更好地理解和尊重中华优秀传统文化的精髓，培养出对传统价值观念的认同和传承。同时，结合科学知识传授，学生也能够更好地理解和掌握现代科学技术，拥有扎实的科学基础知识。这种结合不仅可以加深学生对传统文化的理解，更能够拓展他们的思维，培养创新精神和批判性思维能力。

在教学实践中，将历史文化传承与科学知识传授相结合体现在多个方面。首先，通过讲授与历史文化相关的内容，教师可以引导学生深入思考传统文化的精神内涵，并结合科学知识进行探讨和实践。通过这种方式，学生不仅可以了解传统文化的重要性，还能够体验到科学知识在实际应用中的意义。其次，教师可以开展以传统文化为背景的科学实验和活动，为学生提供一种感受传统文化与科学相融合的方式。例如，教师可以利用传统文化节日来进行科学实验，如利用元宵节进行关于火的燃烧和热传导的实验。通过这样的实践活动，学生不仅可以加深对传统文化的理解，还能够将科学知识与实际应用相结合，提高科学素养。

此外，教师还可以设置课程项目，让学生通过研究历史文化传承中的科学技术成就，深入了解传统文化对当代科学的影响和启发。例如，学生可以选择一个历史事件或文化现象进行深入研究，并以此为基础，探索其中所涉及的科学原理和技术成就。通过这样的课程项目，学生不仅可以提高独立研究和批判性思维的能力，还能够进一步认识到传统文化对当代科学的价值和意义。通过这些教学设计和实践活动，学生不仅能够全面发展，更能够在传统文化与现代科学教育的融合中受益良多。

三、传统文化在科学素养培养中的作用

（一）传统文化对学生思维方式的影响

传统文化在科学素养培养中扮演着重要的角色。传统文化深入浸润在中国人的日常生活方式和思维方式中，对于科学教育的影响也不同寻常。学生习得传统文化中的哲学思想、文学艺术和历史知识，能够帮助他们培养出更加全面深入的思维方式，促进科学素养的提高。

中国传统文化对学生思维方式的影响主要体现在其注重内在思维和形而上思维的特点。传统文化强调人与自然应该和谐相处，这种思想对科学学习有积极的影响。学生在学习科学知识时，倾向于将知识与自然现象紧密联系，深入理解自然规律。此外，传统文化中的道家思想、儒家思想等哲学思想也有助于学生形成深刻、深远的思维方式，从而提高科学素养。

传统文化对学生历史知识的培养也有助于他们对科学发展的理解。中国历史上是科学技术的源头之一，在古代，中国的科学成就涵盖天文、地理、医学、数学等领域，这些成就得益于中国古代文化和哲学思想的支持。通过学习历史知识和传统文化，学生能够更好地了解科学的发展趋势和现状，从而理解科学在人类社会中的重要性和作用。

综上所述，传统文化在培养学生的科学素养方面具有不可或缺的作用。通过学习传统文化中的哲学思想、文学艺术和历史知识等方面，学生能够更全

面地认识科学，提高科学素养，进一步推动中国的科学事业发展。

（二）传统文化对学生创新能力的培养

传统文化给予学生对科学的尊重和敬畏感。在中华优秀传统文化中，科学被赋予了崇高的地位，被视为人类智慧的结晶。通过学习传统文化，学生能够领悟到科学的重要性和价值，从而建立起对科学的尊重和敬畏之心。这种尊重和敬畏感能够激发学生们对科学的兴趣和热爱，提高他们学习科学知识的积极性。

传统文化对学生创新能力的培养具有积极影响。传统文化强调的思维方式和价值观念，为学生创新能力的培养提供了重要的基础。中国传统文化注重思辨、推理和观察，培养了学生的逻辑思维和分析问题的能力。这种思维方式使学生能够更好地理解和应用科学知识，从而发展创新的思维能力。通过对传统文化中的经典文献和故事的学习，学生能够学习到成功人士如何面对挑战和解决问题的经验和智慧，激发了他们寻求创新和突破的动力。

此外，传统文化还能够培养学生的综合素质和文化自信。学习传统文化的过程中，学生会接触到丰富的诗、书、画、琴棋书画等艺术形式的表达。这样的学习能够提高学生对美的感知和理解，并培养他们的审美情趣。同时，通过传统文化的学习，学生还能够了解到中国传统文化在全球的影响力和独特之处，进而树立起文化自信心，增强对自身传统文化的认同感和自豪感。这种文化自信能够为学生们在科学领域的学习和研究中提供坚实的精神支持。

（三）传统文化对学生团队合作精神的塑造

传统文化对学生团队合作精神的塑造具有显著影响。在传统文化中，集体主义和团队合作的精神得到强调，与现代科学研究中团队合作的重要性高度契合。通过传统文化的教育，学生可以学习尊重他人、倾听他人意见、团结协作的精神，从而更好地融入科学研究团队，发挥个人优势的同时也尊重团队中其他成员的贡献。

传统文化对学生团队合作精神的塑造还体现在其强调传承和发展的价值观念上。在科学研究中，传承前人的成果、发展科学领域需要团队的共同努力，这与传统文化注重传承发展的理念相契合。通过学习传统文化，学生可以树立起尊重前人、珍视传统、与团队共同进步的观念，从而更好地融入科学研究团队，为科学发展贡献自己的力量。

因此，传统文化对学生团队合作精神的塑造是当代科学素养培养中不可或缺的一部分。通过传承和弘扬传统文化中的团队合作精神，可以培养学生的合作意识、尊重他人的能力，为他们未来在科学领域的发展奠定坚实的基础。这种团队合作精神不仅在学术研究中起到关键作用，也是培养学生日后成为社会中有价值的人才的重要基石。通过传统文化的教育，学生将不仅在科学研究中发挥重要作用，同时也将为他们未来职业生涯中的团队协作打下基础。因此，传统文化在当代科学教育中的应用具有重要意义，对于学生团队合作精神的培养和当代社会的科学发展起到积极的促进作用。

第三节　中华优秀传统文化加强当代审美教育

一、中华优秀传统文化对当代审美教育的意义

（一）历史渊源和文化传承

中华优秀传统文化是中华民族的宝贵财富，它涵盖了中国几千年的历史和文化传承。在当代，随着全球化的发展，中国传统文化的影响力也在不断扩大。同时，当代审美教育也面临着新的挑战和机遇。这就使得优秀传统文化对于当代审美教育具有了更加重要的意义。

中华优秀传统文化对当代审美教育的重要性体现在多个方面。首先，历史渊源和文化传承构成中国传统文化的基石，经过千年的沉淀，形成了其独特的魅力和特色。这些历史渊源不仅是传统文化的灵魂，也是当代审美教育不可或缺的组成部分。通过深入学习和研究传统文化，当代人能够更全面地理解和欣赏传统文化，从而为审美教育提供坚实的基础。

传统文化的审美价值是中华优秀传统文化在审美教育中的另一重要意义。儒家文化的和谐观念、庄子文化的自然和谐理念以及道家文化的天人合一思想

等，都蕴含着丰富的审美内涵和价值。当代人通过深入研究这些价值观念，不仅可以提升自身的审美能力，还能更好地理解当代艺术和文化的内涵和特色，从而推动审美教育的发展。

此外，中国传统文化对当代审美教育的意义还体现在文化自信方面。中国传统文化是中华民族的瑰宝，不仅是文化的象征与标志，更是承载着历史的深厚底蕴。对其传承与发扬，既是对历史传统的深切尊崇，亦彰显了民族文化的坚定自信。其传承和发扬不仅是对历史的尊重，也是对文化自信的体现。通过深入学习传统文化，当代人能够更好地认同和传承自己的文化，为推动当代审美教育的繁荣发展提供有力支撑。

中华优秀传统文化蕴含着丰富的内涵和价值，对于当代审美教育具有重要意义。通过研究历史渊源和文化传承、传统文化的审美价值以及文化自信的体现，我们能够更好地促进审美教育的进步，同时传承和弘扬中国传统文化的精髓。

（二）独特的审美价值观与美学理念

中华优秀传统文化作为中华民族的瑰宝，深深地影响了中华文明的发展，不仅在语言文字、艺术、哲学、宗教等各个领域具有丰富的内涵和价值，而且对当代审美教育也有着很重要的意义。在当代，随着社会的不断发展和进步，我们已经逐渐进入了一个全球化、多元化的时代，应该更加重视优秀传统文化对于当代审美教育的价值和作用。

中华优秀传统文化所蕴含的丰富的审美价值观和美学理念是当代审美教育所需的重要内容之一。其中，独特的审美价值观和美学理念是当代审美教育中必须要注重的方面之一。传统文化中所蕴含的美学观念，如"以形写神"和"形神兼备"的观念，体现了传统文化中审美与哲学紧密结合的特点。这些审美价值观和美学理念在当代审美教育中起到了引领和启示的作用。

对于当代审美教育来说，传统文化中深厚的文化底蕴和艺术传承，也为当代审美教育提供了可资借鉴的宝贵资源。传统文化中的各种艺术形式，如书画、诗歌、音乐和戏曲等，不仅传承了中华民族深厚的文化底蕴和审美传统，同时也具有极高的审美艺术价值，为当代审美教育提供了优秀的案例和典范，让学生在欣赏和学习中能够感受到传统艺术的美好和价值。

（三）对人类文明进程的贡献及其现实意义

中华优秀传统文化是中华民族文化的重要组成部分，它包含了丰富的艺术、哲学、道德等方面的知识，是中华民族智慧和精神的体现。优秀传统文化在当代审美教育中有着不可替代的意义。首先，它可以为学生提供广泛的审美体验，增强其审美能力和艺术鉴赏力。其次，优秀传统文化的价值观和道德规范可以引导学生正确看待美与丑、善与恶的关系，形成正确的人生观和价值观。最重要的是，优秀传统文化对人类文明进程的贡献是不可忽视的。历史和现实都证明，中华优秀传统文化是世界上最杰出的文明成果之一。它与西方人文主义文化不同，表现了人类的另一种思维方式和观念体系，是人类文化宝库中不可或缺的一部分。通过学习和传承中华优秀传统文化，可以弘扬中华民族的文化自信和民族自豪感，为中国的文化复兴和世界文化多样性的发展做出重要贡献。因此，加强当代审美教育，推广和传承中华优秀传统文化，既是实现民族精神独立和文化自觉的必然要求，也是推动中国文化繁荣和发展的内在需要。

二、加强中华优秀传统文化在审美教育中的应用

（一）加强对中华优秀传统文化的研究和理解

在当代社会，加强中华优秀传统文化在审美教育中的应用显得尤为重要。其中，加强对中华优秀传统文化的研究和理解是至关重要的一环。通过深入研究和理解中国传统文化的内涵和精髓，可以为当代审美教育提供更为丰富和深刻的资源。

对中华优秀传统文化的研究可以帮助我们更好地把握审美教育的本质和价值取向。通过深入了解中国传统文化的审美理念、美学观念以及艺术表现形式，可以引导当代审美教育更加注重内在品质和情感体验的培养，使审美教育更具有文化积淀和传承的特色。

加强对中华优秀传统文化的研究还有助于拓展审美教育的视野和内容。中国传统文化源远流长，蕴含丰富的审美资源和文化精神，涵盖了诗词、绘

画、音乐、舞蹈等多个领域。通过深入研究这些文化形态和艺术表现，可以为当代审美教育提供更为多元和立体的内容体系，丰富学生的审美体验和文化修养。因此，加强对中华优秀传统文化的研究和理解是推动当代审美教育发展的重要举措，有助于挖掘和传承中国传统文化的审美智慧，为培养当代学生的审美情趣和文化品位提供坚实基础。

（二）整合多元文化元素，打造审美教育的多样性

随着社会的发展，审美教育的重要性得到了广泛认可。在中华优秀传统文化中，蕴含着丰富的审美价值和人文精神，因此将其与当代审美教育相结合，不仅可以传承和弘扬传统文化，还可以提升学生的审美素养和审美能力。

在加强中华优秀传统文化在审美教育中的应用过程中，需要整合多元文化元素，打造审美教育的多样性。多元文化元素的整合包括将不同地区、不同民族的传统文化与中华优秀传统文化进行融合，形成新的审美教育内容和形式。这种整合可以使学生了解和欣赏到更广泛的文化形式，培养学生的开放性思维和跨文化交流能力。

同时，打造审美教育的多样性也意味着提供不同的学习途径和资源。传统的教学方法和资源相对单一，容易致使学生感到枯燥乏味。因此，在传统文化的基础上，可以引入艺术、音乐、戏剧等多种艺术形式，通过多样的教学方式和活动来培养学生的审美情趣和创造力。此外，也可以利用现代科技手段，如虚拟现实、互动展示等，让学生以更直观、更有趣的方式感受和体验传统文化的美。

通过整合多元文化元素和打造审美教育的多样性，可以充分利用中华优秀传统文化的丰富资源，让学生在审美教育中受益更多。学生不仅能够增长审美眼光，提高审美鉴赏能力，还能够感受到传统文化的深厚底蕴和人文关怀。这样的教育方式可以帮助学生更好地理解和传承中华优秀传统文化，同时也能够培养学生的创新思维和全球意识。

（三）借助传统文化的丰富资源，提高教材和教学方法的创新性

在当代审美教育中，充分利用中华优秀传统文化的资源对于提高教材和教学方法的创新性具有重要意义。传统文化作为具有源远流长的文化遗产，蕴

含着丰富的智慧和内涵，为当代审美教育提供了宝贵的资源。传统文化中蕴含的价值观念和审美情感可以为审美教育提供理论依据和实践指导。通过深入挖掘传统文化中的审美理念和美学观念，我们可以为当代审美教育注入新的内涵和意义，引导学生建立正确的审美观念和审美情感。

传统文化中的文学、绘画、音乐等艺术形式可以为教材提供丰富的案例和范本。教师可以根据传统文化经典作品的特点，设计多样化的教学活动，引导学生深入理解和感悟其中所蕴含的审美意义，激发学生的审美情感和创造力。通过对传统文化作品的学习，学生不仅可以欣赏和理解优秀的艺术作品，还可以培养对美的敏感和欣赏能力，提升审美修养和审美素养。

另外，传统文化中的传统技艺和工艺美术也为审美教育注入了新的活力和魅力。学习传统技艺和工艺美术不仅可以了解传统文化的精髓，还可以培养学生的审美情感和审美能力。通过参与和体验传统技艺和工艺美术的制作过程，学生可以深入了解传统文化的特点和价值，并通过实践提升自己的审美能力和创造力。

三、完善现代审美教育体系，推动文化教育的发展

（一）加强教师队伍建设，提高审美教育水平

在现代社会中，文化教育和审美教育的重要性越来越受到人们的关注。加强现代审美教育体系建设，成为推进文化教育发展的重要举措。教师队伍是现代审美教育的重要组成部分，加强教师队伍建设，持续提升教师的审美教育水平，对于推动现代审美教育体系更好的发展尤为重要。

现代审美教育是一个广泛的教育领域，旨在提高学生的审美意识、欣赏能力和创造力。要建设完善的现代审美教育体系，必须加强教师队伍建设，提高教师的审美教育水平，包括丰富的学科知识、全面的文化素养和有效的教学方法。教师应该通过培训和考核制度，持续提高自身的专业能力和知识水平，并具备能够举一反三、深入挖掘中国传统文化内涵和核心价值的能力，从而更好地传递文化信息和审美观念。同时，学校应该提供丰富的培训资源，支持教师不断提高自身的教学质量。

此外，丰富教育教学内容，推广优秀传统文化艺术也是现代审美教育的重要方向。传统文化是中华民族的瑰宝，是我们民族智慧的结晶。教师应该注重传统文化艺术的研究与推广，扩大学生对传统文化的认识和了解。引导学生了解和欣赏中国传统文化的艺术形式，如诗词歌赋、戏曲舞蹈等，加深学生对传统文化的理解和认识，培养学生的审美情趣，传承和弘扬中华优秀传统文化。

除了传统文化的推广，鼓励探索多元化的教育方式和方法也是现代审美教育的重要任务之一。教育方式和方法的创新是现代审美教育的重要方向。应该鼓励教师在教育教学实践中探索多元化的教育方式和方法，如利用多媒体教学、示范式教学、研讨式教学等手段，创新教育教学模式，提高教育教学质量。

（二）完善课程设置和教学模式，培养学生的审美素养

在中华优秀传统文化加强当代审美教育的背景下，完善现代审美教育体系是推动文化教育发展的关键。在完善课程设置和教学模式的同时，培养学生的审美素养也成为一项重要任务。

完善课程设置是实现现代审美教育体系的关键一环。应根据传统文化的特点和当代社会的需求，需要设计出科学合理的课程体系，以满足学生的审美教育需求。为此，可以搭建基础课程、拓展课程和专业课程的框架。基础课程是培养学生基本审美素养和文化观念的基石。通过注重传统文化的传承与发展，学生可以全面接触传统文化，并从中汲取智慧和灵感。这不仅有助于学生形成审美意识，还能够培养学生对传统文化的理解和欣赏能力。拓展课程涵盖了当代艺术和文化的研究，引导学生对多样化的审美形式进行探索和理解。通过学习当代艺术作品和文化现象，学生可以扩展自己的审美视野，并培养出对不同文化背景和审美表现形式的开放性和包容性。专业课程则为有志于从事相关职业的学生提供了更深入的知识和技能培养。通过学习专业课程，学生可以掌握具体的艺术表现技巧和专业知识，为未来的职业发展奠定基础。这些课程应该结合实际情况，紧跟行业发展动态，使学生能够适应现代审美教育的需求。

除了课程设置的完善，教学模式的改进也是完善现代审美教育体系的重

要环节。借鉴国内外先进的教学理念和方法，采用多元化的教学手段，可以激发学生的学习兴趣和主动性。例如，讲座、研讨会和实地考察等形式可以让学生深入了解、感受和体验传统文化的魅力。通过亲身参与和互动交流，学生可以深入理解传统文化的内涵和精神，从而进一步培养自己的审美能力。同时，结合新技术手段，如多媒体和虚拟现实等，创造出生动、直观的教学环境，可以提升学生的学习效果。借助多媒体技术，教师可以通过图像、音频和视频等方式呈现艺术作品和文化现象，使学生能够更加直观地感受和理解。

（三）推动跨学科合作，促进审美教育与社会实践的结合

在推动现代审美教育体系建设的过程中，跨学科合作被认为是促进审美教育与社会实践紧密结合的重要手段。通过跨学科合作，我们可以实现不同学科间的知识交流与融合，促进学生全面发展与综合素质的提升。

跨学科合作可以丰富审美教育的内容和形式。传统的审美教育往往只局限于文学、艺术领域的教学内容与方法，忽视了其他学科对审美教育的贡献。而通过跨学科合作，我们可以将自然科学、社会科学等领域的知识纳入审美教育中，使学生在欣赏美的同时，也能够了解到美的背后的科学原理和社会背景，从而加深对美的理解和认知。

跨学科合作的实施为审美教育与社会实践的有机融合提供了机会。其中，与社会机构、企业等合作协作的实践项目，对于学生将审美知识与实际应用相融合具有重要意义。跨学科合作为学生提供了与社会机构、企业等外部实践合作的机会。通过与这些实践场景中的专业人士进行密切交流和合作，学生能够将课堂所学的审美理论与实际问题相结合，深入理解美学概念在社会实践中的应用。例如，在与设计公司的合作项目中，学生可以通过与设计师密切合作，将自己的审美观念融入实际设计中，将课堂上学到的理论知识应用于实践中。

跨学科合作也为学生提供了实践性的教学环境。通过与社会实践相结合的教学方式，学生不仅仅是在课堂上被动接受知识的灌输，而是能够主动参与实践项目中，亲身体验和感受审美知识的实际应用。例如，在与艺术机构的合作项目中，学生可以参与艺术展览的策划和组织过程中，通过实际操作来理解和应用艺术美学的原理与方法。

跨学科合作还能够培养学生的实际操作能力和创新能力。通过与多个学科的合作，在解决实际问题时，学生需要灵活运用所学的知识和技能，从而提高他们的实际操作能力。同时，与不同领域的专业人士合作，也能够激发学生的创新思维和创造力，促使他们在实践中不断探索和尝试新的审美表达方式。

第四节　中华优秀传统文化强化当代实践教育

一、中华传统文化对当代实践教育的影响

（一）儒家思想对实践教育的启示

儒家思想是中国传统文化的重要组成部分，不仅对历史上的教育实践产生了深远影响，而且在当代教育实践中仍具有重要启示。儒家思想强调人的全面发展，主张"教育人"的概念，旨在培养学生全面发展的个体。这种教育观念并非仅仅强调知识的传授，它更注重对道德的教导。当今教育面临的一个重要问题是，虽然学生知识面广博，却缺乏基本的道德素养。而儒家思想正是对这一问题提供了有益的思考。儒家思想强调学生的道德修养和人格培养，倡导学生培养道德情操、文明礼貌和社会责任感等基本素质。这种教育理念鼓励学生在追求知识的同时，培养高尚的品德和良好的行为习惯。

其次，儒家思想强调学以致用，主张"实践为本"的教育方法。在当代社会，学生需要具备更强的实践能力，仅仅停留在书本知识层面已经无法满足社会的需求。儒家思想强调将知识融入实际生活和社会实践中，培养学生的实践能力和解决问题的能力。这种教育方法注重学生的动手能力和实践操作能力，使学生能够将所学知识应用于实际生活中，培养学生综合运用知识的能力和灵活解决问题的能力。

此外，儒家思想注重自我修养，主张"修身齐家治国平天下"。这种思想对当代教育也提供了重要启示。在当今社会，学生应注重自身素质的提高，追求道德修养和精神品质的塑造。儒家思想强调培养学生的自律意识和自我管理

能力，使他们能够正确行为、积极向上，并对社会负有责任感。此外，儒家思想还强调家庭的重要性，倡导学生履行家庭责任，维护家庭和谐稳定。这种教育理念鼓励学生注重家庭伦理和家庭教育，从而培养出更加负责任和关爱他人的社会人才。

（二）传统文化与创新教育的结合

在当代教育中，传统文化对学生的发展起着重要的影响。传统文化是一个国家或民族的精神财富，其中蕴含着丰富的智慧和价值观念。传统文化与创新教育的结合，既能传承优秀的传统文化，又能满足当今社会和学生的需求，有助于培养学生的人文素养和创新能力。

传统文化与创新教育的结合可以为学生提供深厚的文化底蕴和自信心。通过学习传统文化，学生能够了解国家的传统价值观，培养学生对国家、民族的归属感。这种自信心是学生发展个性和面对挑战的坚实基础，有助于提高学生的自我认同和自我价值感。

传统文化与创新教育的结合可以培养学生的思维能力和创新精神。传统文化中蕴含着丰富的思想和智慧，这些智慧可以为学生提供思考问题、解决问题的方法和途径。通过学习传统文化，学生可以培养批判性思维和创新性思维，提高问题解决能力和创新能力。传统文化的思维方式和价值观念与当代的创新教育相结合，有助于培养学生的独立思考和创造力。

传统文化与创新教育的结合也可以培养学生的道德品质和社会责任感。传统文化中强调的道德规范和价值观念，可以为学生树立正确的道德标准和行为准则。学生通过学习传统文化，能够明确道德底线，培养正确的价值观念，增强社会责任感。在创新教育中，培养学生的社会责任感是非常重要的，只有拥有正确的价值观念和道德品质，才能在创新实践中做出正确的选择，成为社会发展的栋梁之材。

二、中华传统文化在实践教育中的具体应用

（一）传统礼仪与实践教育

传统礼仪在实践教育中扮演着至关重要的角色。传统礼仪是中华优秀传

统文化中的重要组成部分，它是一种注重尊重他人、端正行为规范的社会规范。在实践教育中，传统礼仪的具体应用可以起到凝聚和引导学生的作用。

1. 培养学生的礼仪规范意识

通过学习和实践传统礼仪，学生将自觉遵守礼仪规范，进一步培养了他们尊重他人、增强自我约束的能力。学生在学习传统礼仪的过程中，不仅仅是为了追求形式上的规范，更重要的是内化其中的精神内涵。他们通过练习传统礼仪，逐渐认识到礼仪背后所代表的价值观和行为准则。由此，学生能够在日常生活中更好地尊重他人，包括教师、同学和社会中的他人，进而建立起和谐的人际关系。学生通过参与各种实践活动，如学校的集体活动或社区服务项目，获得了更多锻炼的机会。在这些活动中，传统礼仪被应用并灌输给学生，以教育他们要有责任感和团队合作精神。学生逐渐认识到个人的行为对集体的影响以及自己为集体做贡献的重要性，从而培养出对社会和集体做贡献的意识。

2. 提升学生的人际交往能力

传统礼仪作为一种社会文化现象，具有促进学生人际交往和沟通能力的重要功能。在现代实践教育中，学生往往需要与来自不同背景和具有不同能力的人合作，因此，掌握传统礼仪成为一项必要的素质。

学生通过学习传统礼仪，能够更好地了解和尊重他人的习俗和文化。在多元化的社会环境中，不同群体之间存在着丰富多样的风俗习惯和文化传统。学生若能深入了解并尊重这些差异，将能够化解因文化冲突而产生的误解和分歧，进而建立起良好的人际关系。传统礼仪的应用可以使学生在人际交往中更加自信和得体。正确认识并正确运用传统礼仪与社交规范，使学生在人际交往中展示出自信的形象。通过熟悉和掌握适当的礼貌用语、姿态和行为方式，学生能够准确表达自己的意图和态度，从而获得他人的认同和理解，进一步增强自信心。

通过学习传统礼仪，学生还能够培养合作精神和团队意识。在实践教育的过程中，学生通常需要与他人共同完成任务和达成目标。传统礼仪的培养可以使学生更加注重团队合作，积极倾听和尊重他人的意见，适时展现合作精神和团队意识。这样的培养不仅有助于提高学生的团队协作能力，还可以增强他们与他人的有效沟通和协调能力。

3. 树立正确的价值观念

传统礼仪的应用在教育环境中具有重要意义。首先，传统礼仪注重尊重他人、谦和有礼，这有助于学生培养正确的价值观和道德观。学生在传统礼仪的引导下，学会尊重他人的权利和尊严，以及对他人的关怀和体谅。这种尊重和关怀的态度不仅影响着学生与同伴的相处，还能够引导他们在社会生活中秉持公正和友善的态度。

传统礼仪的应用在实践教育中起到了塑造学生正确人生观和社会观的作用。透过传统礼仪的实践，学生可以深入理解和体验传统的价值观念和道德规范。他们在参与传统礼仪的过程中，不仅仅是简单地遵守规则，更是能够感受到其中蕴含的智慧和道德原则。这样的体验有助于学生形成正确的人生观，认识到个人的行为对他人和社会的影响，从而培养起对社会责任和公益的意识。

传统礼仪的应用对学生道德品质和行为规范的培养也具有积极的推动作用。传统礼仪强调了人际关系的和谐与公平，激励学生追求道德的高标准。在传统礼仪的指导下，学生能够学会如何表达谢意、道歉和祝愿，能够学会如何与人合作和共进。这些行为规范不仅在学生的个人生活中起到了指导作用，也为他们未来的职业生涯奠定了良好的基础。通过传统礼仪的实践，学生逐渐树立起自我约束和规范自己行为的意识，养成了积极向上的道德品质。因此，在教育环境中，应重视传统礼仪的应用，以培养学生全面发展的能力和良好的道德素养。

（二）传统文学与实践教育

传统文学作为中华优秀传统文化的重要组成部分，具有丰富的内涵和独特的价值，对于实践教育的推广和应用具有重要的意义。传统文学是中国历史和文化的宝库，包含了丰富的情感、智慧和价值观念，对于培养学生的人文素养和情感认知具有积极的影响。

1. 促进了解古代文化和历史

传统文学作为中国文化的重要组成部分，对于学生的文化自信和民族自

豪感的培养起着至关重要的作用。通过深入阅读和研究传统文学作品，学生可以深入了解中国古代文化和历史，从而更加深刻地感受到中国传统文化的深厚底蕴。

传统文学作为一种载体，承载着古代人们的智慧和品格。通过阅读古代文学作品，学生可以感受到古人的智慧和独到见解，从中汲取人生智慧和道德准则。例如，通过阅读《红楼梦》，学生可以领略到古人对于爱情、家庭和社会的深刻思考和独到见解，从而启发学生对于人生的思考和对于道德准则的把握。

传统文学的阅读和研究不仅有助于学生的文化传承，同时也对于学生的个人发展具有重要的意义。通过接触传统文学作品，学生可以与古代文化精神进行对话，进而深入理解自身的文化身份和文化自觉。这种对传统文学的传承和认同，不仅有助于学生形成自己独立的价值观和人文素养，还能够培养学生对于中华民族文化的热爱和自豪感。

2. 提升学生的情感认知

传统文学作为一种独特的艺术形式，不仅仅具有娱乐和审美的功能，更重要的是它可以通过情感教育的方式，为学生提供一种情感认知和情绪管理的路径。在古代文学作品中，蕴含着丰富多样的情感体验，如爱、恨、喜、怒、哀、乐等。这些情感体验不仅仅是作品中角色的情感表达，也是作品所探索的情感深度和人性表现。通过对这些作品的阅读和研究，学生可以从中体验到作者独特的情感体验，并借此对自身的情感进行深刻反思和认知。

传统文学中所体现的人性化思考和探索，也为学生提供了一种更好地理解和管理自身情绪的机会。传统文学作品对人性的关注和思考可以帮助学生认识到人与人之间情感交流和互动的复杂性，从而培养出对自己和他人情绪的敏感度和理解力。这种敏感度和理解力的培养对于学生的情感认知和情绪管理能力的提升至关重要。

通过传统文学的学习，学生不仅仅可以获得丰富多样的情感体验和情感认知，更重要的是可以培养出积极向上的情感态度。传统文学作品中所表现的人性探索和情感体验往往是积极向上的，它们可以激发学生内心深处的积极情感，让学生感受到希望、勇气和爱的力量。这种积极向上的情感态度对于学生个人成长和社会融入的发展具有重要意义。

3. 培养学生的创造力

传统文学还可以通过文学创作和演绎，培养学生的创造力和表现力。学生可以通过模仿和创作古代文学作品，锻炼自己的写作能力和表达能力。通过演绎经典戏剧或诗词，学生可以培养自己的艺术修养和表演技巧，提高自己的专注力和自信心。通过文学创作和演绎，学生可以锻炼创造力和表现力。传统文学与实践教育的结合，将为学生的全面发展和终身学习奠定坚实的基础。

三、当代教育改革与传统文化的结合

随着当代教育改革的深入，倡导以学生为中心，培养学生综合素质和创新精神，因此如何挖掘和利用传统文化教育资源显得尤为重要。在传统文化中，广博深邃的哲学思想、独具特色的文学作品、精美绝伦的艺术表现形式等都是值得开发的资源。首先，可以将传统文化教育资源纳入教学内容中，通过教师讲解和学生探究学习，增强学生对传统文化的了解和认识。其次，可采用互动式教学方式，比如编写传统文化课堂教学辅助材料、举办传统文化活动等，让学生在体验中学习，激发学生的学习兴趣。最后，可以将传统文化教育资源与现代科技相结合，比如开展数字化传统文化教育、开发传统文化教育 App 等，让传统文化更好地融入现代教育。在挖掘传统文化教育资源的同时，也需要注重对这些资源的保护和传承，防止资源的流失和文化断层，建立传统文化教育的长效机制，让传统文化教育资源可以持续地被利用和传承，从而将传统文化与当代教育有效地结合起来，促进学生的全面发展和综合素养的提升。

传统文化与当代教育改革的融合不仅有助于学生对传统文化的传承和发扬，更重要的是为他们的全面发展提供了更为丰富的资源和支持。在当代教育改革的进程中，传统文化的价值将得到更广泛的认可和重视，为建设有中国特色、世界水准的教育体系贡献力量。

第六章

中华优秀传统文化助推中国式现代化建设

第一节　中华优秀传统文化助推社会主义经济建设

习近平总书记在庆祝中国共产党成立 100 周年大会和党的二十大报告中明确提出了"两个结合"的要求，即将马克思主义基本原理与中国具体实际相结合，将马克思主义基本原理与中华优秀传统文化相结合。同时，总书记也强调了构建高水平社会主义市场经济体制的重要性。

那么，为什么要构建高水平社会主义市场经济体制呢？构建高水平社会主义市场经济体制意味着在社会主义基本经济制度框架下，发展一个具有更高效率、更公正、更可持续性的市场经济。这是因为市场经济作为一种经济组织形式，在资源配置、经济增长、创新发展等方面具有独特的优势，能够充分发挥市场机制的作用，激发经济主体的活力和创造力，为经济发展提供坚实的基础。

构建高水平社会主义市场经济体制的目标在于实现社会主义现代化建设和中华民族伟大复兴的战略目标。通过构建高水平社会主义市场经济体制，可以更好地发展经济、改善人民生活水平、推动社会进步和国家繁荣。具体来说，构建高水平社会主义市场经济体制的目标包括但不限于以下几方面：优化资源配置，提高经济效益；推动产业升级，增强创新能力；促进社会公平正义，实现全面发展；加强生态环境保护，促进可持续发展；增强国家竞争力，提升国际地位。

中华优秀传统文化对于助推中国构建高水平社会主义市场经济体制起到了重要作用。中华优秀传统文化是中华民族的宝贵财富，具有悠久的历史和丰富的内涵。它弘扬了中华民族的优秀品质和精神价值观，注重和谐、共享、包容、互助的思想和行为方式。这些价值观与社会主义核心价值观相契合，为构建高水平社会主义市场经济体制提供了道德和伦理支撑。此外，中华优秀传统文化中蕴含的智慧和创造力也能够为经济发展和社会进步提供有益启示。在构建高水平社会主义市场经济体制的过程中，中华优秀传统文化可以通过传承和创新的方式，引领社会的思想道德建设和文化发展，为实现经济社会发展的目标提供有力的支持和保障。

一、我国高水平社会主义市场经济体制的建设

（一）中国特色社会主义市场经济体制的主要特征

1. 与社会主义基本制度相结合

在中国特色社会主义制度下，公有制经济作为主体，与多种所有制经济成分共同发展，是中国特色社会主义基本制度的核心特征之一。公有制经济是指国家、集体和劳动者个人共同拥有和管理生产资料的经济形式。它体现了共同占有、共同管理和共同受益的社会主义原则，有利于实现国家财富的集中和平等分配，确保社会资源的公正配置。

与此同时，中国特色社会主义制度还鼓励和保护多种所有制经济成分的发展。多种所有制经济成分包括国有经济、集体经济、个体经济、外资经济和民营经济等。这种多元化的经济结构，有利于充分发挥各种经济主体的创造力和竞争力，推动全社会的发展。多种所有制并存也有利于防止经济的过度垄断，促进市场的公平竞争，提高资源配置的效率和公正性。

按劳分配作为中国特色社会主义的主要分配方式，体现了劳动者劳动创造价值、功劳有加的原则。按劳分配既鼓励劳动者努力工作、增加生产，又保障了劳动者的权益，激发了劳动积极性和创造力。与按劳分配并存的还有其他

分配方式，如按需分配、政策性分配等，这些分配方式能够更好地满足不同群体的需求，实现社会公平和社会公正。

在资源配置中，市场在中国特色社会主义制度中具有决定性作用。市场经济体制能够充分发挥供求关系的作用，促进自由价格的形成和调节，有效地引导资源配置和生产决策。市场经济体制在中国特色社会主义制度中的应用，既能对资源进行高效配置，促进经济发展，又能保证公共利益和公平竞争的原则。同时，政府在市场经济中发挥重要作用，通过制定和执行相关规章制度，保障市场的正常运行，调控市场的不稳定因素，维护社会的稳定和发展。

共同富裕是中国特色社会主义制度的根本目标。共同富裕要求全社会共同致富，但并不是一刀切的均贫富，而是在发展中逐步缩小贫富差距，实现共同富裕。共同富裕的核心在于均等机会、均等待遇和均等权益。通过改革创新，提高全民素质，促进经济社会发展，不断扩大中等收入群体，消除贫困和落后，实现全体人民共同富裕。

总之，在中国特色社会主义制度下，与社会主义基本制度的结合体现了公有制为主、多种所有制经济共同发展、按劳分配为主、多种分配方式并存、市场在资源配置中的决定性作用、充分发挥政府作用以及坚持共同富裕的原则和特点。这一制度的建立和实施，为中国的经济社会发展提供了坚实的制度基础和政策保障。

2. 与党的领导相结合

党领导一切是中国特色社会主义制度的根本原则，是中国共产党在建设社会主义现代化强国的过程中形成和坚持的基本原则。党领导一切意味着在经济领域，党需要制定并实施国家发展战略、宏观调控政策和各项经济政策，以确保经济发展符合社会主义的基本要求，推动各项经济活动有序进行。

党领导一切体现了中国特色社会主义市场经济体制的独特性。在市场经济的背景下，党的领导确保了国家具有较高的市场竞争力和灵活性，同时又能够避免市场波动可能带来的负面影响。党领导一切还突出了党的性质和作用，确保了党以人民利益为根本出发点，推动市场经济真正为人民谋福祉。

党领导一切体现了中国特色社会主义市场经济体制的协调性。在市场经济的运作中，各种利益关系的存在可能造成市场经济发展中的一些问题。党作为最高领导机构，具有协调各方利益的职能，能够及时解决经济发展过程中的矛盾和问题，确保市场经济的有序运行。

党领导一切体现了中国特色社会主义市场经济体制的稳定性。在市场经济的运行中，市场波动和不确定性是不可避免的。党作为最高领导机构，能够制定并实施有效的政策和措施，保持市场经济的稳定，并及时调整经济运行的方向。党领导一切还能够防止市场经济过度波动和无序竞争可能带来的风险，维护国家的经济安全和社会稳定。

3. 与人民民主专政相结合

作为一种独特的经济模式，中国特色社会主义市场经济体制既坚持了人民民主专政的政治方向，又在经济领域实行人民政府的宏观调控，以确保国家经济稳定发展和社会公平正义的实现。

首先，中国特色社会主义市场经济体制与人民民主专政密切结合。人民民主专政是中国共产党在领导中国革命和建设的过程中形成的一种政治制度安排，强调人民在国家政权中的主导地位。在中国特色社会主义市场经济体制中，政治权力和经济活动相互作用，政府通过制定和执行法律、监管经济活动、维护社会公平正义等手段，确保市场经济的有序运行和社会利益的最大化。

其次，中国特色社会主义市场经济体制在经济上实行人民政府的宏观调控。宏观调控是指政府通过制定和执行宏观经济政策，对经济整体进行调控和引导，以实现经济增长、就业稳定、物价稳定等目标。在中国特色社会主义市场经济体制中，政府扮演着宏观调控的角色，通过货币政策、财政政策、产业政策等手段，调控市场经济的运行，防范和化解经济风险，保障国家经济的平稳运行。

综上所述，中国特色社会主义市场经济体制的主要特征是与人民民主专政相结合，并在经济上受人民政府的宏观调控。这种制度安排体现了中国共产党对社会主义和市场经济的理论探索与实践探索相结合的思想，旨在实现国家的现代化和社会的全面进步。通过政治与经济的相互支撑，中国特色社会主义

市场经济体制为中国的经济发展和社会进步提供了有力的制度保障。

4. 与社会主义精神文明建设相结合

中国特色社会主义市场经济体制将经济发展与社会主义精神文明建设进行了有机结合，并强调对物质丰富与精神文明的同等重视。

在市场经济的运行过程中，中国特色社会主义市场经济体制鼓励企业家精神的发展，但同时也强调企业要承担社会责任，为社会的发展和进步做出贡献。这种有机结合的特点使得中国特色社会主义市场经济体制在经济发展的同时，能够实现社会公平和社会稳定的目标。

在经济发展中，中国特色社会主义市场经济体制不仅仅追求国民经济的持续增长和物质财富的积累，还注重人的全面发展和精神文明的提升。这意味着经济增长要与人民生活水平的提高和社会文明程度的提升相匹配。中国特色社会主义市场经济体制通过推动教育、文化、科技等领域的发展，推动广大人民群众的生活水平和精神文明水平的提高。这种物质和精神并举的特点使得中国特色社会主义市场经济体制更加注重人的全面发展和社会的和谐稳定。

（二）高水平社会主义市场经济体制建设的重要意义

进入新时代，中国面临着内外部环境的深刻变化。在国际上，形势错综复杂，充满了不确定性和挑战。然而，国内社会大局却保持着相对的稳定，为中国的发展提供了重要的基础。经济发展方面，中国正从过去的高速发展阶段逐渐转向高质量发展的新阶段。整体而言，中国仍然处于发展的战略机遇期。

为了应对这一新时代的挑战和机遇，我国政府提出了一系列重要的发展战略。《中共中央关于制定国民经济和社会发展第十四个五年规划和二○三五年远景目标的建议》明确指出，中国应当善于在危机中寻找先机，在变局中开创新局。这一建议为中国的发展提供了重要的指导思想和行动纲领。

2020 年，《中共中央、国务院关于新时代加快完善社会主义市场经济体制的意见》发布，为新时代推进经济体制改革、构建高水平的社会主义市场经济体制做出了全面部署。这一意见站在更高的起点、更高的层次、更高的目标上，要求中国在经济体制改革方面进行加速和完善。通过深化改革，中国将进一步优化市场经济的发展环境，激发市场主体的活力和创造力，推动经济的持续健康发展。总体而言，我国高水平社会主义市场经济体制建设主要有如下几个方面的重要意义。

1. 有利于解决社会主要矛盾

当前，随着中国经济的发展进入关键时期，社会主要矛盾已发生转变，由以往的以物质需求为中心转变为人民日益增长的美好生活需要和不平衡不充分的发展之间的矛盾。为了解决这一矛盾，我们需要进一步构建高水平社会主义市场经济体制以满足人民对美好生活的新要求，并加大改革的深化力度。

在过去几十年的改革开放进程中，中国经济取得了巨大的成就，人民生活水平显著提高。然而，随着社会的进步和人民需求的日益增长，人民对美好生活的追求也在不断升级。这种转变要求我们进一步加强经济体制建设，使其能更好地满足人民的需求。

在构建高水平社会主义市场经济体制的过程中，深化改革是必不可少的。改革是我们实现经济发展和社会进步的重要手段，也是解决矛盾的关键举措。我们必须勇于面对改革的挑战，坚持以人民为中心，以市场为导向，以法治为保障，以激发创新活力为动力，以完善制度体系为基础，逐步完善各个领域的改革措施。

高水平社会主义市场经济体制的构建需要在保持经济发展的稳定性和可持续性的基础上，提高社会公平正义，推动资源配置的合理化。这意味着我们需要在发展中解决好城乡发展不平衡、区域发展不平衡、收入分配不平衡等问题。同时，我们还需要加大对环境保护和生态建设的力度，实现经济发展与生态环境保护的良性互动。

2. 有利于激发向第二个百年奋斗目标前行的奋斗动力

中国成功完成第一个百年奋斗目标，即在建党 100 周年之际全面建成小康社会，标志着中国特色社会主义事业取得了重大进展。这一成就的取得源于中国共产党的坚强领导和全国人民的共同努力。在全面建成小康社会的基础上，中国进一步开启了全面建设社会主义现代化国家的新征程。为了实现这一目标，中国必须构建一个高水平的社会主义市场经济体制。这一体制不仅是国家治理体系现代化的重要组成部分，更是实现中国式现代化的必要条件。

　　构建高水平社会主义市场经济体制，需要在市场机制的基础上，加强国家对市场的宏观调控和监管。这意味着在保持市场活力和效率的同时，国家要保持对经济运行的有效掌控，确保资源的合理配置和社会公平正义的实现。此外，还需要完善法治建设，建立公正、透明、可预期的市场规则和法律制度，为市场主体提供有序、公平的竞争环境。

　　在构建高水平社会主义市场经济体制的过程中，通过深化改革，优化资源配置，提高科技创新能力，推动产业升级和结构调整，能够助力实现经济发展的质量变革、效率变革和动力变革。构建高水平社会主义市场经济体制不仅对中国的经济发展具有重要意义，也对国家治理体系现代化和实现中国式现代化具有重要意义。通过构建这一体制，中国可以更好地实现国家治理体系和治理能力的现代化，提高国家发展的整体水平和综合竞争力，同时也可以为全球治理体系的改革和完善提供中国的智慧和方案。

　　3.有利于加快构建新发展格局

　　为了构建新兴的发展格局，我国需要建立高效、完善的社会主义市场经济体制，这一体制的建设将有助于形成一个稳定和可靠的国内市场基础，使国内大循环在双循环中发挥主导作用，同时还可以吸引全球要素资源投入。通过国际循环的推动，进一步提高国内大循环的效率和水平，从而实现国际和国内的相互促进，形成双循环的发展格局。

　　在构建新兴的发展格局中，畅通国内大循环是至关重要的一环。国内大循环是指以国内市场为主导的经济循环，它包括内需扩大、消费升级、投资增长等方面。健全和完善社会主义市场经济体制对于加快国内大循环具有重要意义，通过健全市场监管机制、完善产权保护制度、改善经营环境等方面的重要内容等措施的实施，可以提高市场的公平竞争程度，增强市场的活力和吸引力，从而为国内大循环提供有力的支持。

　　4.有利于促进经济高质量发展

　　高质量发展是当前我国经济发展的主题，也是全面建设社会主义现代化国家的首要任务。在当前的经济形势下，构建高水平的社会主义市场经济体制，是我国经济高质量发展的关键所在。

首先，构建高水平的社会主义市场经济体制，需要推进创造性、引领性改革。创造性、引领性改革是构建高水平社会主义市场经济体制的核心内容，只有通过深化改革，才能够为经济高质量发展提供更为有力的支持。在推进创造性、引领性改革过程中，应当注重整体性和协同性，着力解决制约经济高质量发展的瓶颈问题。

其次，构建高水平社会主义市场经济体制，需要在要素市场化配置体制机制、高水平开放型经济体制等重点领域先行先试。要素市场化配置体制机制是构建高水平社会主义市场经济体制的重要内容，通过加强要素市场化配置，可以推动资源的高效配置，从而提高生产效率，促进经济高质量发展。此外，高水平开放型经济体制也是构建高水平社会主义市场经济体制的关键内容，通过深化对外开放，促进国内企业的技术创新，提高全球资源配置效率，实现多方共赢的局面。

最后，构建高水平社会主义市场经济体制时，着眼解决高质量发展中遇到的实际问题非常重要。当前，我国经济高质量发展仍面临着一系列的挑战，如消除贫困、保障民生、促进就业等，这些问题必须得到全面解决，方可实现经济高质量发展的目标。

构建高水平社会主义市场经济体制是实现我国经济高质量发展的必由之路，需要全面深化改革、加强要素市场化配置、推进高水平开放型经济体制等多方面措施的有力支持，促进经济高质量发展，实现全面建设社会主义现代化国家的宏伟目标。

（三）高水平社会主义市场经济体制建设的主要目标

习近平总书记在党的二十大报告中提出，高质量发展是全面建设社会主义现代化国家的首要任务，这一论述强调了深化要素市场改革和建设高标准市场体系的重要性。为了实现这一目标，必须坚持全面深化改革，并加快中国特色市场体系的建设。这不仅需要经济体制改革发挥牵引作用，还需要构建高水平的社会主义市场经济体制。

要素市场改革是深化经济体制改革的重要组成部分。要素市场的改革涉及土地、资本、劳动力和技术等各种要素的市场化配置。通过建立健全的要素

市场机制，可以实现资源配置的效益最大化和资源利用的优化。深化要素市场改革还可以激发市场主体的活力和创造力，提高经济发展的质量和效益。

与此同时，建设高标准市场体系也是实现高质量发展的重要保障。高标准市场体系是指具备公平竞争、透明公正、法治保障和风险防控等特点的市场环境。在这样的市场环境下，市场参与主体可以依法平等地参与市场竞争，资源配置更加有效，市场交易更加稳定。高标准市场体系的建设需要完善法律法规体系，加强监管力度，提升市场准入门槛，保护知识产权，维护公平竞争等方面的工作。

总书记的重要论述为加快中国特色市场体系建设指明了方向和目标。在这个指导下，我们要坚持全面深化改革，推动要素市场改革，建设高标准市场体系，不断提高我国市场经济体制的水平和质量。只有这样，才能更好地适应经济发展新常态，实现高质量发展的目标，推动中国特色社会主义事业的持续健康发展。

1.构建更加系统完备的高水平社会主义市场经济体制

（1）协调推进"四个全面"战略布局，深化市场经济体制改革

一是在全面建设社会主义现代化国家的过程中，必须秉持新发展理念，并以既定目标为导向。同时，要充分发挥社会主义市场经济的独特优势，以解决收入分配不均、社会保障问题等矛盾和难题，确保人民群众能够切实享受到经济发展所带来的红利。

二是把新时代经济体制改革作为全面深化改革的重要任务，需要全面深入进行生产要素市场化配置和商品服务流通的体制机制改革。重点在于构建更加系统完备的高水平社会主义市场经济体制，以推动经济治理体系和治理能力的现代化。

（2）抓好体制改革顶层设计，形成市场经济政策合力

在设计市场经济体制改革的蓝图时，必须深入分析各项制度措施之间的内在联系，确保制度和政策措施之间相互协调、互补，形成整体合力。首先，需要突出目标整合，着重关注核心领域和突出问题，有机整合各项市场经济体制改革目标。以明确目标和问题为引导，坚定目标导向，分阶段、抓时间节

点，有序推动各项政策措施的实施和效果显现。其次，各部门应当联动协作，避免单打独斗，而是实现多部门协同作战，整合各自资源，通过系统集成各项市场经济体制改革措施，形成综合政策组合，施展有力有效的政策组合拳，以消除体制性障碍，更进一步释放市场创新潜力。最后，必须实现效果叠加，在目标整合和政策联动的基础上，确立构建高水平社会主义市场经济体制的总目标，使各项市场经济体制改革政策措施相互促进、相互融合，激发积极的协同效应，使各项政策效果叠加增强。

（3）防止资本无序扩张或收缩

资本在市场经济中具有不可忽视的重要作用，对于正确理解和认识资本这一概念至关重要。资本是指人类创造的物质和精神财富的各种社会经济资源的总称。不论是法国经济学家萨依提出的生产要素三元论，还是英国经济学家马歇尔提出的生产要素四元论，资本都在其中扮演着重要角色。

首先，资本具有积极正面的作用。在社会主义市场经济体制下，资本起着极为重要的纽带作用，带动各类生产要素的集聚配置，促进社会生产力的发展。中国当前存在着多种形态的资本，包括国有资本、民营资本、外国资本等等。这些资本形式不断激发各类市场主体的活力，推动生产力的发展。

然而，资本的本质属性是追求利益最大化。如果对资本发展放任不管，不进行引导和规范，将会产生无法估量的负面影响。因此，必须亮起资本的"红绿灯"，区分不同形态的资本，给予相应的引导和规范。这可以通过严格管控资本市场准入，建立完善的法律制度，规范资本行为，强化有效监管，以防止资本无序扩张或无序收缩，促进各类资本健康发展。

2.构建更加成熟定型的高水平社会主义市场经济体制

（1）强化经济体制的法治化、制度化建设

法治化制度化建设是构建高水平社会主义市场经济体制的基础。在这一经济体制中，市场机制的健全和有效运行、微观主体的活力充沛以及宏观调控的得当是至关重要的，而这些都需要通过制度来加以保障。

法治是通过法律进行治理的方式，而市场经济的各项制度政策能否得以实施和有效发挥作用，取决于法治的根本保证。因此，市场经济体制的改革必

须选择走法治化的道路，以此来充分发挥社会主义市场经济的制度性优势，实现经济的高质量发展。

制度是管理有效性的重要保障，而市场经济体制改革能否深入推进和高效完善，取决于制度的内在保障。因此，我们应该加强制度创新，制定与现代化经济治理体系相适应的制度体系，完善利益平衡分配机制，放宽市场准入限制，强化产权有效激励机制，促进市场公平竞争，最终建立全国统一的大市场。

法治化制度化建设是构建高水平社会主义市场经济体制的基础。通过加强社会主义市场经济的法治化建设和制度化建设，我们能够确保市场机制的健全有效运行，激发微观主体的活力，同时也能够保证宏观调控的得当。这样一来，我们将能够最大限度地发挥社会主义市场经济的制度性优势，实现经济的高质量发展。

（2）建立有效市场，发挥政府职能。

市场和政府在社会主义市场经济中充当着重要的角色，市场经济体制改革的关键问题在于如何处理市场和政府之间的关系。构建高水平的社会主义市场经济体制的首要任务是解决市场和政府的相互作用。为发挥中国特色社会主义市场经济体制的优势，必须从市场和政府两方面发挥中国的优势。其一，市场优势在于建立有效的市场机制。这意味着要尊重市场经济的价值规律，包括供求规律等客观规律，使市场在资源配置中发挥决定性作用，以促进市场经济的协调运行。其二，政府优势在于建设有能力的政府。要通过转变政府职能，创新管理方式，加强对市场经济的宏观调控，积极解决市场无法有效解决的问题，提升政府的治理能力。有效的市场和有能力的政府相辅相成，相互推动发展。

（3）促进制度开放，加快新发展格局的构建

当前国内外形势复杂多变，单边主义、保护主义、逆全球化思潮涌动，俄乌冲突引发地缘危机，新冠疫情影响深远，全球经济复苏充满不确定性。面对这一系列危机，中国着眼于破局之举，展示出了积极的姿态。

中国坚持高水平对外开放，旨在助力本国经济的高质量发展，并为世界

各国提供发展机遇。这种开放的态度不仅是对外部环境的应对，也是对内部发展要求的回应。中国正以积极的姿态推动全球经济的复苏，通过开放合作的方式，共同应对全球性挑战。我们提出建设以国内大循环为主体、国内国际双循环相互促进的新发展格局。这一新格局的核心在于制度型开放。在新发展阶段，中国积极推动市场经济的高质量发展，这就需要加快实现商品和要素从流动型开放向制度型开放的转变。通过推动规则、规制、管理、标准等方面的制度型开放，中国实现了对外开放的高水平，进一步提升了经济实力。

值得强调的是，构建新发展格局并不意味着中国将闭关自守。相反，中国将贯彻新发展理念，进一步提高对外开放水平，以更加开放的态度迎接全球合作伙伴。中国的目标是通过高质量的对外开放，推动经济的繁荣和国际合作的深化，为世界经济的稳定与可持续发展做出贡献。

二、中华优秀传统文化在新时代背景下的内涵解读

鸦片战争以后，中华传统文化经历了两次大变革，即"西学东渐"和"马列主义毛泽东思想"影响的传播。这两次变革逐渐减少了传统文化中的负面因素，为中华优秀传统文化的形成创造了条件。新时代中华优秀传统文化的内涵主要体现在治国理政、社会运转和为人处世的层面。

在治国理政的层面上，中华优秀传统文化通过其价值观念和制度设计对国家整体规划进行宏观安排。传统文化的核心价值观念和智慧理念能够引导人们朝着设定的路径和预期的发展方向共同前进。这种共同行动的一致性有助于保证国家的平稳发展，也为人们认识和改造世界提供有益的帮助。中华优秀传统文化作为主流意识形态，与现代化建设相结合，激励人们齐心合力，共同建设中国式现代化。

在社会运转的层面上，中华优秀传统文化中的人文精神和礼教思想具有重要的作用。这些思想能够引导社会整体秩序，促进邻里关系的融洽，营造良好的社会环境，助力社会的和谐发展。这种优秀传统文化的引导力量，使得社会能够以和谐与稳定的方式运转，并为社会成员提供了安全感和归属感。

在为人处世的层面上，中华优秀传统文化中的行为准则和道德标准对个

体的行为起到了指引作用。这些准则和标准使得人们能够勇往直前，追求善良和真理。习近平总书记充分认识到中华优秀传统文化的深厚内涵和底蕴，将其内涵凝聚为 18 个字，即讲仁爱、重民本、守诚信、崇正义、尚和合、求大同。这些行为准则和道德标准激励人们积极向善、坚守真理，从而推动社会的进步和个体的成长。

（一）讲仁爱

中华传统文化中的仁爱思想是其最核心的价值理念之一。在儒家思想中，《论语》一书中明确提到，仁即是以亲人为起点的道德感，源自每个人对亲人的情感，孝敬父母和尊重兄长是仁爱思想的基石。因为爱护父母和兄弟是每个人最基本的情感需求，也是仁爱的起点，所以儒家特别强调了"孝悌"的重要性。蔡元培先生更是认为，人的全部美德都可以归纳为仁，而仁的基本内核就是爱。仁爱思想内涵丰富，涵盖了天地人物和自我的情感，可以被视为一种普遍存在的同情心、爱心和正义感。仁爱思想所强调的"己所不欲勿施于人"原则体现了中国人强烈的道德约束感和高度的责任感，它是中华民族文化思想的核心，并与中华优秀传统文化中的其他文化思想相互交融、互相影响。

（二）重民本

民本思想是中华传统文化的重要组成部分，体现了人民在国家体系中的核心地位，约束了执政者的权力，维护了国家稳定。它包含了三层重要观点。

首先，"立君为民"是民本思想的核心原则。民本思想的倡导者认为，人民的地位高于君主，国家的权力源于人民，人民的利益应当得到保障。这一观点强调了人民对国家政治体系的决定性影响，强调了政府的合法性和合理性应当立足于人民的利益。

其次，"民惟邦本，本固邦宁"的含义是人民是国家的根本。只有当人民的根本利益得到保障和维护时，国家才能保持稳定和繁荣。这一观点强调了人民的角色和地位在国家体系中的重要性，同时也强调了政府职责为人民谋福祉的重要性。

最后，"爱民养民"是民本思想的又一重要观点。执政者的目标应当是让百姓过上幸福美好的生活。这一观点强调了政府应当积极关注民生问题，努力解决人民的实际困难和需求，为人民创造更好的发展条件。

进入新时代，民本思想仍然占据着重要地位。民主作为民本思想的基本内容之一，已写入社会主义核心价值观。在新时代的背景下，习近平总书记对民本思想进行了继承和发展，强调了人民的重要性。"江山就是人民，人民就是江山"，这一理论充分展示了人民在国家发展进程中的决定性作用。党的二十大报告也明确提出，坚持以人民为中心，维护人民的根本利益，不断实现发展为了人民、发展依靠人民、发展成果由人民共享。

（三）守诚信

诚信思想作为中华民族的美德，在中国历史文献中早有出现，内涵丰富。诚指真实可靠，毫不荒谬，信指诚实守信，不欺骗。在先秦时期，儒家学派对诚信进行了深入的道德伦理分析，并高度赞扬诚信思想。孔子的《论语》中，信是出现频率最高的德目之一。孔子认为，诚信是人们处事的根本，人际交往要言而有信。他还提出，诚信是治理国家的根本条件，治理国家所需之条件中，信是最重要的，没有信任就无法建立起国家的权威，因为"民无信不立"。

以诚信确保经济发展是党的十九大报告中的重要内容之一。总书记高度认同诚信在社会经济发展中的重要作用，强调企业若无诚信，则难以实现可持续发展；社会若无信任，每个人都将陷入个体的不安全感；政府若无信任，则其权威将无法得到认可。因此，诚信应成为各个领域的核心价值观。

在企业层面，诚信是企业经营的基石。只有建立起良好的信誉，企业才能赢得市场的信任，吸引更多客户和合作伙伴，实现经济效益的持续增长。在社会层面，诚信是社会稳定与和谐的重要保障。当人们相互信任并遵守契约规则时，社会关系才能顺利进行，社会秩序才能得以维持。而缺乏诚信则会导致社会间的互信减少，甚至引发矛盾与冲突，进而危及社会稳定。在政府层面，诚信是政府权威的基础。政府作为国家的管理者和服务提供者，需要以诚信为核心价值观来履行职责，确保以公正、透明、高效的方式管理国家事务，树立权威和公众信任。

（四）崇正义

中华民族自古以来一直推崇道义，将其视为道德和正义的核心。中华传

统文化中的正义观念主要围绕着"义"的概念展开。孔子曾经指出，君子应该以义为上乘的准则。以《三国演义》中的关羽为例，他集仁、义、礼、智、信于一身，被视为道义的化身。中华传统文化中的正义观念的核心是"义利之辩"。孔子强调重视义，曾提出君子将义视为行为准则，而小人则将利作为指导方针。韩非则注重利，曾提出利无禁止，禁无利用，即使是神明也无法改变。墨子主张义利合一，强调利益应使人受益，不应对人造成损害。习近平总书记曾引用《大学》中的名句"国不以利为利，以义为利也"，意味着治理国家时不应以个人利益为出发点，而是要以正义为根本利益。习近平总书记还提倡在国际合作中，在政治层面上坚持正义原则，在经济层面上追求互利共赢。这些思想和观念有助于维护社会稳定和公平正义，促进国家的长期发展和国际的和谐合作。

（五）尚和合

和合思想是中国传统文化的重要组成部分，体现了中国人民对于和谐共处、和平发展的追求。该思想强调了和谐、和平、联合和合作的重要性，但并不否认事物内部存在的固有矛盾。和合思想的初步提出可以追溯到先秦时期，《国语·郑语》中提到，商契能够和合父义、母慈、兄友、弟恭、子孝等五种伦常道德，从而使百姓能够安身立命。

《论语》进一步强调了和合思想的重要性。其中提到，以和为贵，和而不同。这一观点强调了正确面对事物矛盾和分歧的必要性，主张通过化解矛盾、克服分歧，在更高层次上实现和谐。通过这种方式，人们可以达到心灵和谐、社会和谐以及国家和谐的目标。

习近平总书记进一步阐述了和合思想在当代中国的意义。总书记指出，中国梦是一个和平、发展、合作、共赢的梦，并与世界各国人民的美好梦想息息相通。为了实现这一梦想，国与国之间、不同文明之间应该进行平等交流、相互借鉴、共同进步。这种理念体现了和合思想在全球化时代的重要意义，强调了不同文化之间的相互尊重和合作共赢的重要性。在当代中国，和合思想被赋予了更广泛的意义，成为实现中国梦以及与世界共同发展的重要理念。

（六）求大同

大同，作为中华传统文化中的理想社会概念，代表了中华民族对于理想社会的追求。大同社会在儒家经典《礼记正义》中得到了详细的描述。据《礼记正义》所言，大同社会是一种全员共有的社会制度，其中权力、财产都是公有的，每个人都能够得到社会的关爱，享有安居乐业的权利。在这个社会中，资源能够得到充分利用，每个人都能够尽展才华。

孙中山先生将大同思想与社会主义、共产主义融为一体，并将其作为其三民主义的基石之一，同时也将其与来自西方的人权、民主概念相结合。他提出了"民有、民治、民享"的理念，以期实现大同社会的理想。

天下太平、共享大同是中华民族数千年来的理想，并且也催生了"中国梦"这一概念。此外，在"一带一路"和构建人类命运共同体等倡议中，也能够体现出人们对于大同的追求。这些倡议旨在通过加强国际合作、促进共同发展，为人们创造更加和谐、共享繁荣的社会条件，进一步实现大同社会的理想。

三、中华优秀传统文化如何助推高水平社会主义市场经济体制的建设

（一）"讲仁爱、重民本"——以人民为中心，推进"四个全面"战略布局

"讲仁爱、重民本"是中国共产党一贯秉持的执政理念，通过关爱人民、以人民为重，体现了党对人民群众的尊重和关怀。中国共产党始终把代表最广大人民群众根本利益作为自己的根本宗旨，进入新时代后，党不忘初心，牢记使命，以人民至上为理念，全心全意为人民服务。实现全面建成小康社会的目标，旨在让全体人民都能够在小康社会中享受到高水平、高质量的生活，真正感受到获得感。全面深化改革是党的工作重点，尤其关注开展市场经济体制改革，解决人民群众最关心的问题，让全体人民共享改革的红利。全面依法治国的重要性在于保障人民群众的合法权益。

全面从严治党是中国共产党为了保持党的纯洁性和先进性，维系党和人

民群众的密切联系而坚决实施的举措。通过打造有为政府、转变政府职能，党的最终目的是提高宏观经济的治理能力，以优秀的成绩兑现政府对人民的承诺，确保党和人民同呼吸、共命运、心连心。

（二）"守诚信、崇正义"——加快市场经济体制的法治化、制度化建设

"守诚信、崇正义"是市场经济中最基本的道德准则，也是推动市场经济健康发展的重要保障。这一准则在市场经济的发展中具有重要的作用，既可以增强市场信心、促进市场稳定、降低市场风险，又可以提高市场的效率和公正性。

诚信合作是守诚信的具体体现，也是市场经济中重要的社会资本。在诚信合作的基础上，市场主体可以建立起长期合作的伙伴关系，增加彼此之间的信任和沟通，从而提高经济活动的可预见性和稳定性，降低交易成本。同时，诚信合作也可以促进市场的规范化和健康发展，维护市场秩序和公平竞争。

公平正义是市场经济发展的重要保障，也是实现经济社会发展目标的重要手段。公平正义的实现需要依靠法律、制度和市场机制等多种手段。从法律上来说，需要建立起健全的法律法规体系，明确市场主体的权利和义务，保护市场公正竞争的环境。从制度上来说，需要完善市场运行机制，提高市场资源配置的效率和公正性。从市场机制上来说，需要营造出透明、公正、公平的市场环境，促进市场规范化和健康发展。

崇正义是守诚信、弘扬公平正义的核心价值，也是加强市场经济体制的法治化、制度化建设的必然要求。崇正义可以促进市场经济体制的规范化和健康发展，提高市场主体的诚信意识和信任度，增强市场的稳定性和可持续性。同时，崇正义也可以帮助市场主体更好地发挥其社会责任和义务，促进经济社会的共同繁荣和可持续发展。

（三）"尚和合、求大同"——推动市场经济体制的制度型开放

"尚和合、求大同"是以和谐共存和共同发展为目标的理念。这一理念强调对差异和多样性的尊重，并将和平作为至高无上的价值。尽管国与国之间存在着矛盾和冲突，但我们必须认识到彼此是命运共同体，应当加强合作交流，寻求共同点，并容忍分歧。实践中，推崇"尚和合"不仅对国际社会的和平共

处和互利共赢有益，而且有助于中国加快推进市场经济体制的开放改革，构建高水平的社会主义市场经济体制。

在这一基础上，习近平总书记提出了"中国梦"的概念，并将其与和平、发展、合作、共赢的价值理念相结合，强调了中国梦与世界各国人民美好梦想的紧密联系。实现梦想需要相互配合，需要国内和国际两个层面的开放。这种开放不仅体现在对外开放的思想和政策上，还包括对内的改革和发展。只有通过多层次、全方位的开放，中国才能构建具有自主创新能力和国际竞争力的经济体系，进一步推动双循环新发展格局的形成。

双循环新发展格局是指在国内大循环基础上，通过更加深入的对外开放，以"引进来"和"走出去"相结合，推动国内外两个市场、两种资源的良性互动。这一新格局的形成将促进中国经济的可持续和稳定发展。通过"引进来"，中国可以获得更多的先进技术、管理经验和市场机制；通过"走出去"，中国可以利用自身的优势资源和市场需求，推动更多的企业走向国际舞台，实现更高水平的互利共赢。

通过"尚和合、求大同"的理念，中国以开放和合作为核心，构建了一个广泛的合作伙伴网络。这个网络包括了不同规模、不同发展水平的国家和地区，形成了多层次、多领域的合作关系。在推进"一带一路"倡议的过程中，中国提倡开放、包容、合作、共赢的理念，并通过互利共赢的方式推动全球经济一体化。在全球化进程中，中国继续积极主动地扩大对外开放，推动形成开放型世界经济，进一步加强国际合作，推动构建人类命运共同体。

四、中华优秀传统文化如何助推高水平社会主义市场经济体制的建设

（一）做到一个"紧密结合"

将中华优秀传统文化与习近平新时代中国特色社会主义思想紧密结合，是推动构建高水平社会主义市场经济体制的重要举措。中华优秀传统文化作为中华民族宝贵的文化遗产，蕴涵着深刻的人文精神和道德准则，是中华民族独特的文化基因。在党的二十大报告中，提出了将马克思主义基本原理与中国具

体实际相结合的重要原则，而"两个结合"和"六个必须坚持"则成为学习贯彻新时代中国特色社会主义思想的关键路径。

通过深刻把握习近平新时代中国特色社会主义思想的世界观和方法论，在实践中运用党的创新理论来指导工作实践，就能更好地强化中华优秀传统文化在推动构建高水平社会主义市场经济体制中的作用。这种紧密结合的过程不仅是对传统文化的传承和创新，更是对习近平新时代中国特色社会主义思想的理解和贯彻。因此，将新时代中华优秀传统文化贯穿构建高水平社会主义市场经济体制的全过程，能够有力推动我国经济社会事业不断发展，并引领社会主义市场经济体制迈向更高水平。

（二）统筹处理好"两个关系"

1."守"与"变"的关系

"讲仁爱、重民本、守诚信、崇正义、尚和合、求大同"等中华优秀传统文化承载着中华民族几千年来的智慧和价值观念，是我国传统文化的宝贵精髓。在新时代，这些传统文化仍然具有重要意义，能够满足人民群众对精神生活的需要，提升人民幸福感，同时也能够为构建高水平社会主义市场经济体制提供助力，促进经济发展。因此，我们有责任继承并传承这些中华优秀传统文化。

随着社会的不断发展，一些传统文化在特定历史背景下形成，所强调的价值观与当前构建高水平社会主义市场经济体制所注重的价值观存在一定的冲突。例如，传统文化中的平均思想和人治思想，强调平等、公正和人情关系，而当前社会主义市场经济体制的建设倡导竞争、法治和规范化管理。在这种情况下，需要对这些传统文化进行改变和创新，以适应新时代的要求。

创造性转化和创新性发展是对传统文化进行改变的重要路径。创造性转化，是指将传统文化中的优秀元素与现代社会的发展需求相结合，将其转化为适应新时代的具体实践并赋予其新的内涵。通过创造性转化，我们可以在尊重传统的基础上，发展出符合当前社会需要的新文化形态。创新性发展，则是在保持传统文化的核心精神和价值观的基础上，积极创造新的表达方式和形式，以适应时代的要求和人们的需求。

通过创造性转化和创新性发展，我们能够更好地传承和弘扬中华优秀传统文化，使其与社会主义市场经济体制相契合，为经济发展和社会进步贡献力量。同时，这样的改变还能够增进传统文化的活力和影响力，在全球化的背景下，展示中华民族的文化自信和创造力，提升国家软实力和社会凝聚力。

2. "中"与"外"的关系

中华优秀传统文化的影响不仅限于东亚、东南亚等地区，还受到佛教东传、西学东渐以及马克思主义传入中国等外在因素的影响。在构建高水平社会主义市场经济体制的过程中，必须加快制度型开放，建立起符合时代需求的新发展格局。此外，中华优秀传统文化的传承与发展也需要在对外开放的背景下得以推广，而非仅局限于内部传承。其助力构建高水平社会主义市场经济体制的意义不仅在于自身适应新时代要求并发挥助力作用，更在于在对外开放及文明交流中，积极吸收借鉴其他文明，推动自身发展，从而更好地促进高水平社会主义市场经济体制的构建。

（三）抓好三个"重点群体"

1. 中小企业人员

中小企业在中国经济发展中扮演着极为重要的角色，它们拥有庞大的人员规模，其就业人数占据城镇就业人口的近八成。这些中小企业人员不仅是推动高水平社会主义市场经济发展的主力军，也是传承和弘扬中华优秀传统文化的生力军。然而，许多中小企业人员对于中国特色社会主义市场经济体制以及相关理论的了解不足，无法准确辨识国内外思想文化中的精华与负能量，因此容易受到市场经济和西方文化中的负面影响和不良副作用的诱惑。

针对这一重点人群，营造优秀的企业文化，激励他们积极从事创业，勇于创新，成为构建高水平社会主义市场经济体制并取得优势的关键所在。通过建立和强化优秀企业文化，可以为中小企业人员提供一个良好的思想、价值观和道德观培育的环境，使他们能够更好地理解和践行中国特色社会主义市场经济体制下的核心价值观和原则。

在企业文化中弘扬中华优秀传统文化的理念和价值，将有助于中小企业人员更加深入地认识和体验到传统文化的内涵和精髓。中华优秀传统文化蕴含着丰富的智慧和价值观，包括仁、义、礼、智、信等核心价值观，这些价值观与社会主义核心价值观相互呼应，可以为中小企业人员提供正确的行为准则和道德规范，引导他们在创业和创新的过程中树立正确的人生观和价值取向。

2. 基层官员

基层官员作为国家政府的一线工作人员，在与人民群众的接触中发挥着重要的模范带头作用。他们的言行举止紧密联系着民众的需求、民生的状况以及民意的动向。正如俗话所说："打铁还需自身硬"，基层官员若坚守以马克思主义为信仰，以为人民服务为宗旨，就能够实现"为官一任，造福一方"的目标。因此，基层官员应当成为正面价值观和正能量的典范，积极弘扬中华优秀传统文化，从而塑造一个良好的社会环境。他们更应成为政府管理的前沿哨和桥头堡，践行习近平新时代中国特色社会主义思想，为构建高水平社会主义市场经济体制贡献力量。因此，培养基层官员必须具备过硬的工作能力和敢于担当的精神，这是弘扬中华优秀传统文化并构建高水平社会主义市场经济体制的关键所在。

3. 青年学生

青年学生作为家庭和国家的希望，在构建中国未来社会主义现代化强国中扮演着重要角色。他们肩负着传承中华优秀传统文化、推动现代化进程的使命。党的二十大报告明确指出，青年的强大意味着国家的强盛。因此，对青年学生应给予充分信任、关心和严格要求，着重关注并支持他们的愿望、发展和创业。党中央明确提出积极激励青年学生不懈奋斗，强调这将是弘扬中华传统文化、建立高效社会主义市场经济体制并赢得未来的关键所在。

综上所述，中华优秀传统文化具有悠久的历史和丰富的内涵，其在治国理政、社会运转以及为人处世等方面具有重要的指导意义。在治国理政方面，中华优秀传统文化倡导仁义道德、忠诚孝顺等价值观念，能够引导领导者具备高尚的品德和崇高的责任感，为构建社会主义市场经济体制提供了坚实的道德支撑。在社会运转方面，中华优秀传统文化注重和谐发展，强调人与人、人与自然之间的和谐关系，能够为社会营造一种和谐、稳定的环境，促进社会的繁荣与进步。在为人处世方面，中华优秀传统文化强调人的修养和道德观念，倡导诚信、谦虚、谦让等美德，对于人们的道德修养和行为准则具有积极的引导作用。

在新时代，我们要紧密结合学习贯彻习近平新时代中国特色社会主义思想，更好地发扬中华优秀传统文化。在处理"守"与"变"以及"中"与"外"的关系方面，我们既要坚守中华优秀传统文化的核心价值，又要积极适应和引领时代的变革和发展。我们要将中华优秀传统文化与现代社会主义价值观有机结合，推动其在社会主义市场经济体制中的发展和应用。为此，我们需要关注中小企业人员、基层官员和青年学生等重要群体，通过教育、培训和宣传等方式，提升他们的文化素养和道德观念，使其在实践中能够积极传承、创新和发展中华优秀传统文化，为构建高水平社会主义市场经济体制赢得优势、赢得主动、赢得未来。

第二节　中华优秀传统文化助推社会主义政治建设

一、中华传统文化中的政治文化特征

中国传统政治文化是几千年社会政治演进的产物，承载着丰富而复杂的政治思维体系，是广阔而重要的研究领域。中外学者对中国传统政治文化的特征展开了多方位的探讨，他们凭借着敏锐的洞察力，做出了独到的发现和总结。围绕着礼乐仁义等价值观念，中国传统政治文化不仅强调了家族权威和社会等级制度，还体现了对道德伦理的高度重视。这一文化传统既凝结了儒家、佛家、道家等不同思想流派的精华，又与中国历史、宗教、哲学等多个领域相互渗透，构建了独特的政治文化体系，为当今中国社会与政治发展提供了重要的参考与启示。这里选取了比较有代表性的特征总结如下。

（一）君主家长制衍生而出的权力崇拜

中国由于氏族组织和农村公社的长期存在，靠伦理道德规范调节诸社会关系的时间特别长，而伦理道德又以宗法血缘关系为核心内容。这种伦常关系

后来被神圣化，成了不能随意更改的封建规范，封建的金字塔就是按照这一原则建构起来的，"大宗率小宗，小宗率群弟"周朝将这种结构形制化，经过后世的理论宣传，加上传统的制度和普遍的社会心理为基础，形成了一种以伦理道德为中心的文化价值观。

中国的伦理式政治文化表现在家长制的构建上，由血缘宗法关系产生的家长制是中国社会组织的核心，也是中国数千年历史中政治生活的缩影。家长制是一种伦理性家庭、家族的组织结构，后世因为治理国家的需要而发展为政治性国家社会的组织形态。中国的家长制又称为父家长制，即父亲的地位和权力。父家长制的含义不仅限于亲子血缘关系，还包含统治和权力的意义。因此，从政治文化的角度来看，"父家长制"的范围不仅局限在家庭和家族，而是由父、族家长延伸至里、县家长，再到郡、省家长，最终止于君主帝王。在这种体系中，皇帝拥有至高无上的绝对权力，实现了独管一国万机、专制宇内众生的政治统治含义，形成了皇权崇拜意识。

国人皇权崇拜性格的广泛存在，表现为对权力的普遍崇拜。在传统中国社会中，皇帝拥有对文武大臣和普通百姓生杀予夺的绝对权力，而普通百姓很少有机会接近皇帝。因此，代表皇帝行使权力的各级官吏成为皇权的具体化身，他们也享有对百姓的生杀予夺权力。这些官吏的存在致使普通百姓在中国传统社会中除了直接面对高高在上的皇权外，还经历着各种实际可见的权力关系。百姓对这些权力的感受多种多样，权力带来的快乐可能是施予所需或剥夺不予的物品，同时也可能带来痛苦，例如强加不愿承受或夺取所期望的东西。尽管这些权力常常受到批评和指责，带有负面标签，但却令人们贪恋并争相追逐。这种现象加深了权力崇拜的普遍认知，成为一种集体意识。

首先，这种对权力崇拜的普遍意识在中国传统政治社会中产生了政治依附情感。金太军、王庆五认为，在传统的政治社会中，中国人对国家表现出一种难以抵御的自卑情感，这种情感来源于依附共同体中力量微薄的个人对被夸大和神话化的国家的心理压力。这种自卑情感延续下去，致使中国人对国家和君主怀有感恩情绪，同时衍生出对权力的极度依附，认为只有在权力保护之下才能获得最低的安全保障。这种依附关系在家庭中表现为对父权的依附，在政治社会中表现为下级对上级的依附。

其次，圣主期盼和清官意识是中国传统封建社会典型的政治心态。在传统社会中，老百姓往往无法左右自己的命运，经常将自己的命运寄托于各级官吏。他们常常求助于官员解决问题，甚至到京城诉冤，寻求所谓"圣主明君"来提出利益诉求。这种期盼和意识表现为一种政治理想，其主要价值目标在于减轻社会冲突，得到社会各阶层的广泛接受，作为王权主义内在的调节机制。

再次，在传统中国社会中，存在着臣民意识，将"臣民""子民""老百姓"视为一体。社会成员被血缘纽带联系在一起，认为家是国的基础，国是家的延伸。对于百姓来说，皇帝是君父；对于皇帝来说，民众是子民。尽管一部分子民可以通过科举考试入仕，但作为政治群体无法参与决策，只能被统治。

最后，传统中国社会中存在"潜意识"的政治文化，强调亲情胜于法理，遵循宗法血缘社会的趋势。各种血缘、乡缘、学缘、业缘等圈子以情感为纽带，执行内外区别对待原则，没有正式规则，仅遵循潜规则。此外，大同理想导向的和谐共处和大一统意识中的"华夏"文化中心概念也在中国传统文化中根深蒂固。

（二）天下大同的价值理想

"大道之行也，天下为公。选贤与能，讲信修睦，故人不独亲其亲，不独子其子。使老有所终，壮有所用，幼有所长，矜寡孤独废疾者，皆有所养。男有分，女有归。货恶其弃于地也，不必藏于己，力恶其不出于身也，不必为己。是故谋闭而不兴，盗窃乱贼而不作，故外户而不闭，是谓大同"。

虽然只是封建社会的理想构想，但作为文化符号，却一直激励着中国人民追求美好生活的愿望。近代中国重大变革往往以这种理念为核心。传统中国文化强调整体性，推崇和谐统一，将和谐视作至高价值。古代思想家们所倡导的价值理想，是在个人与他人、个人与社会、人与自然之间建立高度和谐的关系，并将这种和谐视为至善至美。这一理念以及宇宙和谐整体的世界观对中国传统政治文化产生了深远影响。中国传统社会重视天人合一的整体本位主义价值规范，这一理念既是各代统治阶级所倡导的官方思想体系，也是人们进行价值选择和评判的基石。在这种价值取向的影响下，人与社会、个人与国家之间的关系均呈现出明显的整体主义特征。中国传统的和谐共处和大一统的观念衍生出了以下结果。

在维护国家统一、民族团结以及社会稳定的过程中，中华文化中心扮演着重要角色，作为中华民族形成的关键条件之一，文化认同成为其核心。中华民族作为一个礼仪之邦，拥有鲜明的文化认同倾向。从个体发展角度来看，文化认同的最高境界体现为圣人。圣人具有国家权威的人格化特质，对圣人的认同代表了个体实现自立自修的过程，同时也意味着治国平天下的政治实践之完善。广泛认同圣人赋予中国人统一国家人格和政治理想，当这种理想遭受外族破坏时，民族文化认同激发中华民族强烈的爱国热情，引导人民投身保护中华民族的伟大运动。

在平等观念方面，政治平等作为现代政治文明的基石，体现了平等与自由的有机统一，是现代政治文明所追求的基本价值目标。传统中国社会中的大同理想也是追求平等的核心，历来坚守人的平等性和推崇平等观念，提倡"人皆可以为尧舜"。尽管在阶级社会和等级观念下不可能所有人实现绝对平等，但平等观念仍存在且限制了封建社会中的人身依附与权力依附，推动历史进程。历史上的均田制便是平等政策的体现，其思想基础便是平等观念，重视每个耕者拥有自己田地的权利。

对于传统中国政治社会而言，重国家、轻个人的观念占主导地位。在此体制下，王权与国权被强调，而民权常被忽视。对于皇帝和上级官员而言，权力与主体地位被重视，而普通百姓及下级官员只承担义务与从属地位，个人自由个性的发展常被否定。皇帝与官员常被视作国家象征，超越个人，个体仅是国家的附庸，国家的发展建立在个人无条件奉献的基础之上。

中国传统政治文化的封闭特征在很大程度上受地理环境的制约。中国古代东南濒海、西北是高山草原，地理环境几乎难以逾越，使得几千年来中国文化未受到大规模外来文化的影响而形成。同时，中国文化长期处于东亚地区相对优势地位，巩固了文化的封闭系统。中国文化的封闭性与排他心理相辅相成，"非我族类，其心必异"观念在文化领域体现为对外来文化的坚决排斥。

（三）对人的内在修养更加关注

"古之欲明明德于天下者，先治其国；欲治其国者，先齐其家者，先修其身；欲修其身者，先正其心；欲正其心者，先诚其意；欲诚其意者，先致其知；致知在格物。格物而后致知，致知而后意诚，意诚而后心正，心正而后身修，身修而后家齐，家齐而后国治国，治而后天下平。"在传统中国政治文化中，"格物"的概念涵盖了人们对于道德修养的重视与实践，旨在贯彻先贤的教诲。在封建社会中，皇帝权威至高无上，平民对于官员的服从与尊敬被视为义务。因此，传统政治文化构建了一种软约束机制，即强调个体修身内省的觉悟，以确保君臣勤政为民，维护社会秩序。其中，"敬天保民"被视为内省的最高要求，强调通过个人道德修养实现完善，将完美的道德人格视为价值追求的最高目标。

这种内省意识要求通过道德自律来维护皇权专制社会的稳定和发展，为中国传统政治文化产生重要影响。一方面，体现在道德自律与以德治国的理念中。在中国传统政治文化中，道德自律被视为主要的政治控制方式，通过道德和法律对政治产生作用。在这种道德自律型政治文化中，个体的修身养性被看作关系到国家兴衰的关键，管理知识和技术相对被忽视。同时，以德治国理念强调以伦理道德为政治实践的指导思想，推行德政是基本要求。

另一方面，中国的传统政治文化鲜明地展现了务实的特质。在中国传统的政治文化中，治国之道不仅关注政治本身，而且会将官吏制度与政治实践紧密结合，这反映出了中国传统政治文化对实用性的追求。即使在现代，尽管政治形势发生了深刻变革，但中国传统政治文化对于管理国家事务的实用性观念仍然根深蒂固。

二、中国传统政治文化与社会主义政治文明建设的关系

（一）政治文化构成了政治文明的灵魂

政治文明和政治文化虽然紧密相连，但又各具不同内涵。政治文明的范围较广，涵盖了政治制度、法律法规、政治意识形态等诸多方面，而政治文化则更侧重于对政治价值观念、行为规范和文化传统的内化和表达。正如韩玉芳

教授所指出的，政治文化与政治制度有着密切的相互影响关系，不同的文化背景下会形成不同的政治体制。政治文化在一定程度上制约着政治文明的建设，因为人们对政治的认知和评价受其内化的政治制度和规范的影响。

此外，政治文化对政治文明的发展也发挥着直接的引导和推动作用。政治文化是社会成员政治行为的普遍倾向，是内化的自觉政治行为规范，影响着人们对政治的关注和参与程度，以及对政治行为方式的选择。先进的政治文化能够引导积极的政治行为，推动社会进步，为人民谋福祉，从而推动人类政治文明的发展；而落后的政治文化则容易导致保守、个人私利导向的政治行为，阻碍社会进步，阻碍政治文明的发展。因此，在相同或类似情况下，不同的政治文化可能引发不同的政治文明发展方向。

（二）传统政治文化中的合理因素对社会主义政治文明建设的正面影响

任何一种政治文化的形成都是深刻融合了特定时代、民族国家的社会历史条件与社会发展需求的产物。中国悠久的政治体系及其延续下来的社会政治心理，以及一系列历代政治家、思想家在社会实践中所彰显出的政治思想，构成了中国传统政治文化的核心。在中国政治现代化的进程中，传统政治文化既包含消极因素也蕴含积极因素。只有准确辨析这些因素，才能对消极成分进行批判性清除，进而识别、挖掘积极元素，为推动中国政治现代化迈出成功的一步。

1．"为政以德"和"德法兼重"对依法治国与以德治国相统一的治国方略的影响

中国传统政治文化中的德治思想源远流长。《尚书·商书·太甲下》中说"德惟治，否德乱。与治同道罔不兴与乱同事，罔不亡。"这里的"德"不仅仅是指道德，更明显地表达了"德治"的意义，强调了"德"与国家安定之间密不可分的关系。这种观念可能是对早期"以德治国"思想的具体体现。

孔子进一步明确提出了"为政以德"的理念，认为德是收服民心、治理天下的核心所在，从而强调了道德在政治治理中的重要性。"为政以德，譬如北辰，居其所而众星拱之。"确立了德在政治生活中的核心地位。后来的政治家和思想家也反复阐述了"为政以德"的思想理念。董仲舒认为"国之所以为

国者德也",他强调道德在国家治理中的至关重要性。马融则进一步阐释道德对政治的基础性地位,他指出"德者为理之本也,任政非德则薄,任刑非德则惨",强调了德治在政治中的根本作用。赵连章、张顺也将"为政以德"看作一种政治思想导向,强调道德在治理中的引领作用。这些思想家们的共同观点表明了道德在政治实践中的重要性,为后世政治思想提供了深刻的启示。其主要思想可以概括为如下几点。

(1)道德是最高准则

道德在治国理政中具有根本性和至高性质,是最高的政治准则。儒家认为,德、法、刑、政等均为调节政治关系的手段和规范,其中道德地位最尊崇,是最为重要的。法律、政治制度等只能作为道德的辅助,强调道德在政治中的首要地位。

(2)以人伦秩序为基石

人伦秩序被视为政治秩序的基石,"为政以德"理念强调了在人际关系处理中必须遵循"君君、臣臣、父父、子子"的家国秩序。人伦和睦是维护社会稳定和政治秩序的先决条件,是构建和谐社会基础。

(3)强调引导和教化功能

道德引导和教化在政治过程中扮演重要角色。孔子述及"政者正也,子帅以正"等论断,强调了道德引导和教化在政治实践和社会化过程中的主导地位。这些指导对于今天加强社会主义精神文明建设,提升领导干部和全民思想道德素质,统一法治和德治在治国策略上的借鉴具有重要意义和启示价值。

2."合"与"和"的观念对社会主义社会建设的影响

"崇尚和谐"思想观念贯穿着中国传统文化的方方面面,涉及天地之和、天人之和、身心之和、人际之和、万邦之和等多个层面。这一理念对中国社会产生了深远的影响。韩增禄详细列举了涵盖"天人之和的环保意识、崇尚和谐的修身之道、追求和谐的齐家之道、和气生财的经营之道、政通人和的为政之道、以和为贵的交际之道、崇尚和谐的用兵之道"等方面的重要意义。最后引述汤因比的警示指出,人类拥有摧毁自身的高科技手段,同时陷入极端政治意识形态的对立之中,这加大了对中国文明核心精神——和谐的迫切需求。

传统中国政治文化强调尚和不尚分、尚同不尚异、尚中庸不尚极端的原则，这一传统思想在当代政治生活中仍然具有重要参考价值，应该通过有意识的措施加以强化，以使之真正融入国人的政治思想和意识形态之中，成为塑造国家安定、政治稳定以及建立和谐政治关系和社会关系的重要组成部分。这种传统思想的传承与发扬对于维护国家稳定、促进和谐政治关系和社会关系的建立具有重要而深远的意义。

3.“大一统”观念对维护政治统一的影响

实现和维护政治统一是当代中国政治文明建设的重要目标。其中，政治统一的内涵包括政治系统的统一、政权和政策的统一。根据现代化理论的观点，建立一个强大统一的政权是后发现代化国家实现现代化的必要条件。当前在中国社会转型和经济转轨的重要时期，经济形态和分配方式的多样化，阶级和阶层的分化，思想意识的复杂化等方面的变化，都迫使我们保持清醒的认知，以免出现统一的面貌失去的风险。百余年来中国的历史深刻地告诉我们，缺乏统一就会导致中国倒退到分裂的境地，无法实现中国富强的梦想，甚至可能遭受被动挨打的境地。即使在当下，阻碍中国统一的因素仍然存在于国际国内，有一些敌对势力持续敌视中国，企图破坏中国的统一。因此，对传统政治文化中“大一统”观念的正确理解、客观评价与合理利用，对维护祖国团结和统一至关重要。

“大一统”理念所构建的大同社会理想，从过去到将来都是确保中国多民族国家统一、政治稳定和发展的重要保障。同时，“中庸”思想的倡导对于协调社会利益冲突与矛盾，使国家政策不偏离中道，具有极其积极的意义。正如亨廷顿所指出的，盛行于众多亚洲社会的国家精神强调的一些核心价值观，如等级制度、个人权利和利益次要性，以及重视一致性的重要性，都有助于避免正面冲突，维护国家利益，确保社会稳定。总体而言，国家高于社会，社会高于个人的价值观念在维护国家团结和统一方面有着深刻的意义。

第三节　中华优秀传统文化助推社会主义和谐社会建设

自中共十六届四中全会提出构建和谐社会到党的十六届六中全会通过《中共中央关于构建社会主义和谐社会若干重大问题的决定》，标志着构建"民主法治、公平正义、诚信友爱、充满活力、安定有序、人与自然和谐相处"的和谐社会已成为各界的共同认知。在中国这样一个庞大国家建设如此和谐社会，必须重视纵向的历史文化传承以及丰富的文化积淀，因此我们不得不将视线投向具有悠久历史、精深博大的中国传统文化。

尊重个体完善和强调人际关系以及人与自然之间和谐的理念和价值导向贯穿整个中国传统文化，成为中华民族广泛认可的信念。这一信念在中国历史中对于维护社会稳定与发展、保持多民族国家统一起到了重要作用。如今我们在构建社会主义和谐社会时，应当充分挖掘这一宝贵文化资源，使之得以向现代转化，实现中国传统智慧的当代价值。这不仅关乎中国和谐社会建设的重要性，还对当代中华民族意识觉醒、传承弘扬本民族思想传统具有至关重要的意义。

一、中国传统文化中"仁"的核心内涵

《郭店楚简·性自命出》中说："道始于情，情生于性。始者近情，终者近义。"意思是说人际关系的起始点在于感情，这种感情源于个体的本性。随着关系的发展，人们开始根据道义来处理彼此之间的互动。这里所谓的"道"实际上是指"人道"，是指引导人际关系和社会交往的基本原则和规范。在孔子的教导中，提倡的"仁学"便是建立在这种人道之上的。

孔子在被问及"仁"的含义时回答道："爱人。"这种"爱人"的道德品质源自何处呢？《中庸》援引孔子的言论指出："仁者，人也，亲亲为大。""仁爱"的品质实际上是人类内在所具有的，爱护自己的亲人是其最基本的表现形式。然而，儒家认为"仁"的精神不能仅仅停留在对亲人的爱上。《郭店楚简》

中也提出："亲而笃之，爱也；爱父，其继之爱人，仁也。"对亲人的爱只能称之为"爱"，而将对父亲的爱扩展至其他人，才真正称得上"仁"。另外，对父母的孝顺应当扩展至爱护全体民众，这便是"爱亲则方其爱人"的体现。这就是孔子儒家"仁学"要将"亲亲"之爱扩大至"仁民"，实现"推己及人"的境界。

实践"推己及人"的道德要求并非易事，需要将"己所不欲，勿施于人""己欲立而立人，己欲达而达人"以及"忠恕之道"作为实现"仁"的准则。若将"仁"推广至社会层面，便是孔子所说的："克己复礼曰仁，一日克己复礼，天下归仁焉。为仁由己，其由人乎？"这里所谓"克己复礼曰仁"，意味着只有在"克己"的基础上才能真正实现"复礼"，从而达到"仁"的境界。费孝通先生对此做出解释，指出"克己才能复礼"，而"复礼"则是融入社会、成为社会人所必须具备的条件。

二、"仁"的观念对社会主义和谐社会建设的积极影响

（一）通过修身达成人际和谐

传统文化注重修身，强调"君子和而不同""人和"的理念，提倡通过"志于道、依于仁、游于艺"来塑造完美人格，达到精神境界的完美，并在此基础上促进人际关系的和谐。孔子所倡导的"仁、礼"思想则是修身思想的具体体现。孔子将仁定义为"爱人"和"克己复礼"，其中"爱人"包含恭、宽、信、敏、惠等品德，在家庭内外都体现为和谐团结和诚信宽容。《易经》中"地势坤，君子以厚德载物"则概括了宽容的重要性。克己复礼为仁则强调克制利欲，奉行为他人着想的行为准则，体现在待人宽厚以及和谐相处中。《孟子》提倡"出入相友，守望相助，疾病相扶持"，《墨子》主张"天下之人相爱，强不执弱，众不劫寡，富不侮贫，贵不傲贱，诈不欺愚"，强调平等相爱互助的理念。对这种仁爱思想需要深入分析，批判性地传承发扬，赋予时代内涵，为构建社会主义和谐社会提供更有效的服务。

（二）通过宣扬"仁"的观念达成群体和谐

传统文化的一个重要特征是推崇群体主义，宣扬群体至上的理念。群体

观念强调个体作为整体的一部分，应当树立强烈的群体意识和责任感，以及奉献精神。个体只有通过为群体做出贡献才能获得群体的认同，从而证明自己存在的价值。相反，一个极端自私的个体很难在群体中立足，因为他的自私行为会破坏整个群体的凝聚力，使群体失去稳定性。在传统文化中，大禹治水便是中华各族人民联合行动的典范，展现了群体的力量和团结精神。因此，群体和谐在传统文化中被奉为至高无上的原则，被称为"同群""人能群"。

孔子的仁学着重于个体与整体的结合，强调社会的整合。他认为真正的仁者既要追求自身的立足，也要帮助他人实现其目标，进而实现个人与整体的和谐。孔子将以牺牲个人利益为代价实现更高追求定义为"仁"，将"志士仁人"视为具有高尚品德的楷模。他的思想体现了中国传统伦理道德体系的核心，即以致知、修德、为政为基础，涵盖了道德修养和政治奉献等多个层面。

荀子也强调了人的社会性，认为个体必须融入群体中生活，只有在和谐的群体中才能实现各得其所的状态。他的群体主义观念对中华民族的团结与凝聚发挥了重要作用，激励人们为民族和集体利益而奋斗。然而，随着时代的变迁，个人主义逐渐凸显，对群体观念的弱化成为一种现实。在这种背景下，党和国家需要兼顾个体利益与群体利益，统一个人和整体、短期和长远利益，调和社会各阶层的关系，促进和谐发展。

程颢进一步承袭了仁义思想，将天地万物与个体融为一体，主张"大我"，强调了天人合一的观念，呼吁以宇宙观统一主客体，为世界文明做出了重要贡献。综上所述，"溶小己入大我"或"化小己为大我"的理念，彰显了这些思想家对于个体与整体、人与自然的和谐统一的探索与追求。

三、传统文化中的"仁"如何发挥在现代社会中的积极影响

在当代社会中，传统文化中"仁"的积极作用需借助社会性规范以增强对社会联系结构的认识。古代的社会性规范即为"礼"，其功能在于培养人们的耻感和自律，而法家所注重的"刑"则仅在于惩戒，无法促使民众内化正向道德。因此，"礼"必须彰显人情味和提升个体的道德修养，以维系社会联系结构的稳定。考虑到私人关系的多样性，不同情境下的"礼"也需因势利导，

体现差序性，这致使"礼"无法像法律那样全面确保基本平等。由于"礼"本身具有等级性，依赖于人们自愿承认地位，因此其规范效力并非强制性。实际上，在维护社会联系稳定时，"礼"的形式不是其功能的关键。"仁"作为个体与社会联系的纽带，在道德领域中具有最理想的体现。而在现代社会中，这种社会性规范被法律规范和道德规范取代。近年来，我国积极倡导法治与德治有机统一，即法律与道德相辅相成，克服了古代"礼""刑"单一作用的弊病，为"仁"的发挥提供了更为完善的制度和文化保障。

我国文化建设的目标旨在通过社会层面的努力，确立不同的价值观念和生活方式之间相互尊重、包容与理解的精神价值，即"仁"，并在这一基础上实现人的全面发展和现代化。针对现代化文化实践的现实需求，树立健康和谐的文化精神，提升全民族的文化水平和人的文化素质是亟须关注的议题，而构建核心文化价值观则是其根本所在。核心文化价值观必须具备权威解释力、涵盖力、包容力和凝聚力，成为全社会广泛认同的共同价值观，为广大人民群众提供统一的价值导向。

第四节　中华优秀传统文化助推社会主义生态文明建设

中华传统文化中蕴含着尊重自然、保护环境的生态关切理念，这一思想对于我国生态文明建设具有重要的理论与实践价值。以儒释道义化为例，其传统理念中所蕴含的"生态关切"这一公共因子，而这一思想内核具备转化为生态文明建设实践，以及转化为积极参与生态建设、推动人与自然和谐发展的文化自觉和认同的可能性。这种转变不仅需要科学合理的政策引导，也需要文化自身的主动适应。只有这两者相辅相成，才能有效促使儒释道文化潜在的生态保护潜能得以释放，更好地发挥中华优秀传统文化在生态文明建设中的积极作用。因此，将中华传统文化融入我国生态文明建设，并铸牢中华民族共同体意识，对于实现生态文明建设目标具有重要意义。

世界范围内极端天气事件的频发、自然资源的枯竭、濒危物种的持续增加、新冠疫情的暴发等现象无疑凸显了构建人与自然和谐生命共同体的紧迫性和重要性。在面对这些挑战的同时，人类也深刻反思了自身与自然的关系。自建党百年以来，我国一直在努力探索人与自然从矛盾冲突走向和谐发展的道路，推动着生态文明理念的不断演进和扩展。人们对人与自然关系的认识逐渐深化，逐步朝着"天人合一"，人与自然和谐共生的方向发展，形成了中国特色社会主义生态文明观，并将其融入了经济、政治、文化和社会建设的各个方面和全过程。中华优秀传统文化的创新性发展对于推动生态文明建设至关重要。儒释道中的"道德教化"中强调去恶向善、改良道德风气，体现了中华民族重视道德的传统文化特征，而"生态关切"正是其中共同关注的一部分。这种关于人与自然和谐相处的生态哲学对于我国生态文明建设具有积极的理论和实践意义。

习近平总书记曾提出，人与自然是生命共同体，人类必须尊重自然、顺应自然、保护自然、与自然和谐发展，要加快生态文明建设，并强调要以更大的力度、更实的措施推动中华优秀传统文化创造性转化、创新性发展。面对当前的生态危机挑战，除了传统的经济、法律和道德约束外，我们还需重新审视传统文化内涵，以汲取生态环保思想，使其在社会主义生态文明建设中发挥积极作用。关于儒释道文化与生态文明的关系，已有大量相关论著，主要包括对儒释道文化中生态观念及其对生态文明建设的意义的阐释，以及如何开发文化资源与自然资源相结合以促进文化产业发展，为生态文明建设提供服务。以史向前为例，他详细研究了道家所推崇的"洞天福地"（生活境界）、"生道合一"（生命休养方式）、"万物俱生"（生命形态）等三大目标，探讨了道家对生态保护和人类发展的意义和作用。此外，对儒、释、道、耶、伊文化中蕴含的生态理念进行了比较研究，探讨了它们对中国生态文明建设的积极影响。杜昌建则探讨了儒释道文化中的生态智慧对现代环境保护的重要意义。同时，吴似真认为佛教文化应与自然生态资源相结合，发展佛教生态旅游，全面提升宗教文化在生态文明建设中的软实力功能。

如前述研究所指出，现有学术界对于传统文化的生态关切在生态文明建

设领域中的重要性已有较为广泛的探讨。然而，大部分研究更倾向于从理论层面探讨其对生态文明建设的意义，以及在具体行为实践中所发挥的作用，却忽略了其中关键的心理驱动环节。心理驱动在从生态关切向行为实践转化的过程中扮演着不可或缺的角色，是传统文化参与社会主义生态文明建设实践的关键。在内在的心理动机驱使下，才能将生态关切理念有效转化为具体实践。

因此，下面将主要从分析传统文化的生态关切所具有的统一性，及其中潜藏的心理驱动力为切入点，探究从自发的生态关切向自觉的生态建设实践转变的有效路径。通过从心理驱动到实践的路径进行细致研究，期望为当前生态文明建设的学术研究提供新的视角，并为相关政策制定提供有益建议。

一、中国传统文化在生态关切方面具有统一性

中华优秀传统文化在生态文明建设中扮演着不可或缺的重要角色，其应当得到更为积极发挥。在其中，传统文化中的儒释道三家思想本质上展现出一种生态友好型的特性。尽管儒释道文化内蕴含的思想各有侧重，反映了传统文化的多样性与丰富性。例如，儒家文化强调以人为本，释家重视众生平等，而道家提倡无为强调规律。然而，这三种文化均秉持着"行善积德、尊重自然、尊重生命"的理念，在生态关切方面表现出统一且相通的特质。

儒家倡导的"仁，爱人以及物"，"德至禽兽"，"泽及草木"等理念，展现出了对生态的关怀。同时，释家的"不杀生"戒律中的"扫地恐伤蝼蚁命，爱惜飞蛾纱罩灯"也体现了对生命的尊重。道家将仁慈与因果报应紧密联系，主张善待生灵可得福报，而伤害生灵则将招致恶果。这些儒释道文化内涵清晰展现出了一种发自内心且具有系统性的生态关切，对自然界的山川、河流、植物、动物等都怀有深切关怀。

基于对自然界的关爱，儒释道文化在生态文明建设中呈现出同归殊途的关系，共同构成了推动生态文明建设的重要力量。

从儒释道传统文化的角度来看，"生态文明"是指人类社会发展的一个阶段，包括农业文明、工业文明和生态文明。生态文明强调自然生态和文化生态之间的和谐互动。牟钟鉴先生认为，新生态哲学包含了四个关键观念：首先，

强调天人共生一体的宇宙观，呼吁人类与自然和谐共存；其次，提倡热爱生命和自然的泛爱情怀；再次，强调开发与保护之间的辩证关系，强调在保护资源的前提下开发资源；最后，强调人与人之间的和谐关系，并将人与自然的和谐视为社会和谐的基础。他反对生态帝国主义，主张跨越国界，共同应对生态危机的观点。

立足于全球治理的角度，中华优秀传统文化应当被整合到生态文明建设中，以展现负责任大国的态度和担当。其中华传统文化在生态文明建设方面应扮演更为积极的角色，不仅需要在全社会树立人与自然和谐共处的生态核心价值观，成为社会行为的指导原则，同时也要自觉贯穿于社会生产与生活的各个层面，使得生态文化真正成为整个社会的共同价值理念。在此背景下，解决人与自然、人与人以及人与社会之间的各种矛盾，必须依赖于文化的熏陶、教化和激励作用。某人在2018年全国生态环境保护大会上强调，生态文明建设是中华民族永续发展的基石，中华民族历来尊重并热爱自然，5000多年的中华文明培育了丰富的生态文化。

儒释道的见地义理、情感体验、修持实践、伦理规范既象征着一种心理结构、思想定式、价值取向和行为方式，有时甚至已成为人们文化的基石或核心。这一现象在一定程度上引导着人们普遍关注尊重自然、保护生态环境的态度。更进一步，这些价值观将深深融入人们内心深处，由思想信念转化为实际行动，实现生态文明建设所需的实践。生态文明的构建不仅需要深刻考虑传统文化如儒释道的影响，更需要汲取其中的精华，为其在生态文明建设方面发挥积极作用创造条件。同时，人们对生态问题的共同关注也将增强中华民族作为一个整体的意识基础。

二、传统儒释道文化中生态关切的心理驱动来源

生态关切作为儒释道文化的公因子，不仅仅是一种情感共鸣，更是根植于传统文化的内在定力。在人与自然的关系方面，儒释道文化强调人类与自然的和谐共生，主张尊重自然、顺应自然规律，体现了对生态平衡的追求。此外，人与自然万物的关系也是生态关切的重要体现，传统文化倡导着广义的生

态伦理，认为人类应当像对待自己的亲人一样对待自然万物，尊重万物生灵的存在和价值。最后，人类活动与自然规律的关系则体现了儒释道文化对于生态平衡的维护和尊重。在现实生活中，这种生态关切不仅停留在理论层面，还具体体现为一系列保护环境、改善生态的实践行为，通过推动可持续发展和绿色生活方式来达到与自然和谐共处的目标。

（一）传统文化中对人与自然关系的理解

人与自然的关系是生态文明建设的核心议题，儒家思想中的中和之道明确阐述了这一关系，将其表现为天人合一的理念。宋儒强调"仁者以天地万物为一体"，将宇宙万物视为一个庞大家庭，强调人类与自然的紧密联系，强调对环境和万物的爱护。张载则提出"为天地立志，为生民立道"，强调人类应主动承担起维护天地万物健康发展的责任。董仲舒认为"天亦人之曾祖父"，认为人类最早的祖先源于大自然，与其他万物一样，是大自然的一部分。王阳明则强调万物与天地的统一性，认为天地万物与人原本是一体，同属于一个生态系统，因此人类与自然界的其他生物共享相同的气质，相互联系。儒家文化对人与自然关系的理解将人类视为自然界生态系统中的组成部分，与其他生物共同构成了大自然这一整体，强调人类的存续和发展与自然界其他生物息息相关，因此人类应当泛爱万物、尊重自然，并承担维护天地万物健康运行的责任。这种朴素而积极的生态观在儒家文化中得到体现。

释家的教义强调人与自然之间的紧密联系与和谐共生。无论是汉传佛教还是藏传佛教，都视世间众生与自然界之间存在着深刻的相互影响和普遍联系的关系。这种联系被表达为"此有故彼有，此生故彼生，此无故彼无，此灭故彼灭"的法则。这意味着人类与自然是相互依存、互为一体、整体和谐的存在。因此，释家强调人类应当与自然和谐共处，而非以统治者的姿态对待自然，不应极度掠夺大自然资源。这种理念使得释家的伦理道德主张在实践中坚定地倡导维护人类与自然界之间的平衡与和谐。

在我国藏族传统中，青藏高原的每一座大山脉、每一条大河流、每一个大湖泊几乎都伴随着一个美丽的神话传说，并由此产生了无数个神山神湖及对神山神湖的崇拜。草场作为自然生态系统中不可或缺的一部分，在当地群众的文化观念中，被视为神山神水体系中的重要组成部分。破坏草场不仅仅是破坏自然景观，更被视为对神山神水的侵犯，一种对于神灵和自然力量的不敬。因此，对于藏族人民而言，保护草场就是在保护神山神水以及整个自然生态系统的完整性和稳定性。

草场在藏族文化中具有深厚的宗教意义，被视为神明的居所。人们相信神明居住在这些草地之中，监督着自然界的秩序。因此，破坏草场被认为是对神灵之怒的触怒，会招致自然灾难和不幸。藏族人民对草场的尊重和保护，不仅仅是出于对自然的珍惜，更深层次地体现了对宗教信仰和对神灵的敬畏。当今社会，随着现代化进程的加快，对草场的保护成为不可忽视的任务。加强对草场生态系统的保护，不仅是对自然的尊重，更是对传统文化和宗教信仰的尊重。只有通过科学的管理和综合的措施，才能实现对草场和整个自然生态系统的可持续发展和保护。

道家思想强调人与自然的和谐共生，认为人类与自然界是平等的，主导地位属于自然而非人类。老子将天地万物归纳为"道"，作为宇宙的根源。道家倡导的"道法自然"理念主张顺应自然、效仿自然，旨在揭示天地与人类之间的关系以及共生共荣的普遍规律。《列子》中指出"天地万物与我并生，类也。类无贵贱"，《道德经》亦言"道大，天大，地大，人亦大"。这些经典体现了道家对于自然界中包括人类在内的万物平等关系的看法，倡导尊重自然规律，尊重所有生命。

儒释道文化所倡导的生态哲学，渊源于其对人与自然关系的调和之道。这一理念深刻影响着人们的观念和行为，激励着他们对大自然的敬畏与保护。自古以来，这种自然观念已经根深蒂固，引导着人们遵循自然法则，致力于维护生态环境的可持续发展。然而，在当代社会背景下，这种传统的生态意识也需要与时俱进，以更加创新的方式应对当今世界面临的生态挑战，为生态环境的保护和改善发挥更为积极的作用。

（二）传统文化中对人与万物关系的理解

中国传统的儒家、释家和道家都强调人类对自然界万物应保持仁爱之心。他们认为人类的善恶之心与因果报应密切相关，坚信行善者必得福报，而作恶

者必受到上天的惩罚或遭到恶果。这种道德观念在一定程度上推动了个体行为，同时也为维护生态环境和保护生物多样性提供了心理动力和价值支持。这种生态理念源自对人与自然关系的深刻思考，反映了中国传统文化中对人与自然和谐共生的理想追求。在当代社会中，倡导这种仁爱之心有助于引导人们形成持续的环保意识，促进可持续发展和生态文明建设。

儒家思想倡导以"仁"为核心概念。在《春秋繁露》中，董仲舒对"仁"的内涵进行阐释，他强调"质于爱民，以下至鸟兽昆虫莫不爱。不爱，奚足以谓仁？"，强调了君王应当真心实意地关爱百姓，甚至包括对所有生灵的爱护。因为如果对鸟兽昆虫等生灵不加爱护，那又如何能称得上拥有"仁"的品质呢？而张载在其代表作《正蒙》中也谈到"民，吾同胞，物，吾与也"，意在表明人类是共同体，自然界中的生物也是我们的伙伴。他提倡"泛爱"观念，即不仅要以"仁爱之心"对待同类人，也要对待自然界的万物。这种"民胞物与"的态度体现了尊重生命、关爱世界的价值观念，强调人类与自然界之间的和谐共生关系，体现了儒家思想中"仁"的深刻内涵。

释家的第一大戒律规定"不杀生"，这一戒律体现了释家对生命的尊重和慈悲思想。释家认为，尽管世界上的生命形态各异，包括圣贤、愚昧、有机、无机、动植物等，但它们都处于业力的轮回之中。这意味着，一个个体在当前生命中所伤害的生命，在前世或来世可能与其有某种关联。尽管生命形态各异，但在生存、安全和幸福追求方面展现出一致性。因此，释家强调慈悲为怀，警示荼毒生灵和暴殄天物会导致地狱之灾和六道轮回的苦难。

在倡导不杀生的同时，释家还推崇放生、护生，秉持素食传统，并致力于植树造林、养林护林。例如，佛教寺庙常建立在幽静偏远之地，修身养性之余，佛教徒还会维护周围的森林、植被，放生野生动物，为生态系统的保护做出贡献。释家的"净土"思想深刻地融入了生态保护理念。其"净土"理念首先源自内心的"去杂念"和"纯净化"，随后扩展到对外部周围生态环境的敬畏和净化。这种内在的心理驱动促使人们积极参与生态建设，将对森林、河谷、野生动植物等生态系统的保护转化为具体实践行为。

在道家文化中，强调人类对自然万物的慈悲仁爱，正如老子所言："夫我有三宝，持而保之：一曰慈，二曰俭，三曰不敢为天下先"。这句话所包含的意义是，慈爱、节俭和谨言慎行的品质被视为珍贵的"宝贝"，应当倍加珍惜。古代道家经典中，也详细列举了一系列罪恶，如张罗捕杀野生动物、破坏自然环境等行为，认为这些罪行必将招致报应。此外，在道家文化中，财富的概念与经济利益存在着显著的区别。道家不以金银财宝的数量或规模来衡量财富，而是以自然界的物种多样性和兴旺程度为标准。古代《太平经》中对"富"进行了详细阐释，认为富足即为物种繁多，且随着时间的变迁而绵延不绝，体现出明显的可持续发展观念。《太平经》将富足程度分为"富足""小贫""大贫""极下贫"四个等级，依据物种多样性的具体数量来确定富足程度的指标，强调唯有尊重自然、善待万物，方可实现真正的富足。

道家文化中对自然界繁盛和谐的追求凸显了其在价值体系中的重要地位。在道家文化中，对自然万物的悲悯、对杀戮生灵的告诫以及对财富标准的界定，深刻影响着人们的行为与思维方式。这种观念促使人们形成以"物种富足"和"关爱自然"为荣的价值观，强调与自然和谐相处的重要性。这种心理驱动产生一个共同的目标，即保护人类与整个自然生态系统形成的共同体，体现了道家文化对于人与自然关系的独特理解与重视。

儒释道文化的生态关切理念塑造了人们心目中理想的和谐境界，这一境界包括郁郁葱葱的树木、青山碧水、和谐共存的生灵万物，构建了一个大同世界中的生命共同体。以佛教文化中的极乐世界为例，其描绘中常有花草树木的丰盛景象。这种生态理想的追求不仅激发了人们对美好心灵家园的渴望，同时也潜移默化地鼓舞着人们积极保护、改善现实生态环境的行动。事实上，我国各民族的传统文化中普遍融入了儒释道文化的生态哲学，少数民族的传统信仰中常出现山神、树神以及神山神水的观念，这充分印证了该种理念的影响。比如，佤族认为山与族人有着紧密联系，因此称神圣的林地为"龙梅吉"；而彝族传统文化中也存在着对"密枝林"的崇敬；而布朗族则将之称为"色林"。藏族文化中对"神山神水"的崇拜同样引人注目，他们视山神不仅为保佑佛法的存在者，更是保护山上及周围一草一木及各种生灵安危的使者。这种神山神水的观念其实承载着早期人类对大自然的生态关怀和敬畏，其实践是

为保护各类植物、动物及生物多样性贡献力量。总的来看，各民族的传统文化虽具有各自独特表达方式，但在"保护大自然""保护生态环境"方面却有着共通的理念，致力于调和人与自然关系，推动生态平衡的实现，与当今生态文明建设的目标是一脉相承的。

（三）传统文化中对经济发展与自然关系的理解

社会经济发展是一个重要的议题，涉及人类与自然的关系以及生态文明建设的核心问题。在儒释道文化中，我们可以找到对这个问题的一些启示。儒家的"天行有常"、释家的"因果报应"、道家的"道法自然"等观念，都强调了对自然规律的尊重和遵循。这些思想反映了人类与自然相互依存的关系，警示人们要尊重大自然的内在规律，否则将面临自然灾害的惩罚。人类作为自然的一部分，在研究、改造和利用自然资源的同时，必须怀有敬畏之心，这是构建生态平衡的关键条件。因此，在生产生活中尊重自然规律、保护生态环境和生物多样性，已经成为一种重要的心理激励，有助于促进社会经济发展与生态环境的和谐共存。

在儒家思想中，"天人相适"被视为社会发展目标排序的首要原则，其核心概念是要求人类社会与自然界之间实现和谐共生。这一理念强调了"天行有常"作为实现目标的路径指南，旨在指导经济社会发展中应当遵循自然规律，保持与自然界的平衡与融洽。孟子在《孟子·梁惠王上》中详细探讨了人类经济活动与自然规律之间的关系，强调了生产活动必须遵循自然规律才能实现长期可持续的发展。他从农耕、渔猎、林业三个方面论证了这一理念：农耕活动应当顺应农时节气，以获得丰收；渔猎不应过度捕捞，保留小鱼种群，以确保水产资源的可持续利用；对于林业活动，必须根据时令适时砍伐木材，以确保木材资源的充足供应。这些古代简朴而实用的可持续发展理念，为当代经济社会发展提供了深刻的启示。

释家认为大千世界中的众生平等，将生命分为有情众生和无情众生两种形式。有情众生包括人类、动物等，无情众生则包括植物等非生物。释家强调万物平等，认为不仅有情众生与无情众生之间应平等对待，而且其中的每个个体也应平等相待。在此观念下，人类并非大自然的征服者，而是其有机组成部分。在这一基础上，"不杀生"戒律被释家视为至高准则，强调杀生罪行的严重性，并将不杀生看作最重要的功德之一。每个生命都被赋予存在价值，因此人类在生产生活中必须善待生命，不能随意伤害其他生命。同时，释家也强调给予无情众生自然发展的平等权利，提倡尊重各种生命、敬畏自然。在人类的生产生活中，不仅不能伤害动植物，还应该善待一切生命，体现对众生的尊重和关怀。

道法自然是道家文化的核心理念，《道德经》中提出："人法地，地法天，天法道，道法自然"。这里的"自然"指的是天地间万物的客观规律，涵盖了大自然生态系统的运转以及人类社会的发展。人类的经济活动若不受约束，将危害亿万年来自然生态的形成，同时也会致使人性因物欲而变质。因此，老庄道家主张回归自然，减少人为的干预。然而，道法自然并非不作为，老子曾言"辅万物之自然而不敢为"，即强调人类在"自然"中应扮演辅助角色，对自然进行顺势引导和利用，但不可胡乱干预，破坏大自然的生态平衡。《太平经》中规范了对人类活动的一系列戒律，主张在生产生活中遵循万物的自然规律，与自然和谐共处，不屠杀生灵、不砍伐山林、不污染河流等。此外，道家还提倡节俭，"有勤俭之德，故能开源节流"，这激励着人们节约水资源及其他生产生活资源，保护周围生态环境，促进生物多样性保护和可持续发展。这一传统文化理念成为人们内在心理驱动力，引领着人类在与自然共生中追求和谐发展。

三、从心理驱动出发，实现从生态关切到文化自觉

人类在不断征服自然的过程中，所获得的"胜利"已导致自然界不断报复，表现为全球气候变化、病毒灾害和自然灾害等现实问题。在面对这些挑战时，人类开始积极反思自身的生产和生活方式，并寻求有效的解决方案。在这个过程中，儒释道文化应当发挥其"尊重自然、保护生态"的作用，成为一种积极的力量。无论是在人与自然、人与万物之间的关系，还是在人类活动与自然规律之间的互动中，儒释道文化的核心价值观念都体现了高度的一致性。这一观念强调人与自然构成一个共同体，人们应当尊重自然，遵循自然的运行规

律，并主动承担起保护自然和维护生态平衡的责任。这种文化基因经过中华民族千百年的积淀，已经深深地根植于人们的生态哲学思维和内在心理驱动中。这种关爱自然、保护生态的势能，可以在科学合理的政策引导下被激发出来，推动人们更加积极地参与保护大自然和生态环境的建设，从而更有效地推动生态文明的发展进程。

在充分发掘传统儒释道文化中蕴藏的生态潜能，并将其转化为我国生态文明建设的实际行动过程中，关键环节在于科学合理的引导。尽管儒释道文化中融合了对自然的关爱和生态哲学，但也不可否认其存在消极因素。释家的"放下屠刀立地成佛"思想，导致一些牧民任由牲畜老死，不仅影响经济效益，也造成草畜失衡与草场退化的问题。另外，儒家和道家文化过度强调道德对社会和个人的约束作用，而忽视了法律和制度在生态保护中的重要性。因此，仅凭儒释道文化自发的生态关切无法有效推动生态建设，需要科学合理的引导来发挥其积极作用。留巴指出，若将积极的理性内容与信仰状态相结合，将深深植根于信心之中，将对人们的行动和耐力产生重大影响。因此，要实现生态文明建设，必须对儒释道文化进行深入挖掘和审视，引导其中积极因素发挥作用，同时化解其中的消极因素，以推动生态文明建设迈出坚实的步伐。

在社会主义核心价值观的指导下，赋予传统儒释道文化以积极向上的可持续发展理念等理性因素，以生态文明制度来规范其行为，促进其与生态文明建设相适应，将有助于儒释道文化蕴藏的生态理念更有效地转化为文化自觉和实践。这种转化过程在中国生态文明建设中具有重要作用。因此，儒释道作为中华传统文化的重要组成部分，在心理驱动转化为生态建设的文化自觉过程中，需要自身的主动适应和政策引导相辅相成。法律法规和政策应遵循、体现传统文化中关于人与自然和谐共生的道德规范和伦理原则，同时，儒释道的各种活动也应符合国家的法律法规和道德规范。在构建人类命运共同体的大框架下，政策的引导与传统文化对现代化发展的主动适应相结合，以树立中华优秀传统文化的自信，铸牢中华民族共同体意识。

（一）扬弃创新，科学引导传统文化的转化发展

生态关切在历史上一直是人类在追求生存和发展的过程中所关注的重要

议题。而在当下新时代，这一关切应当在生态文明建设实践中迎来创新性的发展。为此，有必要一方面弃绝儒释道文化中的消极元素，强调并传承其中的积极因素；另一方面，应当引领传统文化与现代经济社会发展的需求相协调，推动创新发展，建构符合当代社会要求的儒释道新学，将其融入社会主义生态文明建设的实践之中。对于中华优秀传统文化中如天人合一的尊重自然、保护生态的理念，尊老爱幼、普遍和谐，以及"仁义礼智信"的核心价值观，国家应制定相应政策，加大传播宣传力度，积极引导儒释道文化为社会主义事业，特别是生态文明建设事业服务。

我国的名山佛寺如山西五台山、四川峨眉山等，以及大城市的著名古刹如北京的白塔寺、雍和宫、潭柘寺等，并非止步于传统形式，而是积极探索创新发展之路。在自身规范化管理方面，这些寺庙积极遵守国家法律法规，强调规范管理，确保神圣场所的秩序与尊严。与此同时，它们还特别注重加强对内部及周围环境的绿化和生态保护工作，为当地城乡建设和文物古迹的保护做出显著贡献。此外，不少儒释道团体还积极资助当地的教育事业，参与公益福利活动，体现出对社会责任的担当。

为了进一步支持这些努力，国家可以制定倾斜政策，提供技术、人才和物资等支持。另外，全国范围内的"儒释道文化与生态建设"讨论、专题报道和国际学术交流活动也得以展开，通过这些活动，鼓励和支持相关文化团体参与生态环保项目，开展社区活动和培训，提升民众对生态环境保护的自觉性。这些引导措施能够在实践中弘扬儒释道文化关于人与自然和谐统一、尊重自然规律、保护生态环境的传统美德。进而激发民众对大自然的热爱意识，对野生动物的关爱意识，激励他们积极参与生态文明建设，共同促进生态环境的可持续发展。

（二）主动适应，加入生态文明建设的现代实践

主动适应旨在强调儒释道文化团体在实践活动中应当对国家法律、法规和方针政策保持高度遵守，其行为举止应当符合国家最高利益和整体利益的要求，从而为祖国统一、民族团结进步和社会稳定发展做出积极贡献。同时，儒释道文化团体应该充分发挥自身的积极因素和优势，积极融入社会主义核心价

值观体系，不断进行创新发展、与时俱进，以适应社会主义生态文明建设的需求。这一过程旨在确保儒释道文化在当代社会的发展与传承，同时与国家发展大局相协调，以更好地推动社会主义核心价值观的传播和践行。

当前，儒释道文化团体和个人在转变观念的同时，正积极融入生态文明建设事业。尽管儒释道文化传统强调尊重自然、保护生态，有助于社会主义建设，但这种观念大多停留在心理驱动的潜能层面，缺乏文化自觉和实践结合的状态。举例来说，许多文化团体和个人更注重个人修养和内心净化，而对外部环境改善缺乏足够的积极性和全面性，导致生态理念无法充分发挥作用。因此，建议文化团体和个人应有意识地将内在修养外化为生态保护的具体实践，才能更好地实现观念创新的转化。

各儒释道团体在生态文明建设中展示出积极的意愿和行动：道家强调与自然和谐共处，倡导热爱自然、保护环境的理念；释家强调国土庄严，造福有情；佛学界提倡净化世界，建设人间净土。在构建"新仁学"中，牟钟鉴先生指出，尽管传统文化中包含着朴素的生态哲学，但必须加强人们的环境意识和道德观念，推动全球伦理的探讨，建设和谐世界。这些观点凸显了对环境保护的重视，展现了生态文明建设在思想和实践中的体现。在社会主义核心价值观的引领下，这种文化自觉逐渐得到加强，将心理驱动转化为积极行动，有助于更有效地融入我国生态文明建设的实践中。

（三）多元融合，发挥生态关切的民族意识

中华优秀传统文化所强调的人与自然的和谐共生理念，体现了文化的多元性、互补性以及通和性。这种和谐共生的思想不仅包含了对自然的尊重和环境保护，更在于不同文化之间和平交流、互补互渗、融合创新的理念。这种生态关切和多元通和的开放包容理念，构成了优秀传统文化的核心公因子。在中国特色社会主义生态文明观的演进过程中，各族人民经历了从矛盾冲突到和谐绿色发展的历程。

实现生态关切的心理驱动向生态文明建设的积极实践转变，既需要科学合理的政策引导，又需要主动适应。只有两者相互协同，才能更好地发挥中华优秀传统文化的积极作用，推动创新性发展。在这个过程中，需要进一步发挥

"生态关切"公因子的民族凝聚效应，将不同地区、不同民族以及文化背景的人们团结在保护生态环境、参与生态文明建设的实践中。这将促进人与自然的和谐发展，加强文化自觉和认同，将中华民族多元文化的独特性和多样性融入中华民族共同体意识之中，形成更加坚固的文化认同。

（四）坚定文化自信，共建人与自然和谐共生的社会主义生态文明

生态环境作为全球尺度的公共产品，呈现出独特的共享性和跨国性，是全人类共同面对的重要议题，各国单打独斗已不再符合实际需要。人际和谐与人地和谐有着内在一致性，人类与自然之间的协调互动必须以社会关系的和谐为基础。一个内部矛盾重重的社会将无法有效应对生态危机等全球性挑战，因此国际合作应对全球性生态问题成为建立新国际秩序、克服生态危机的关键条件。正如习近平总书记在2015年气候变化巴黎大会开幕式上所引用的《荀子·天论》所指，"万物各得其和以生，各得其养以成"，凸显了我国传统文化深刻的"天人合一、尊重自然"的思想底蕴。随着国际社会对生态环境保护重要性和紧迫性的不断凸显，中华传统文化中生态关怀的普遍性元素也将进一步增强中华民族在文化自信方面的立足之本。

厚德载物理念体现了在创新发展过程中不断自我完善的精神，旨在弘扬中华优秀传统文化，并将其影响力扩展至国际舞台，有助于共同构建人与自然和谐共生的生态文明。中华优秀传统文化中的儒释道思想强调尊重自然法则，倡导爱护环境和万物，这为我国生态文明建设提供了重要的理论支撑和实践指导。同时，生态关怀作为中华传统文化的共同价值，也有助于将文化的多元性统一到中华民族共同体意识中。为推动生态文明建设，政策应当更加积极引导，激发各种文化团体及个人的积极性与主动性，使"生态关切"理念得以更好地转化为文化自觉，并最终通过实际行动贡献于全国范围的生态文明建设进程。

参考文献

［1］蔡雨坤．建构论视角下中国科技成果命名中的中华优秀传统文化元素研究
［J］．科普研究，2024，19（1）：25-33+104.DOI：10.19293/j.cnki.1673-8357.2024.
01.003.

［2］杜爱华．中华优秀传统文化融入大学生社会主义核心价值观教育研究［C］//
广东省教师继续教育学会．广东省教师继续教育学会教师发展论坛 学术
研讨会论文集（三）．西华师范大学，2023：4.DOI：10.26914/ c.cnkihy. 2023.
013185.

［3］高欣．马克思主义文化观视域下的中华优秀传统文化"双创"研究［D］.
贵州师范大学，2021.DOI：10.27048/d.cnki.ggzsu.2021.000011.

［4］黄婉燕．中国传统饮食文化的流变溯源与价值［J］．食品与机械，2024，40
（1）：243-244.

［5］贾晓莹．汲取中华优秀传统文化精髓培育和践行社会主义核心价值观［N］.
科学导报，2023-12-01（B02）.

［6］李润华．文化自信建设视域下中华优秀传统文化现代转化研究［D］．淮北师
范大学，2022.DOI：10.27699/d.cnki.ghbmt.2022.000034.

［7］李彦锋，易玲玲．探析中国传统饮食文化中的育人之道［J］．大观（论坛），
2021，（8）：112-113.

［8］马中红，井常灿．新文化生命体：传统文化创造性转化与青年文化传承性再
生［J］．青年发展论坛，2024，34（1）：5-12.

［9］孟国丽．坚持"两个结合"推动中华优秀传统文化创造性转化与创新性发展
［J］．前进，2024，（1）：30-32.

［10］渠一楠，李俊奎．新时代中华优秀传统文化的"创造性转化"与"创新性
发展"［J］．晋中学院学报，2024，41（1）：76-79.

[11] 邵潇萧.论中华优秀传统文化的现代性转化 [J].汉字文化,2023,（20）:56-58.DOI:10.14014/j.cnki.cn11-2597/g2.2023.20.027.

[12] 宋才发.中华优秀传统法律文化的创造性转化和创新性发展 [J].社会科学家,2024（1）:15-22.

[13] 孙璇.中国式现代化的传统文化根脉与传承发展路径 [J].扬州大学学报（人文社会科学版），2023,27（6）:16-27.DOI:10.19411/j.cnki.1007-7030.2023.06.002.

[14] 王晨晨,黄柱.中国传统节日的文化内涵与现代传播价值 [J].人生与伴侣,2023,（48）:71-73.

[15] 吴昊天.论中国传统文化的共同富裕内涵特征及现代转化 [J].东岳论丛,2023,44（5）:24-30.DOI:10.15981/j.cnki.dongyueluncong.2023.05.003.

[16] 吴潜涛.社会主义核心价值观基本理念研究 [M].中国人民大学出版社:2023.

[17] 熊明.中国传统文化艺术在高校教育教学中的应用探究 [N].中国艺术报,2023-09-27（007）.

[18] 张立华.在民风民俗中弘扬中国传统文化教育的探讨 [J].农产品加工,2015（24）:82-84. DOI:10.16693/j.cnki.1671-9646（X）.2015.12.053.

[19] 邹广文.中国式现代化呈现新的文化生命体 [J].中国纪检监察,2023,（22）:62-63.

[20] 邹少强.中华优秀传统文化在新时代的传承与发展研究——以中国传统节日民俗文化为例 [J].文化产业,2023,（6）:74-76.

[21] 左帅.多措并举、文化先行:从优秀中华传统文化汲取党风廉政建设智慧 [J].产业与科技论坛,2022,21（10）:219-221.